日本のフェミニズム

150年の人と思想

井上輝子 著

有斐閣

● 目　次 ●

Part 2

日本のフェミニズム
その2　1970〜

✽ 編集注
｜｜｜｜｜｜｜｜｜｜｜｜｜｜｜
　本書は Part1 と Part2 ではまったく異なった構成をとっている。この間の事情については Part2「断章」の扉（179頁）参照。

編集協力：満田康子・山田敬子

プロローグ

●

世界のフェミニズムの流れと日本

● フェミニズムとは？

フェミニストと聞くと，正義を振りかざして男性を糾弾する女性や，男性を押しのけて自分の業績向上に躍起になっている女性を思い浮かべる人が多いのではないだろうか。だが実は，フェミニズムは，男性を敵視する思想でもなければ，男に追いつけ追い越せと考える思想でもない。

フェミニズムとは，女性の社会的地位の向上や，女性に不利益をもたらす差別をなくして，女性が自らの生き方を自由に選択できるようにすることをめざす思想と運動の総称である。日本で，このような意味でフェミニズムという言葉が使われるようになったのは，1980年代以降のことで，それ以前には，女性解放思想とか，男女平等思想等々と呼ばれていた。

● 第一波フェミニズム

世界的にみると，フェミニズムの歴史は18世紀後半にまで遡ることができる。欧米諸国で始まった近代市民革命は，自由と平等を基本的人権としてすべての市民に保障する法制度を確立したが，その「市民」とは，基本的には，財産を有する成人男性を意味し，労働者階級や女性，人種的・民族的少数者などは含まれていなかった。後に，労働者階級については19世紀のイギリスのチャーチスト運動，人種的・民族的少数者については1960年代のアメリカの公民権運動に代表される変革運動が発生したことは周知のとおりである。

女性が「市民」として位置づけられていないことを問題視し，「市民」としての権利を要求したのが，フェミニズムの起源であった。1790年代に，フランスのオーランプ・ド・グージュや，イギリスのメアリ・ウルストンクラフトらが，次々に著作を発表し，1869年には，ジョン・スチュアート・ミルが『女性の隷従』を著

し，女性参政権の実現を訴え，20世紀初頭のエメリン・パンクハーストらの運動へとつながっていった。アメリカでも，1848年のセネカフォールズでの大会を出発点として，女性の市民権要求運動が広がっていった。このように，欧米諸国で18世紀末に始まり，19世紀末から20世紀初頭にかけて活発化した，男性と平等の市民権，とりわけ参政権獲得をめざすフェミニズムの思想と運動は，リベラル・フェミニズムと呼ばれている。その後，1917年のロシア革命などを経て，世界的に広まった社会主義フェミニズムも含めて，20世紀前半頃までのフェミニズムを，今では，第一波フェミニズムと呼んでいる。

● 第二波フェミニズム

　1963（昭和38）年にベティ・フリーダンが発表した『女らしさの神話』（三浦冨美子訳『新しい女性の創造』大和書房，1965年）は，70年のケイト・ミレット『性の政治学』（藤枝澪子訳，自由国民社，1973年）と並んで，新しいフェミニズムのバイブルと呼ばれる作品である。

　フリーダンは，アメリカの郊外に住む，一見すると裕福で幸福な家族生活を送っているようにみえる中流階級の主婦たちの多くが，なんとも名づけようのない不満や悩みを抱えていることを明らかにし，その原因は，「女らしさ」の神話にあると指摘した。すなわち，かつてのフェミニズムが要求してきた参政権，財産権，教育を受ける権利等々の諸権利はすでに与えられているものの，現実には，社会の中で男性に比べて女性は不当に扱われており，女性には男性にはない多くの制約が課せられているのであり，その元凶には，「女らしさ」という神話の呪縛があるというのである。

　この本に共鳴して，デモや集会が開かれ，アメリカ中に新しいフェミニズム運動が広がっていった。参加者たちは，市民社会の一

員として男性並みの権利を要求した運動をフェミニズムの第一の波と呼び，自分たちの新しい運動をそれと区別して，フェミニズムの第二の波と呼んだ。

1960年代半ばにアメリカで始まった，この新しいフェミニズムの波は，またたく間に，イギリス，フランス，西ドイツ等のいわゆる先進工業諸国に，運動が波及した。このフェミニズムの第二の波（＝第二波フェミニズム）は，「女らしさ」の神話や性別役割分業の批判，セクシュアリティへの関心，女性に対する暴力の問題等々，さまざまな新しい問題を発見していったが，やがて，効率と生産性を第一義とする近代市民社会の原理そのものを問い直す文化革命をめざす運動へと進んでいくことになる。

● 国連を通じての，フェミニズムの世界的広がり

1970年代半ばになると，第二波フェミニズムの思想と運動は，国連を介して，全世界に広がることになる。第27回国連総会（1972年）は，1975年を「国際女性年」と定め，国連加盟の各国が，女性の地位の向上に努めるべきとの方針を決定した。さらに，1975年には1976年から85年を「国連女性の十年」とし，各国の取組みを求めた。

国連が，加盟国の女性差別撤廃に向けて舵を切ったことの意義は，非常に大きかった。1つには，欧米を中心とする先進工業諸国で始まった第二波フェミニズムが，当時ソビエト連邦を中心に連携しあっていた社会主義諸国，またアジア，アフリカ，ラテンアメリカ地域等の，いわゆる開発途上国を含む，全世界に広がったことである。また，最初は草の根の女性たちの小グループの運動にすぎなかったフェミニズムが，各国の政府を通じて，国家的な政策に組み入れられるに至ったことも，第2の大きな変化であった。

政府が関与し始めたからといって，フェミニストたちが女性差別

撤廃を政府に任せきりにしたわけではもちろんなく，各国のNGO（Nongovernmental Organization），すなわち政府から独立した民間組織が，政府と時には協力しあい，時には対立もしつつ，両者が競い合って，女性差別撤廃に向けての取組みを開始したのである。

国際女性年の1975（昭和50）年にはメキシコシティで第1回世界女性会議が，「国連女性の十年中間年」の80年にはコペンハーゲンで第2回世界女性会議が，「国連女性の十年最終年」の85年にはナイロビで第3回世界女性会議が開催され，さらに10年後の95年には，北京で第4回世界女性会議が開催されたが，いずれも政府間会議のほかに，NGOの会議も同時に開かれ，世界中のフェミニストたちの交流と議論の場となった。最初のメキシコ会議で，先述のベティ・フリーダンらの主張が，開発途上国のフェミニストたちから「白人中流階級」のフェミニズムとして批判されたことに象徴されるように，世界中のフェミニストたちが交流・議論する中で，フェミニズムは切磋琢磨し，多様化していくことになる。

その後，国連の主導によって，女性差別撤廃条約（「女子に対するあらゆる形態の差別の撤廃に関する条約」）も策定・調印され，「女性の地位委員会」が，各国の条約履行状況をフォローアップする仕組みができ，現在に至っている。

さらに，1993年にウィーンで開催された世界人権会議の宣言および行動計画を受けて第48回国連総会で「女性に対する暴力撤廃宣言」を採択，94年にカイロで開催された国際人口開発会議でキーワードとされた「リプロダクティブ・ヘルス／ライツ」（性と生殖に関する健康と権利）など，フェミニズムによる新しい問題提起が，国際的に承認され，普及していった。このように，フェミニズムは，20世紀後半以降の世界を知るために欠かせない重要な思想であり，運動である。

● 日本のフェミニズム

　日本でフェミニズムの思想と運動が始まったのは，欧米諸国に遅れること100年近い19世紀末以後のことであった。明治政府は，西洋社会に追いつくために，西洋の技術や法律を取り入れ，近代化を急いだ。そのため，憲法を制定し，民法，刑法をはじめとする近代的な法制度を整えたが，その内容は，西洋の近代市民社会の法理念とは大きくかけ離れたものであった。日本的家父長制ともいえる「イエ」制度が，明治民法によって根拠づけられたうえ，他国に例をみない公娼制度も存在した。さらに，女性は，新聞等の発行人になることや，政治活動をすることが禁止されるなど，私的領域においても，公的な領域においても，今では想像できないほど，女性の生活にはさまざまな制約が課せられていた。そうした困難な条件のゆえに，日本の女性たちがフェミニズム的な考えを主張し，行動を起こすまでには，かなりの時間がかかったのである。

　とはいえ，日本の女性たちが，いつまでも八方ふさがりの状況に，唯々諾々と従っていたわけではない。1911（明治44）年に，平塚らいてうらによって雑誌『青鞜』が創刊されるや，「イエ」制度に反旗を翻し，自由な生き方を模索する女性たちが，声を上げ始めた。その後，1924（大正13）年には，市川房枝らが婦人参政権獲得期成同盟会を結成し，翌1925年には，山川菊栄が，無産政党綱領案に「婦人の特殊要求」を入れるべきだと主張し，社会主義運動にフェミニズム的視点をもち込んだ。これらの動きは，欧米における第一波フェミニズムの運動と軌を一にするものであった。しかし，やがて日本が15年戦争に突入し，戦時体制の中に女性たちの運動も組み込まれていったため，戦前の日本におけるフェミニストたちの運動は，十分開花しきれたとはいいがたい。

　本書では，明治維新後150年の日本のフェミニズムの歴史を，4

つの時期に分けて跡づけるが，第二次世界大戦期までの時期を第Ⅰ期として，「『イエ』制度に抗した第一波フェミニズム」の時代と名づけた。

　第Ⅱ期は，敗戦直後から1970（昭和45）年までの「日本国憲法による男女平等保障の下で」のフェミニズムの開花期である。1945年8月，日本は連合国に無条件降伏し，GHQによる占領下におかれた。GHQの政策の主要な柱として「婦人解放」が位置づけられた結果，第Ⅰ期のフェミニストたちが希求してきた目標は，次々に実現していった。すなわち，男女平等を盛り込んだ日本国憲法の下，念願の婦人参政権が認められ，民法改正によって，「イエ」制度が法的に廃止され，労働基準法に基づく労働省の新設により，女性の労働権が公的に保障される等々の改革が，相次いでなされた。この時期は，第一波フェミニズムが，日本でようやく開花し，定着した時期といってよいだろう。

● 世界と共に歩み始めた日本のフェミニズム

　第Ⅲ期は，ウーマン・リブが始まった1970（昭和45）年から20世紀末までである。アメリカよりは数年遅く始まったとはいえ，ウーマン・リブは，起こるべくして起こった，日本の女性たちによる地生えの運動であり，先進工業諸国で同時発生的に始まった第二波フェミニズムの日本版と呼べる思想であり，運動であった。

　戦後の日本国憲法体制下で，男女平等が法的には保障されたとはいえ，雇用の場で政治の場で女性は不利な位置づけをされていることへの不公平感を訴え，「男は仕事，女は家事・育児」の性別役割分業に異を唱え，性や生殖についての女性の自己決定権を主張するなど，フリーダンのいう「女らしさの神話」を，次々に打ち破っていったのが，ウーマン・リブであった。

ウーマン・リブが社会的に華々しい注目を集めた時期はそれほど長くはなかったが，第Ⅱ期以来の先輩フェミニストたちの後押しを受け，とくに 1975（昭和 50）年の国際女性年以後は，世界のフェミニズムと合流し，第二波フェミニズムは日本でも着実に定着していった。

　第Ⅳ期は，21 世紀に入ってからの新たなフェミニズムの動向が進行中の時期である。1985（昭和 60）年に女性差別撤廃条約を批准して以来，日本政府と各地方公共団体は，男女平等の実現に向けて，行動計画を策定し，さまざまな施策を実施してきた。その過程で，1999（平成 11）年には男女共同参画社会基本法が成立し，2001 年には内閣府に男女共同参画局が誕生するなど，21 世紀には日本社会から性差別が一掃されると期待された。

　だが現実には，性別役割分業体制は変わらず，シングルマザーをはじめとする「貧困の女性化」現象や，セクハラや性暴力の蔓延等々，新たな問題が顕在化してきている。

　こうした現実に対して，「保育園落ちた，日本死ね！」のブログに端を発した，保育所入所待機児童問題に取り組む女性たちの運動や，セクシュアル・ハラスメント被害に対して #MeToo 運動などの，従来運動とは無関係だった女性たちによる，新しい形態の運動も発生している。

　また，男女という性別二分法に異を唱え，性的マイノリティをも含む新たな性差別撤廃運動も始まっている。長年続けられてきたがいまだに実現していない選択的夫婦別姓を求める運動や，同性婚の合法化を求める運動なども，司法の場を通じて展開されつつある。第Ⅲ期の運動を乗り越えた，フェミニズムの新たな地平が拓かれつつあるように思われる。

● フェミニズムの問題領域

表1の「日本のフェミニズム——150年の推移」を見ていただくとわかるように，以上の時期区分を横軸とすれば，本書の縦軸には，フェミニズムの論点を配置してある。

本書では，フェミニズムが問題としてきた領域を，①女としてのアイデンティティの主張と問い直し，②政治参画，③雇用労働，④結婚・家族，⑤子育て，⑥リプロダクティブ・ヘルス／ライツ，⑦セクシュアリティ，⑧性搾取・性暴力，の8つの論点で整理した。

もちろん，時期によって，各問題領域で論じられたテーマは異なるし，関心のもたれた度合いも異なる。だが，テーマや関心の度合いは異なれ，第Ⅰ期から第Ⅳ期に至るどの時期にも，これら8つの問題領域に，何らかの形でフェミニズムが言及しコミットしてきたことは，確かである。今後，いずれかの領域の問題が解決され，さらにはすべての性差別が解消され，フェミニズム運動そのものが不要になる時代が来るかもしれない。そのような時代が来ることは望ましいようには思うものの，しかし，少なくとも明治期以降150年の日本社会には，これら8つの領域において，フェミニストたちが闘わねばならなかった問題があったことは，否定できない。

● 本書の構成と読み方

本書は，第Ⅰ期から始まり第Ⅳ期に終わる編年的な順序で叙述してある。読者には，歴史の経過を知ってほしいので，できるだけ叙述の順に従って読んでいただきたい。とはいえ，1つの集団や個々人の関心は，1つのテーマに限定されていたわけではなく，複数のテーマに言及している場合も多いことはいうまでもない。たとえば，『青鞜』は，①女としてのアイデンティティの主張と問い直しだけをしたわけではなく，④結婚・家族や，⑦セクシュアリティの議論

表1 ● 日本のフェミニズム── 150年の推移

論点	第Ⅰ期（1868〜1945）「イエ」制度に抗した第一波フェミニズム	第Ⅱ期（1945〜1970）日本国憲法による男女平等保障の下で
女としてのアイデンティティの主張と問い直し		
	3 『青鞜』と「新しい女」	6, 7 母親大会・主婦論争，女性史・婦人問題学習
政治参画		
	1, 2, 6, 8 政談傍聴から婦人参政権獲得運動まで	1 女性の選挙権・被選挙権は認められるが，女性議員は増えず
雇用労働		
	7 女工の待遇改善要求，無産労働運動	2 労働省婦人少年局設置，労働基準法を根拠とする労働運動，社会主義政党の公認
結婚・家族		
	1 「イエ」制度との対峙，一夫一婦制の要求	3, 8 民法改正による「イエ」制度の廃止，性別役割分業型夫婦家族の形成
子育て		
	4 母性保護論争	2 保育所開設要求運動
リプロダクティブ・ヘルス／ライツ		
	5 堕胎論争から産児調節運動まで	4 優生保護法に基づく計画出産推進と不妊手術
セクシュアリティ		
	4 貞操論争	8 ロマンチック・ラブ・イデオロギー
性搾取・性暴力		
	4 廃娼運動	5 売春防止法成立

（注）　第Ⅰ期＝第1章，第Ⅱ期＝第2章。各項冒頭の番号は，言及している節を示す。

第Ⅲ期（1970〜1999）第二波フェミニズムの勃興とその後	第Ⅳ期（2000〜）21世紀における新たな展開
1, 4　ウーマン・リブ，女性学	8　性的マイノリティを含む性差別批判，ジェンダー研究
5　土井たか子，初の大政党党首に。ただし女性議員は依然少数	1　政治における男女共同参画社会基本法
6　雇用の場における男女平等要求と雇用機会均等法	2　女性活躍推進法と女女格差
2, 4　性別役割分業批判，選択的夫婦別姓制度要求，婚外子差別撤廃運動	7, 8　夫婦別姓裁判，同性婚裁判
7　3歳児神話批判とアグネス論争	3　「保育園落ちた，日本死ね！」と待機児童問題
3　優生保護法改定反対運動と母体保護法成立	4　強制不妊手術告発と少子化対策批判運動
1　女性もセクシュアリティの主体である	6　多様なセクシュアリティの主張
8　「女性に対する暴力は人権侵害」（ウィーン宣言）	5　DV防止法，性暴力被害の告発運動

第Ⅲ期，第Ⅳ期は未完。

幻 の 目 次

(第Ⅲ章，第Ⅳ章，エピローグは永遠に書かれないままに終わった)

プロローグ

第Ⅰ期（1868〜1945）　「イエ」制度に抗した第一波フェミニズム

第Ⅱ期（1945〜1970）　日本国憲法による男女平等保障の下で

第Ⅲ期（1970〜1999）　第二波フェミニズムの勃興とその後

の舞台となった。そのため，**表1**には，各論点に言及している章の番号を時期ごとに付してある。1つの問題領域だけ，各期に何がどのように問題にされたのかをてっとり早く知りたい読者は，各期の各章を横にたどって読んでいただくこともできるように，一覧表を配置してあるので，活用していただきたい。

なお，本書は，日本のフェミニズムの歴史を，主要な人と思想を中心にまとめることを企図した。第Ⅰ期については，平塚らいてう，山川菊栄，市川房枝等，主要な人物については，自伝や伝記が数多く出されているので，それらを叙述の参考にしたし，参考文献にも挙げておいた。けれども，第Ⅱ期以降に活躍したフェミニストたちには，まだ自伝や伝記が出されていない方々も多い。それを補うために，長めのコラムを設け，私がお会いしてインタビューした記録を掲載してある。いずれも，私が直接リアルタイムでお付き合いした方々なので，偏りもあるかと思うが，主として第Ⅱ期に活躍し，第Ⅲ期を後押しした方々のナマの姿を，読者にお伝えできればと思い，掲載した次第である。

✿ **編集注**
||||||||||||||||||||||||||||||

* 本書はこの「プロローグ」通りに叙述されていない。その事情については，Part 2の「断章」の扉の注を参照（179頁）。

** 著者は，本文すべてを書き上げた後，原稿全体を調整することを考えていた。それがかなわなかったため，内容の疎密や注の不備，用字・用語の不統一が残っている。

Part 1

日本のフェミニズム

その 1
1868 ～ 1970

Part 1

第 I 章

「イエ」制度に抗した
第一波フェミニズム

第 II 章

日本国憲法による
男女平等保障の下で

第 **I** 章

「イエ」制度に抗した
第一波フェミニズム

Ⅰ－1　明治政府による近代化政策と「イエ」制度

　日本の近代化は，1868年の明治維新を起点に始まった。この年，300年近く続いた徳川幕藩体制が崩壊し，天皇を頂点とする新しい国家体制づくりが開始されたのである。幕末以来，西洋列強の圧力に直面して，長年の鎖国政策を改め，開国に転じて，国際社会の一員として諸外国と交流を開始し，国内的にも，政治，経済，社会体制から文化に至るまで，あらゆる面で封建社会から近代社会への脱皮を図った。

　明治初年代には，1871（明治4）年の廃藩置県に続いて，1872（明治5）年の「学制頒布」「人身売買禁止令」，1873年の「徴兵令」と「地租改正」等々，矢継ぎ早に，欧米諸国をモデルにした近代国家建設に向けての政策が断行された。一方で，政府は将来の人材育成をめざして，欧米諸国への視察や留学を奨励した。派遣されたのは主に男性であったが，1871年には，津田梅子ら5名の女子が，岩倉具視使節団と共にアメリカに留学生として派遣された。

◉ 明六社の男女同等論

　1873（明治6）年に設立された明六社は，当時の名だたる学識者らが集まった学術・思想団体であるが，機関誌『明六雑誌』（1874〜75年，全43巻）をみると，当時の指導的知識人たちが，新しい国家や社会の進むべき方向や課題を，どのように考えていたのか，大まかな構図が浮かび上がってくる。『明六雑誌』には，女性や家族についての提言や議論も多方面にわたって展開されている。

　ここでとくに注目したいのは，中村正直の女子教育論および，森有礼や福沢諭吉による婚姻制度の提言である。まず，明治初年代の

代表的女子教育推進論者といえる中村は，すでにサミュエル・スマイルズの『西国立志編』やジョン・スチュアート・ミルの『自由之理』を訳出し，私塾同人社（後に同人社女学校も）をつくり，イギリス流の啓蒙思想の普及に尽力した人である。

1875（明治8）年に「善良なる母を造る説」と題する論文（『明六雑誌』第33号3月）を発表し[1]，「人民をして善き情態，風俗に変じ，開明の域に進ましめんには善き母を得ざるべからず──善き母を造らんには女子を教るに如かず」と述べた。つまり，女性の母親としての役割に注目し，女子教育の必要性を説いたのである。

中村自身は，西洋社会の，夫と対等の関係をもつ良き妻であり，子どもの賢い教育者でもある女性像を理想とする「良妻賢母」を日本でも育てようと考えており，後に東京女子師範学校（現在のお茶の水女子大学の母体）の初代摂理（校長）に就任した際にその教育方針を貫いたといわれる。だが，後述するように，「良妻賢母」の意味内容は，やがて中村の意図とは違う方向で，規範化されていったのである

次に森は，1874〜75（明治7〜8）年に『明六雑誌』に5回にわたって連載した「妻妾論」の中で「婚姻律案」を発表し[2]，一夫一婦制を根幹とする近代的な結婚制度の導入を提案した。そればかりでなく森は，妻との間に結婚契約書を取り交わし，契約結婚を自ら実践してみせた。

また福沢は，同誌31号（1875年）に「男女同数論」を発表し[3]，男と女の数はだいたい同じなのだから，男1人と女1人が夫婦になるのが，そろばん勘定に合うのだと，一夫一婦の原則の合理性を主張した。もっとも，これに続けて，妾を養うことも芸者を買うこともやむをえないが，そうしたことは内証にして人には隠すべきだと，抜け道を示してもいるのだが。

福沢は，さらに 1885（明治 18）年，自ら主幹する『時事新報』に「日本婦人論」を発表し，夫婦同等の家族制度を提案した。たとえば，結婚に際して苗字は，従来のように男子の「族名」のみを踏襲するのではなく，たとえば畠山の女と梶原の男とが結婚したら山原という新苗字を創設するのがよい，といった注目すべき提言も行った。このように，森と福沢は，現代でも一考に値するような新奇な婚姻制度論を提唱したが，明六社の中では，2 人の突出した提案には反対する者が多かった。

　中村，森，福沢を含め，明六社の論者たち（また当時の大方の論者たち）は，男も女も人として同等であるという原則は認めたものの，①男女の能力や役割の違いを当然視し，さらに②女性の地位や役割について，「国益」論の立場から論じるという点で共通していた。それは一面では，江戸時代以来「女大学」などを通じて流布していた女性蔑視の風潮に異議を唱え，母という役割を通して女性を国民の一員として位置づける，近代的な発想であった。だが同時に，それは性別役割分業を前提とし，女性を妻として母として私的領域に囲い込むだけでなく，女性個々人の人権や意思を無視し，国策のために，女性の生き方を統制する可能性を内包する考え方でもあった。

　たとえば，福沢は，1899（明治 32）年の『時事新報』で，「女大学評論」と「新女大学」を発表している。前者では，貝原益軒の「女大学」が，時勢に合わなくなったと批判しているものの，後者では女性は本来優美であるべき存在なので，議論するのも物柔らかにすべきだとか，家を治め子を育てるのは「女性の天職」だなどと，自ら批判のまな板にのせた貝原益軒「女大学」と，大差のない女性道徳論を説いたのである。明六社（ということは，当時，最高級の知識人と呼ばれる男性たち）は，日本の近代化と国力の増強という目標にとって，近代的法制度の整備が急務と認識されたからこそ，婚姻

制度の提案をしたのであり，また，次代の国民を産み育てる「母」として女性の能力や役割が期待されたゆえに，女子教育の必要性を説いた。それゆえ，福沢をはじめ多くの論者たちは，後述する「イエ」制度を法律化した民法にも，良妻賢母主義教育にも，批判するどころか，もろ手を挙げて賛成していったのである。

◉ 自由民権運動と岸田俊子

1874（明治7）年に，板垣退助，後藤象二郎らが，「民撰議院設立建白書」を発表したのをきっかけに，いわゆる自由民権運動が勃興した。全国各地で，政治結社がつくられ，政府を批判し，個人の自由と権利を求め，国会開設を要求する演説会が開催され，福島事件（1882年），秩父事件（1884年）などの武装蜂起も起きた。政府は，これらの動きを無視することができず，1881年に「国会開設の詔書」を出して，10年後の1890年に議会政治に移行することを約束する。一方で，1880年「集会条例」を制定して，教員・生徒の政治活動を禁止，さらに1882年に改正追加して，女性の政談演説を禁止するなど，運動の弾圧を強めていった。

自由民権運動は，当時，次々に邦訳出版された欧米の啓蒙思想を学び，独自の憲法草案（私擬憲法）をつくったり，女性の権利についても言及した。なかでも植木枝盛が，男女同権論を主張し，男女平等の民法制定を論じ，婦人参政権までも視野に入れていたことは，特筆に値する。

この民権運動にかなりの数の女性が参加していたことが，当時の新聞や民権家の日記等に記録されている。政談演説をした女性としてもっとも有名なのは，岸田俊子（1864～1901）である。1882（明治15）年4月に，民権派の立憲政党が大阪で開いた演説会で，「婦女の道」と題する演説をしたのを皮切りに，岸田は各地を遊説する。

理路整然とした内容で，弁舌なめらかなうえに，20歳前の若さで容姿も美しいため，大勢の聴衆を惹きつけたと，いくつかの新聞で取り上げられ，岸田は一躍全国に名前を知られるようになった。

　岸田の演説に感銘を受けた女性は多く，たとえば，福田（景山）英子（1865 〜 1927）は，自伝『妾の半生涯』の中で，岸田が岡山で開いた演説会を聴きに行ったのをきっかけに，女子懇談会を組織し，民権運動に参加した事情を詳しく記している。福田は，「東洋のジャンヌ・ダーク」になりたいと夢想する情熱家で，大井憲太郎と共に大阪事件（1885年）に連座した後，社会主義運動にもかかわり，雑誌『世界婦人』を発行したことで知られる。

　しかし，1883（明治16）年10月，大津で岸田が「函入娘」と題する演説をしたことが「集会条例」違反の罪で逮捕されるなど，岸田の活動はわずか1年数カ月で頓挫した。岸田は1885年に，民権派の重鎮中島信行と結婚した後，いくつかの女学校で教鞭をとったり，「中島湘煙」の名で，雑誌に寄稿していくことになる。

　民権派の政治集会や武装蜂起が次々に弾圧されていく中で，民権運動の指導者たちの関心は，来るべき国会開設に向けての政党活動へと向けられていった。

● キリスト教に基づく女子教育の興隆

　1873（明治6）年にキリシタン禁制の高札が降ろされた頃から，旧幕臣など明治政府から疎外された旧武士層や，豪農層を中心にキリスト教が普及し，いわゆる藩閥政府に対抗する社会勢力として，教育やメディア，社会運動をリードした。ミッションスクールも各地にでき，フェリス，東洋英和，活水等々，現在まで続いている女子校も多く，都市の中流階級の女子教育機関として，独特の文化を生み出していった。

日本人が創立したキリスト教系の学校として特筆すべきは，明治女学校である。長らく校長を務めた巌本善治は，日本初の有力な女性雑誌『女学雑誌』(1885〜1904年) の編集者としても活躍し，恋愛結婚の意義や男女平等な夫婦関係を基盤とする，近代的「ホーム」の創出を熱心に語りかけた。もっとも，明六社の人々と同様，巌本の主張は，性別役割分業を前提とした男女異質平等論ではあったが。巌本は島崎藤村や北村透谷らの文学青年たちを，教員や執筆者として登用し，民権運動にかかわった前述の中島湘煙や清水紫琴らに，発表の機会を与えた。明治女学校からは，羽仁もと子，相馬黒光，野上弥生子ら，後に活躍する女性知識人たちが，数多く輩出した。

◉ 明治憲法の発布に始まる法制度の確立

　明治政府は，民権派に国会開設を約束しただけでなく，条約改正のためにも，法治国としての体裁を整える必要があった。1885 (明治18) 年に太政官制に代わって，内閣制度を制定し，伊藤博文が初代総理大臣に就任した。伊藤の指示の下に，憲法をはじめとする，さまざまな法制度の準備作業が進められた。民権派による私擬憲法草案の多くがフランスやイギリスの思想や法律を参考にしたのに対し，政府はプロイセン憲法をモデルにした憲法を起草し，天皇の諮問機関として新設された枢密院の議を経て，1889年2月11日に，「大日本帝国憲法」(明治憲法) を発布した。

　明治憲法は天皇が定めて国民に授ける欽定憲法で，天皇を元首とし，天皇が戦争と外交，陸海軍への指揮権をもつなど，天皇の全般的な支配権を規定する内容だった。国民は，天皇に属する「臣民」と位置づけられ，兵役と納税の義務を負う一方，自由や権利は法律の範囲内でしか認められなかった。

帝国議会は衆議院と貴族院の二院制で，衆議院議員は国民によって選挙されることになったが，有権者として認められたのは，25歳以上の男子で直接国税15円以上を納めた者に限定されており，人口の約1％程度だった。1890（明治23）年7月に第1回衆議院議員選挙が実施され，11月には第1回帝国議会が召集された。板垣退助，植木枝盛，中江兆民など，民権派の活動家も数多く当選し，第1回帝国議会では，反政府派の「民党」が過半数を占めるほどだった。中島湘煙の夫・中島信行も第1回選挙に当選し，初代の衆議院議長に就任した。

● 明治民法の成立と「イエ」制度

　憲法とともに民法や刑法なども編纂されたが，民法については，フランス人顧問ボアソナードらが起草した民法（1890年）に，日本の実情に合わないとの反対論が出て，「民法典論争」が起きたため，起草委員を替えて新たに編纂作業が進められた。紆余曲折を経て，結局1898（明治31）年に，いわゆる「明治民法」が公布された。

　ここで成立した民法は，先祖代々の「家」の存続を重視する，旧武士階級の家父長制家族秩序を法制化したもので，この制度をもとにして，日本独特の「家」思想ができあがり，第二次世界大戦後の改正まで，日本の家族関係を支配することになる。ここで規定された家族制度は，戸主権と家督相続を柱とするもので，家長たる戸主が，全家族員に対して絶対的な権力をもった。家族員は自分の住まいを定めることや，結婚・離婚もすべて，戸主の同意なしにはできず，財産は，家督相続によって，長子が単独相続することとなった。

　女性は結婚すると，「嫁」として夫の「家」に入ることになり，その「家」の家風に従い，「家」の跡継ぎを産むことが務めとされた。また妻は法的に「無能力者」とされ，財産の管理権もなく，子

どもに対する親権も父親が有するなど，きわめて「家」中心，男性中心の制度であった。刑法の規定もこれと連動しており，夫は妻以外の女性と性的関係をもってもとくに問題視されず，「妾」をもつことも法的にとがめられないが，妻が夫以外の男性と関係をもった場合には，姦通罪が適用されるという，今では信じられないような，女性差別的な制度ができあがった。

明治民法が公布された明治30年代は，日本が日清戦争に勝利し，国家主義的な空気が蔓延し，台湾や朝鮮半島の植民地化を進めつつ，日露戦争（1904〜05〔明治37〜38〕年）へと突入していく時代だった。こうした時代的風潮の中で，「日本的家族（イエ）」制度を鼓吹する民法は，以前には欧米モデルの近代的家族の創出を唱えていた知識人たちにも支持され，歓迎されたのであった。

一方，経済的には，この時代は，紡績業，製糸業，さらには重工業部門においても産業革命が進行し，日本は急速に資本主義化への道を歩みつつあった時期である。「地租改正」で農村を追われた貧農の次三男や娘たちは，低賃金の出稼ぎ労働者の供給源となったが，社会保障制度が皆無に近い状況の中で，都市の工場で病気になったり，生活できなくなった労働者たちは，農村に帰ると，「イエ」が一種のセーフティネットとして機能した。この意味においても，明治民法の「イエ」制度は，日本資本主義の発展を支える補完物として，作用したのであった。

◉ 良妻賢母主義教育

明治民法公布に続いて，翌1899（明治32）年に，政府は「高等女学校令」を公布した。これは，女子の教育程度の向上をめざして，女子中等教育を国家の公教育大系の枠の中に位置づけた法令である。この法令は，高等小学校2年を卒業した女子の就学の受け皿とし

て，4年制の官立高等女学校を各県に1校以上設置することを命じた。高等女学校設置の必要性の理由づけとされたのが，国力増強のための良妻賢母の養成であった。

　遡ってみれば，1872（明治5）年に公布された「学制」では，男女とも共通の初等教育を受けることが規定されていたが，現実には，男子の就学率に比べ，女子の就学率はなかなか伸びなかった。江戸時代以来，藩校や寺子屋で男子が教育を受けることはかなり普及していたのに対し，女子は裁縫や初歩の手習いや遊芸だけでよいとされてきた伝統があるうえ，貧しい農村などでは，女子は学校に行くよりも，家の手伝いや，下の子の子守りをすることが期待されていたからである。女子の就学率を上げるために，政府は1879年に，学制に代えて新たな「教育令」を出し，小学校では女子に裁縫を正課として加えるなど，実情に合わせた改革を試みたが，男女の就学率の差は，なかなか解消しなかった。

　中等教育については，前述したキリスト教系女学校など，女子の人間としての権利や教養を重視する学校と，女子の特性や役割を強調し，裁縫等の実用科目を重視する女学校とが，併存していた。

　「高等女学校令」は，教育年限や学科目等の教育内容を細かく規定し，それらの条件をクリアしたものだけを高等女学校と称することとしたが，ここに盛り込まれたのは，女子の特性論と性別役割分業論に基づく教育課程であった。たとえば男子の中等教育機関である中学校が5年制であるのに対して，高等女学校は4年制（1920年に5年制に改正）で，外国語や数学，理科などは，中学校の3分の1から2分の1。代わりに高等女学校では家事，裁縫，手芸などの教科が全体の2割を占めるといった具合である。

　「高等女学校令」では，教育内容のほか，教員数や施設設備等に至るまで，高等女学校の条件が細かく規定されたため，私立女学校，

とりわけ男子と差をつけない教養重視の女学校の中には，高等女学校の条件を満たすことができず廃校に追い込まれる学校も少なからず出てきた。前述の明治女学校は，その代表例といえる。

このように，明治民法による「イエ」制度の規定と，高等女学校令等に基づく良妻賢母主義教育とを通じて，第二次世界大戦の敗北までの長きにわたって，日本の女性たちは，公的領域における権利はもとより，家庭という私的領域においても，さまざまな抑圧と不平等に耐えねばならなかったのである。

1　三井為友編集／解説『婦人問題資料集成 第4巻＝教育』ドメス出版，1977，207〜09頁。

2　丸岡秀子編集／解説『婦人問題資料集成 第8巻＝思潮（上）』ドメス出版，1976，73〜77頁。

3　同上，79頁。

Ⅰ−2　婦人矯風会を中心とする廃娼運動

◉ 戦前の日本には，公娼制度があった

日本では，江戸時代から「遊郭」という，一定の制限地域で売買春を認める公娼制度があったが，諸外国への体面上，明治政府は1872（明治5）年10月に，年季奉公などの名目で事実上「身売り」をさせられてきた芸妓や娼婦を，すべて解放するという「芸娼妓解放令」を出し，公娼制度を廃止した。だが，翌11月には，東京府が，娼妓が「本人真意」によって出願した場合には，「鑑札」を渡して

公認する府令を出すことを認め，他の府県もこれにならった。公認の条件として，「貸座敷」以外での営業禁止，「税金」の納入，「黴毒」検査が義務づけられた。こうして，公娼制度は，国の法律上は廃止されたものの，内務省の監督下に府県単位で再編され，第二次世界大戦後に廃止されるまで，継続したのであった。

　貧困に陥った家庭では，親がある程度まとまったお金を受け取り（前借金），娘を遊郭等に引き渡す。娘は自分の稼ぎから借金を返済するという名目で客を取らされるが，利息や衣装代その他さまざまな名目で借金が増える仕組みになっており，一度遊郭に入れられると，外出もままならず，遊郭に拘束され続け，一種の奴隷状態におかれることになる。一方，公認の遊郭と「性病検査」を受けた公認の娼妓が存在することによって，男性は，金さえ出せば性病の心配をせず，誰にもとがめられずに買春することが可能であった。しかも，「貸座敷」からの税金は膨大な額に上り，地方財政を潤したという。女性を犠牲にしつつ，男性の性欲のはけ口として，また府県の収入源として，公娼制度は長きにわたって続いたのである。

◉ 廃娼運動を主導したキリスト教徒たち

　公娼制度から甘い汁を吸う人たちも多く，また必要悪と認める声もあったが，公娼制度の廃止を求める運動も，当然ながら沸き起こった。公娼制度の廃止を求める運動（廃娼運動）は，主としてキリスト教徒たちに担われて，明治期に大きな盛り上がりをみせた。

　廃娼運動が最初に起こったのは，1880（明治13）年頃に，伊香保温泉を擁する群馬県で，新島襄創立の安中教会を中心とした運動であった。県会に廃娼の建議が出され，大議論の末，1882年に可決し，県令が7年の猶予つきながら県下での廃娼令を発したのである。1872年に「芸娼妓解放令」が出された後，岐阜・和歌山・鹿児島・

埼玉などでは廃娼を実施したが，他府県では任意契約による営業を許していたので，この群馬県の決議は画期的なものだった。これを機に，全国各地の廃娼運動が盛んになっていった。

● 東京婦人矯風会の結成

1886（明治19）年6月，万国矯風同盟（the World Women's Christian Temperance Union）のメアリー・レビットが来日し，4カ月にわたって各地を遊説した。これはアメリカで結成された禁酒団体で，レビットは，世界各国に運動を広めるために派遣されたのであった。これに触発されて，同年12月に「東京婦人矯風会」が結成された。準備の過程で，Temperance の訳語と会の名称を禁酒に絞るべきか否かについて議論があったようだが，結局，広く「社会の弊風を矯正する」という意味で，「矯風会」という名称に落ち着いた。12月の発会式で承認された「主意書」(ママ) には，「男尊女卑の風俗及び法律を除き，一夫一婦の制を主張し，娼妾を全廃し，家制交際の風を改め，飲酒喫煙放蕩遊惰の悪習を刈る」ことを企図するとの文言が入っている（『女学雑誌』第65号）。発足時の会員は五十数名で，初代会頭には矢島楫子が，書記には佐々城豊寿が選ばれた。

矢島楫子（1833～1925）は，熊本県出身で徳富蘇峰・蘆花の叔母に当たり，当時52歳。若くして結婚したが，夫の酒乱や暴力に悩まされ，離婚して40歳で上京。しばらくして教員となり受洗。1889（明治22）年に女子学院院長に就任する一方で，1921（大正10）年89歳を迎える直前まで会頭として，矯風会活動に献身した。佐々城豊寿（1853～1901）は，宮城県出身で当時34歳。メアリー・キダーの学校（フェリス女学院の前身）に学び，「東京婦人矯風会」発足に尽力。『東京婦人矯風会雑誌』や『女学雑誌』，公娼制度反対，一夫一婦制確立について，論陣を張った。

この東京婦人矯風会こそ，女性の抑圧状況を打破する活動を組織的，かつ持続的に展開した日本で最初の団体であった。

ところで，東京婦人矯風会発足前後に当たって，巌本善治と『女学雑誌』の果たした役割は大きい。設立の準備過程について，誌面で詳しく紹介したのみならず，巌本善治自身，「吾等の姉妹は娼妓なり」（『女学雑誌』第9号，1885年）と題する廃娼論を発表するなどして，婦人矯風会の発足に側面から協力した。ここで巌本は，娼妓を「吾等の姉妹」と呼び，本来人間として幸福を享受できる権利をもっているはずの彼女らが，男子に屈して婢となり，玩具となってもてあそばれていることに悲憤慷慨し，彼女らを「吾等の姉妹」として救うことを訴えたのである。また，1888（明治21）年4月に『東京婦人矯風会雑誌』が創刊されたが，当時，新聞紙条例によって，女子が「持主，社主，編輯人，印刷人」になることが禁じられていたため，巌本善治がその編輯人として名前を貸したのであった。

◉ 婦人矯風会の活動

東京婦人矯風会は，発足後，まもなく趣意書を全国に配布し，一夫一婦制や廃娼を訴える演説会を開催するなど活動を開始しただけでなく，1889（明治22）年には，700名の署名を集めて一夫一婦制の確立の建白書を元老院に提出するなど，政治的な働きかけも積極的に展開する。この年，佐々城豊寿ら東京婦人矯風会の中でも政治活動に積極的だった女性たちが，「婦人白標倶楽部」を結成する。

1890（明治23）年4月には，島田三郎，巌本善治らによる「東京廃娼会」が結成されるが，これに東京婦人矯風会も加わって，同年5月に「全国廃娼同盟会」を結成。この頃，群馬，神奈川，東京，鹿児島等，各府県議会が廃娼決議を可決するが，東京婦人矯風会会員たちも，男性の民権運動家やキリスト教活動家と協同しながら，

廃娼運動に積極的に参加していった。

　ところが、この年7月、政府は「集会条例」(1880年制定) をさらに強化した「集会及政社法」を公布し、女子の政治結社への加入を禁止 (第25条) したのみならず、政談集会の参加さえも禁止した (第4条)。これに対して、東京婦人矯風会と婦人白標倶楽部は、それぞれ政談集会の傍聴禁止 (第4条) 改正の建白書を、元老院に提出する。さらに、同年11月に第1帝国議会が招集される予定の衆議院規則案に、「婦人は傍聴を許さず」とあることがわかったため、佐々城らは「婦人の議会傍聴禁止に関する陳情書」を提出。第1帝国議会では、民権派議員の提出した女性の傍聴禁止を削除した衆議院規則案を可決したうえで、「集会及政社法」についても、「政談集会会同」の項の改正案を可決した。しかし貴族院で否決。このように、東京婦人矯風会は、廃娼運動と共に、民権派の議員と連動しながら、女性の政治参加の権利確保のために活動したのである。

　しかし、2年後の1892 (明治25) 年の第2帝国議会になると、政府の選挙干渉がひどかったうえに、植木枝盛の急死、中島信行の出馬辞退、大江卓の落選などによって、女性の政治的権利や廃娼を進める議員の力が弱まった。また、矯風運動を後押ししてきた巌本善治が経営する明治女学校が火事で焼けたのをきっかけに廃校に向かったことや、『女学雑誌』の「新聞紙条例」違反による発禁 (1904年廃刊) なども加わり、東京婦人矯風会の活動も、後退を余儀なくされる。

　こうした一時的後退を乗り越えて、1893 (明治26) 年には、東京婦人矯風会はキリスト教関係の婦人団体を糾合し、「日本基督教婦人矯風会」(以後本書では「婦人矯風会」と略す) として全国組織に発展し、地道な活動を展開していくことになる。

◉ 娼妓の自由廃業運動

19世紀末から20世紀初頭にかけて，廃娼運動は，娼妓たち自身による「自由廃業」を支援する運動へと中心を移動する。「自由廃業」とは，前借金を払い終えていないにもかかわらず，娼妓が自分の意思で廃業することを意味する。自由廃業をめざして，リスクを承知で遊郭を抜け出す娼妓も少数ながら出ていたが，こうした娼妓たちの動きを積極的に支援したのが，山室軍平らが指揮する救世軍[1]をはじめとする男性キリスト教徒たちであった。

娼妓が廃業を望んでも，前借金の支払いが残っているとして，廃業届に貸座敷業者が連署をしないため，裁判に訴える事例が各地で起きたが，大審院（大日本帝国憲法下での最高裁判所）は，1900（明治33）年2月，函館の娼妓・坂井フタが廃業を求めて，貸座敷業者に対して起こした廃業届連署要求訴訟に対して，「身体の拘束を目的とする契約は無効」であるとの判決を出した。さらに，同年10月，内務省が発令した「娼妓取締規則」では，娼妓の廃業の手続きが明文化され，しかも楼主の連署を不要とした。

こうした状況の中で，自由廃業を求める娼妓を救い出しに遊郭に出かけた救世軍兵士が，待ち伏せしていた遊郭の用心棒たちから暴行を受けるといった事件が続出し，新聞紙上をにぎわせた。廃業する娼妓が続出し，「娼妓取締規則」制定後2～3年の間に，全国で1万人以上の廃業者が出たとの説もある。[2]

こうした事態に対して，業者の側は直ちに反撃に出た。自由廃業をした娼妓に対して，楼主が貸金返済の訴訟を起こす裁判が続出した。地方裁判所の判決を経て，1902（明治35）年，大審院は1900年の判決を覆し，「娼妓営業」は公認されているものだから娼妓契約は「公序良俗」に反しないとした。そして，娼妓契約と金銭貸借契約は別個の契約だから，娼妓を廃業しても，借金は残ると結論づ

けたのである。わずか2年で，解釈が逆転したわけである。こうなれば，たとえ廃業できたとしても，多額の借金を背負うことになるので，もともと貧困ゆえに娼妓になった者が多く，ほかに行き場のない娼妓たちは，廃業への希望をあきらめざるをえなくなる。こうして，自由廃業運動は，尻つぼみになっていった。

　この間，婦人矯風会は，大審院の判決の推移や，自由廃業運動の盛衰を手をこまぬいてみていたわけではない。1890（明治23）年の第1帝国議会以来，毎年のように，貴族院・衆議院両院議員に，公娼制度廃止ならびに，一夫一婦制の請願を繰り返したほか，1894年には，東京・大久保百人町（現在の本部の所在地）に，娼妓救済のための「慈愛館」を設立した。ここでは，娼妓を廃業した女性たちに衣食住を保障し，読み書きや裁縫，家事，看護法などを教え，自活手段を身につけさせることとした。なお，この慈愛館は，その後現在まで，支援対象の範囲を広げながら，120年以上にわたってシェルターとしての機能を果たし続けていることを特記しておきたい。

● 廃娼運動をめぐる論争[3]

　1915（大正4）年，大正天皇の即位を祝う大典に，芸妓行列が行われる予定だったことに対して，婦人矯風会は，「公開の席上に醜業婦を侍らせないこと」ならびに「今後6年間に公娼制度の廃止を期する」との決議文をもって，首相官邸をはじめ，諸省庁を歴訪した。これに対して，与謝野晶子（38頁）が雑誌『太陽』（1915年9月号）で，「醜業婦も我々と異ることのない一個の日本国民である以上，大典を祝する感情に我我と等差のある筈がない，彼らを祝賀会から排斥する理由が何処にあらう」と発言[4]。これに対して，廃娼運動の統一組織である廓清会の機関誌『廓清』や，婦人矯風会の『婦人新報』が一斉に反論するなど，賛否両論が渦巻いた。

与謝野の主張を受け継ぐ形で，伊藤野枝（43頁）が雑誌『青鞜』（第5巻11号，1915年）に「傲慢狭量にして不徹底なる日本婦人の公共事業に就て」を発表し，矛先を婦人矯風会に向けた。伊藤は，芸娼妓を「賤業婦」と呼んでいること自体が，婦人矯風会の傲慢さの証拠であり，また花柳界は「男子の本然の要求と長い歴史」に固い根があり，「必ず存在する丈けの理由がある」のだから根絶することは難しいと述べている。また，「賤業」が社会の風俗を乱すというなら，公娼よりも私娼のほうを問題にすべきだと主張した。

　この伊藤の意見を読んで，即座に批判の文章を寄せたのが，青山（後の山川）菊栄（51頁）であった。青山は，貴婦人たちの慈善事業への伊藤の反発には一定の共感を示しつつ，公娼廃止運動自体には賛意を表明する。青山によれば，日本の公娼制度は，「公然挑発誘惑する設備を許」し，「不自然に需要供給を造出して社会を腐敗」させ，しかも「奴隷営業の保護政策」である点で，ただ鑑札があるだけの外国と比べ，とくに問題があるとしている。[5]この後，伊藤，青山の間で，数回にわたって議論が続けられるが，青山は，諸外国の統計データ等を駆使して，私娼よりも公娼制度が問題であることを縷々展開したうえで，「売淫の発生が経済問題と，婦人の屈従を強いる教育と，その拘束との結果であることが判然している以上，これが根絶は経済革命と婦人解放とによるほかないのは自明である」と結論づけたのである。[6]

● その後の廃娼運動

　1923（大正12）年9月1日に発生した関東大震災で，東京，神奈川，千葉，埼玉など関東一円は大きな被害を受けた。東京市から被災者救助の依頼を受けて，婦人矯風会の久布白落実が主要女性団体に呼びかけ，9月26日，大久保にあった矯風会東京ホームに12団体

34 人が集まり，女性団体が大同団結して，「東京連合婦人会」として，救援活動を行うことになった。この会は直ちに，被災した母親たちへのミルクの配布等を始めた。しだいに団体数や集合者数も増え，個別訪問で必要とされた食料，衣服・布団などを配布した。やがて，職業部，社会事業部，研究部（後に政治部），教育部に分かれて，仕事を分担し，震災後に必要な活動を，幅広く実践していくことになる。

廃娼問題については，震災で吉原遊郭が焼失し，膨大な数の娼妓たちが死亡したことを受けて，この連合婦人会政治部の中から，同1923（大正12）年11月に「全国公娼廃止期成同盟会」が結成され，吉原の再建を許さず，全国的な廃娼の断行を政府に要請する活動が開始された。久布白落実をはじめ，羽仁もと子，山川菊栄らが呼びかけ，11月25日を廃娼デーとして，廓清会等と共催で，東京市内8カ所で公娼制度廃止請願の街頭署名活動を行い，1万人弱の署名を集め，翌1924年1月22日に内務大臣に提出し，議会にも「焼失遊郭再興不許可に関する建議案」（第47帝国議会）が提出されるが，審議未了。

なお，久布白落実（1882～1972）は，徳富蘇峰・蘆花の姪で，父は牧師。落実自身も幼児洗礼を受けており，1903（明治36）年に渡米。久布白直勝と出会い結婚して，2人で牧師活動を展開し，1913年に帰国。1916年に婦人矯風会総幹事に就任した後，戦後に至るまで，矯風会の中心メンバーとして活躍することになる。

その後も，遊郭内の女性の自由廃業やストライキなどが相次ぎ，新聞等でも廃娼論が盛り上がり，1926（大正15）年には婦人矯風会と廓清会が統合し，「廓清会婦人矯風会廃娼連合」（略称「廃娼連盟」）が結成され，府県議会や帝国議会に対して積極的な活動を開始する。帝国議会でも，何度か公娼制度廃止の提案が出され，内務省も少な

くとも名目上は，公娼制度廃止に動いたようだが，やがて15年戦争突入後，陸軍の慰安所要請の中で，廃娼論議は話題にもならなくなっていった。

1　イギリスに本拠をおくキリスト教団体で，日本では1895（明治28）年から活動を開始した。日本人初の日本軍国司令官は，山室軍平。

2　関口すみ子『近代日本 公娼制の政治過程──「新しい男」をめぐる攻防・佐々城豊寿・岸田俊子・山川菊栄』白澤社発行，現代書館発売，2016，64〜71頁。

3　廃娼論争に関する資料は，特に注記する以外は，折井美耶子編集／解説『資料 性と愛をめぐる論争』ドメス出版，1991より引用。

4　与謝野晶子「婦人界評論 鏡心燈語」『太陽』第21巻9号，1915。

5　青山菊栄「日本婦人の社会事業に就いて伊藤野枝氏に与ふ」『青鞜』第6巻1号，1915。

6　山川菊栄「公私娼問題」『新社会』1916年7月号。1919年刊行の『現代生活と婦人』収録時に「現代生活と売春婦」と改題。

Ⅰ-3　青鞜社と「新しい女」たち

● 平塚らいてうと『青鞜』の創刊

　日本のフェミニズムの金字塔ともいえる雑誌『青鞜』が，1911（明治44）年9月，平塚らいてう（1886〜1971）らによって創刊された。誌名の由来は，18世紀半ばにロンドンのモンタギュー夫人のサロンに集まって芸術や科学を談論していた女性たちが，青い靴下を履いていたという話にちなんで，作家の生田長江が示唆したといわれ

る。

　下記の文章は，平塚が一夜にして書き上げたという創刊の辞の一
節である。

　　元始，女性は実に太陽であつた。真正の人であつた。
　　今，女性は月である。他に依つて生き，他の光によつて輝く，
　　病人のやうな蒼白い顔の月である。

　　　　　　　　　　（中略）

　　私共は隠されて仕舞つた我が太陽を今や取戻さねばならぬ。
　　「隠れたる我が太陽を，潜める天才を発現せよ，」

　まさに後世に語り継がれる，女性の自己解放のマニフェストとい
えよう。

　これを書いた平塚らいてうは，本名平塚明。高級官僚の次女と
して 1886 （明治 19）年東京に生まれ，日本女子大学校を卒業した後，
「閨秀文学会」に参加。この会の先生格の一人森田草平と塩原心中
未遂事件を起こし，世間から抹殺されかけていた。同じく先生格の
生田長江から文芸雑誌発行を勧められたのが，『青鞜』発行のきっ
かけだった。平塚は，日本女子大学以来の友人たちと相談し，1911
年 6 月に 5 人で発起人会を開いた後，3 カ月の準備期間を経て，創
刊にこぎつけたのであった。創刊に必要な費用は，平塚の母が娘の
ために貯金していたものを出してくれたという。この創刊の辞から
は，平塚二〇代半ばの起死回生を賭けた，自我解放への全身からの
渇望が伝わってくる。

　と同時に，この創刊の辞は，明治民法施行後十数年，良妻賢母主
義教育が浸透する一方で，それに疑問や抑圧を感じる若い女性た
ちの，自己解放の欲求を代弁したともいえよう。『青鞜』創刊前年

の 1910 (明治 43) 年は，大逆事件が起きる一方で，雑誌『白樺』が創刊されるなど，自我尊重の文化運動が芽生え始めた年でもあった。女性たちも，他に依存するのではなく，1 人の自立した人間として生きたいとの欲求や意思を持ち始めていたに違いない。

● 与謝野晶子ら，創刊号を飾った人々

雑誌を創刊するに当たって，発起人 5 人は手分けして先輩女性作家たちを訪問し，賛助員になることを依頼した。平塚の自伝には，それまで多くの男性作家の中に孤立していた女性作家たちが，全部『青鞜』に集まったとあり，長谷川時雨，岡田八千代，小金井きみ子（森鴎外の妹），国木田治子等々の名前が挙げられている。[1]

なかでも，もっとも力強いメッセージを届けたのが，平塚より 8 歳年上の与謝野晶子（1878 ~ 1942）であった。与謝野晶子は，大阪府堺市の商家に生まれ，情熱的な歌集『みだれ髪』で一躍有名になり，師の与謝野鉄幹と結婚。日露戦争に際しては，弟を想う反戦詩「君死にたまふこと勿れ」を発表するなど，当時すでに，女性歌人の第一人者として知られていた。この与謝野の詩「そぞろごと」が，『青鞜』創刊号の巻頭を飾ったのである。この長文詩の最初の二聯を記しておく。

山の動く日来る。
かく云へども人われを信ぜじ。
山は姑く眠りしのみ。
その昔に於て
山は皆火に燃えて動きしものを。
されど，そは信ぜずともよし。
人よ，ああ，唯これを信ぜよ。

すべて眠りし女今ぞ目覚めて動くなる。

一人称にてのみ物書かばや。
われは女ぞ。
一人称にてのみ物書かばや。
われは。われは。

　女性解放の時期が来たことを高らかに謳ったこの詩の冒頭のフレーズ「山の動く日来る」は，平塚の「元始，女性は太陽であつた」と共に，その後もしばしばフェミニストたちによって語り継がれていくことになる。

　このほか，創刊号には，森しげ女（森鴎外の妻）の小説「死の家」，田村俊子の小説「生血」や，同人たちによる俳句，短歌，戯曲や英語の評論や散文詩の翻訳などが掲載されている。創刊当時の青鞜社員は，発起人を除いて，岩野清子，加藤みどり，荒木郁子ら18名だった。また，創刊号の表紙は，平塚の女子大時代に一級下のテニス仲間で，当時洋画の勉強をしていた長沼智恵子に依頼した。長沼は，後に高村光太郎と結婚し，高村智恵子として知られる。

◉ 「新しい女」の誕生

　『青鞜』の発刊は，同人たちの予想を超える大きな反響を呼んだ。「イエ」制度の縛りと良妻賢母主義教育の下で鬱屈していた当時の女性たちにとって，女性の作品を発表する雑誌が女性だけの手で発刊されたということ自体が，画期的なことだったからだ。「若い女性たちから，ぞくぞくよせられる反響の大きさに驚」いたと，平塚は自伝で回顧している。[2]

　青鞜社に毎日のように全国から寄せられた手紙の中でも異彩を

放った発信者が，尾竹紅吉（1893〜1966）であった。紅吉は日本画家尾竹越堂の娘で，平塚に心酔して何度も手紙を出したり平塚に会いに行ったりして，青鞜社の社員になった。無邪気で子どもらしく，皆からかわいがられる一方で，自由で無軌道なふるまいが，しばしば物議をかもすことになる。

たとえば，「五色の酒」事件。紅吉が日本橋の「鴻の巣」という有名なレストラン兼バーに，広告を取りに行ったところ，顔見知りの主人から，五色の洋酒を目の前で注いでもらったという。五色の酒というのは，1つのコップに比重や色の違う酒を，重いものから順に注ぎ分けたカクテルだが，紅吉はその美しさに魅せられ，すぐに『青鞜』の「編集室より」に，そのことを吹聴して書いた。それが新聞記者の目に留まり，「新しい女，五色の酒を飲む」と，好奇の目で取り上げられた。

さらに，紅吉の叔父の尾竹竹坡画伯から「女の問題を研究するなら見ておいたほうがよい」といって誘われ，紅吉，平塚ら3人が吉原見学に出かけたことも，「新しい女，吉原にゆく」という恰好の話題として，書き立てられた。いずれも，『青鞜』創刊翌年（1912年）の出来事である。

この頃，イプセン，ズーデルマン，バーナード・ショウなどによるヨーロッパの近代演劇が盛んに紹介され，そのヒロインの生き方をめぐって，「新しい女」という言葉が流行していたという背景もあり，紅吉の軽率な行動に巻き込まれて，青鞜社は，無軌道な「新しい女」の集まりとして，スキャンダラスなイメージを付与されたのであった。

読者だけでなく，社員の中にも動揺が起こり，逃げ腰の人や辞める人も出てきた。[3]尾竹紅吉は，これらの騒ぎとは別の事情で，まもなく青鞜社を離れるが，その後，富本憲吉と結婚し共同で陶芸を制

作。富本一枝の名で文芸活動を行い，戦後は童話を書くなど，自由で才気ある人生を送った。

　ジャーナリズムからの攻撃にもめげず，『青鞜』にあこがれ集まってくる女性は後を絶たず，上野葉子，神近市子，瀬沼夏葉，生田花世，伊藤野枝等々，青鞜社は，女性梁山泊の観を呈していく。それにつれて，『青鞜』は初期にめざした女性文芸誌から，しだいに婦人問題を論議する雑誌としての色彩を強めると同時に，自ら「新しい女」を引き受ける姿勢を示していった。この転換を象徴したのが，1913（大正2）年1月号の特集付録「新らしい女，其他婦人問題に就いて」である。ここには，「恋愛と結婚」（エレン・ケイ，らいてう訳），「新らしき女の道」（伊藤野枝），「人類としての男性と女性は平等である」（岩野清），「『新らしい女』に就いて」（加藤緑）など8本の作品が並んでいる（『青鞜』第3巻1号）。

　同じ年の『中央公論』新年号に，平塚は，以下の出だしで始まる小文を寄せている。

　　自分は新しい女である。
　　少なくとも真に新しい女でありたいと日々に願ひ，日々に努めてゐる。
　　真にしかも永遠に新しいのは太陽である。
　　自分は太陽である。
　　少なくとも太陽でありたいと日々に願ひ，日々に努めてゐる。

　『青鞜』創刊の辞で一気に吐き出した思いを，今度は世間の揶揄や非難を逆手にとって，「新しい女」として自覚的に名乗りを上げたのだといえよう。この年2月に開かれた「青鞜社第1回公開講演会」は，新しい女への好奇心も手伝って，満員の盛況だったという。[4]

● 平塚は奥村博（博史）との共同生活へ

　一方で平塚は，この頃，奥村博との熱烈な恋の最中であった。奥村博（1889～1964）は，平塚より3歳年下の，画家志望の青年であった。2人は1912（明治45，大正元）年に，茅ヶ崎でたまたま出会ったときから，互いに惹かれ合い，東京に帰ってからも，手紙のやりとりやデートを重ねて，愛を育んでいった。平塚は当時，エレン・ケイの『恋愛と結婚』に傾倒しており，ケイの著書に導かれて，「恋愛と結婚の一致」，「恋愛の精神的な，情緒的な要素と，肉体的というか官能的な要素との合一に，人格的に完全な大恋愛を認め」たと，後に自伝に記している。[5]

　ロマンティック・ラブ思想の先駆的な実践例の1つと呼ぶことができようが，平塚の新しさはこれにとどまらなかった。2人は法律的な結婚を拒否し，今でいう事実婚を選んだのである。平塚は，1914（大正3）年1月末，父母の住む実家を出て奥村と共同生活に入った。その際，両親に渡した長い手紙を，「独立するに就いて両親に」と題して，『青鞜』（第4巻2号，1914年）誌上で公開した。その中で平塚は「私は現行の結婚制度に不満足な以上，そんな制度に従ひ，そんな法律によつて是認して貰ふやうな結婚はしたくないのです」と言い切っている。

　男性である奥村が平塚より年下であること，恋愛から入った自由結婚であったこと（当時は仲人を介さない結婚は不道徳で「野合」とされた），しかも婚姻届を出さない事実婚だったこと。いずれも当時の世間的常識を破ることであったから，2人の共同生活は，世間の非難の的となった。たとえば，2人の新居に表札を出すとすぐに盗まれてしまい，またつくって出すと，いつのまにかなくなっているということが繰り返されたという。

　しかし，平塚は動じなかった。自伝では，次のように記している。

法律結婚をしないことが，この時代として可能な，唯一の抵抗
だと考えたわたくしは，最初から既成観念のともなう，「結婚」
という言葉を使うことさえ避け，とくに「共同生活」といって，
はっきりそれと区別していたのでした。[6]

● 伊藤野枝と『青鞜』の終焉

　平塚らいてうが奥村博と恋愛し共同生活に入った頃，青鞜社は，
社会的な反響を呼ぶ一方で，発禁処分や財政難，事務体制の弱体化
等に見舞われ，発行所や事務所の移転を繰り返すなど，内情は苦
しかった。この頃，青鞜社の実務を担ったのは，伊藤野枝（1895～
1923）である。

　伊藤野枝は，1895（明治28）年，福岡県に生まれるが，1910年に
上京し，上野高等女学校に編入。卒業直後の1912年に，同校教員
だった辻潤と同棲し，青鞜社にも加入。詩やエッセイ，翻訳を次々
に発表しつつ，編集の仕事も手伝った。

　一方で，辻との間に第一子を出産。平塚が奥村と，伊豆の土肥温
泉や房総の御宿海岸に旅行に出かけている間，青鞜社の実務を，伊
藤がほとんど1人で担ったようだ。

　そして，1915（大正4）年1月，わずか20歳の伊藤が，『青鞜』
の編集人を平塚から引き継ぐことになった。伊藤は，「『青鞜』を引
き継ぐに就いて」（第5巻新年号，1915年）で，「先づ私は今迄の青鞜
社のすべての規則を取り去ります。青鞜は今後無規則，無方針，無
主張無主義です。主義のほしい方規則がなくてはならない方は，各
自でおつくりなさるがいゝ。私はたゞ何の主義も方針も規則もない
雑誌をすべての婦人達に提供いたします」と宣言した。

　若いだけに，好奇心と知的探求心に燃えた伊藤は，辻潤，後には
大杉栄らを通じて，男性の思想家・活動家とも交流し，しだいに社

会道徳への疑問と抵抗を強めていくが，そうした伊藤の姿勢が，誌面にも反映されていくことになる。I-2で言及した廃娼論争，また後述する貞操論争や堕胎論争などは，いずれも伊藤が編集人だった時期に展開されたのであり，伊藤自身，どちらの論争にも発言している。

とはいえ，すでに低迷傾向にあった『青鞜』に歯止めがかからなかった事実は否定できない。創立以来のメンバーのほとんどが，それぞれの事情によって，雑誌経営からも原稿執筆からも手を引き，若くて，しかも乳幼児（1915年，辻との間に第二子も出産）を抱えた伊藤が1人で，月刊誌の編集も事務作業もすべてを背負い込む状況の中では，『青鞜』が一時の華やぎを取り戻すことは不可能であった。

結局1916（大正5）年2月に最終号を出して，『青鞜』は通巻52号をもって終刊した。直接の原因は，伊藤が辻潤と別れ，大杉栄との恋愛関係に入るに及び，雑誌の編集どころではなくなったことであった。平塚が奥村との蜜月旅行によって『青鞜』を手放したことも含めて，自分語りの同人誌である『青鞜』らしい終わり方だったといえるかもしれない。

なお，この後，伊藤野枝は，大杉栄とともにアナーキズムの活動にかかわり，また1921（大正10）年には，山川菊栄と共に，日本初の社会主義女性団体「赤瀾会」の結成に顧問格で協力した。だが，1923年，関東大震災直後に，大杉栄らと共に，官憲によって虐殺された。

1　『平塚らいてう自伝　元始，女性は太陽であった（上）』大月書店, 1971, 313 頁。

2　同上，340 頁。

3　『平塚らいてう自伝 元始，女性は太陽であった（下）』大月書店，1971，368
　　〜80 頁。

4　同上，443 頁。

5　同上，491 頁。

6　同上，514 頁。

Ⅰ-4　貞操論争と母性保護論争

　『青鞜』は，女性たちが自らの生や性を語り始めた最初の雑誌と
いえるが，単なる自分語りを超えて，女性の生き方や，直面する諸
問題についての意見表明や論争も生み出していった。これに刺激さ
れて，主に男性読者向けに発行される評論誌や商業ジャーナリズム
も，女性の問題を無視できず，論争の場を提供し始めた。

　たとえば，当時の 2 大総合雑誌，『太陽』は 1913（大正 2）年 6 月，
『中央公論』は同年 7 月，婦人問題特集号を出し，『読売新聞』は
1914 年 4 月に，婦人付録を新設する。さらに，1916 年には，中央
公論社は『婦人公論』を創刊するに至った。明治後半以来の産業化
に伴う都市化の進展と，高等女学校など女子教育の普及等によって，
ある程度の女性読者層が見込めるという経営判断があったものと思
われる。実際，『婦人公論』は女性向けオピニオン雑誌として成功
し，100 年後の現在でも，女性雑誌の一翼を担っている。

　この節では，『青鞜』近辺の女性たちによって問題提起され，多
くの論客を巻き込んで展開された，いわゆる貞操論争[1]と母性保護論
争[2]を紹介する。前者は，女性のセクシュアリティ規範をめぐる初の
論争，後者は，女性の経済的自立と育児の相剋，性別役割分業の是

非等々，現代に続くフェミニズムの方向性をめぐって展開された論争である。

◉ 貞 操 論 争

　この論争は，青鞜社同人の生田花世が，生田長江らの雑誌『反響』（1914 年 9 月号）に載せた「食べることと貞操と」に端を発する。生田（西崎）花世（1889～1970）は，徳島県の出身で文筆を志し上京するが，生活の困難からいくつかの職を転々とした後，自らの生活の悪戦苦闘を『青鞜』誌上に綴る中で，生田長江の弟子・生田春月に求婚され結婚する。

　生田花世はこの作品で，弟を抱えての生活難の中で，自分の貞操が「砕かれた」ことを告白し，「女に財産を所有させぬ法律がある限り及び女に職業のない限りは女は永久に『食べること、貞操』との戦ひに恐らく日に何百人と云ふ女は貞操よりも食べる事の要求を先きとするのである」と，女性の経済的自立を阻む社会環境ならびに法制度に，批判の目を向けた。今でいうセクシュアル・ハラスメントのサバイバーとしての告発といえる発言だが，これに対する反応は，女性がハラスメントを甘受せざるをえない社会の問題に向けられるのではなく，生田（＝女性）が「貞操」を守れなかったことの是非に焦点が当てられ，「貞操」論争が展開されたのである。

　真っ先に生田の文章に猛反発したのは，同じく青鞜の社員であった安田皐月（1887～1933）であった。安田は，『青鞜』（第 4 巻 11 号，1914 年）に，「生きる事と貞操と——反響九月号『食べる事と貞操と』を読んで」を発表。安田は，生田の「食べると云ふ事が第一義的の要求であつて，自分一箇の操の事などは第二義的の要求」であったとの言葉を，「殆と醒めた女の叫び声とは思はれない程自己を侮蔑した言葉だ」と批判し，「『自分一箇の操の事』を考へないで

何処に生活があるのだらう。何で食べる事が必要だらう」と批判した。

　これに対して，生田はすぐに『反響』（1915 年 1 月号）に「周囲を愛することと童貞の価値と」と題する長い反論を書く。ここで生田は，自分が書いたのは，自分が「処女」を棄てたという意味であったが，従来の道徳が娘たちに「処女」を棄てさせまいとするのは，それが「罪悪」だからではなく，「赤裸に云へばその事がその当事者自身の生きる事——即ち食べる事——結婚する事に不利益だからにすぎない」といいきる。そして，「それを棄てるその当人は意識して責任を以て覚悟を定めて棄てるのですからその人の権利ではありませんか，処女を棄てると云ふ事は決して決して悲しい事であっても——私は今でも自分の過去を悲しんでゐます——決して汚辱ではありません」と述べ，安田の議論の浅薄さを指摘した。

　安田皐月は，当時音楽家の原田潤と恋愛中で，まもなく結婚。『青鞜』第 5 巻 2 号（1915 年）では，原田皐月の名で生田に再反論し，「己人の存在と云ふのは貞操の有無で定まると私は信じます」と繰り返した。[3] 安田（原田）の主張は，数百年前の封建時代にタイムスリップしたような，現代ではありえない発言だが，たぶん当時の多数派の道徳観を反映しており，本人もそれを確信していたがゆえの強気の発言だったと思われる。

　『青鞜』の同じ号に載せた伊藤野枝の「貞操についての雑感」が，むしろ生田の「弱々しい」弁明の仕方を批判し，「確信のある態度で」「処女とか貞操とか云ふことを全て無視」してほしかったと語り，「ああ，習俗打破！　習俗打破！　それより他には私達のすくはれる途はない」と締めくくったのが，印象的である。

　この話題は，ジャーナリズムに多くの波紋を呼び，『新公論』（1904 ～ 1921 年），『婦女新聞』（福島四郎が 1900 年に創刊，1942 年ま

で），『第三帝国』（茅原崋山，石田友治らが1913年に創刊。1918年まで），『読売新聞』「よみうり婦人附録」等々の雑誌・新聞で取り上げられ，安田（原田）の意見を補強する保守派から，伊藤野枝的な「習俗打破」の主張まで，幅広い議論が展開された。

『婦人公論』（第1年10号，1916年）に，平塚らいてう「差別的性道徳について」が掲載された。[4] 平塚は，「在来の女子の性的道徳と男子の性的道徳との間に甚だしい懸隔のある」ことを具体的に，縷々指摘する。たとえば，結婚前の女性には処女性が要求されるのに対し，男性が童貞でないことは結婚の条件として不利にならないどころか，むしろ「純潔でないのが普通」とされていること，既婚女性の道徳は貞操とされるが，男性の場合は「妻以外に何人の婦人に接しようとそれは彼等の自由であって，何等の社会的制裁」を受けない場合が多いこと，「未亡人の道徳」は「生涯亡夫を守って，再婚しないこと」であるのに対し，「男子は妻を失へば，新たに後妻を迎へるのが普通と看做されて」いること等々。平塚は，こうした，今の言葉でいえば「性道徳の男女二重基準」を「旧道徳」と位置づけ，「旧道徳の破壊」と「新道徳の建設」を訴えている。

平塚のこの論考が，生田の問題提起から約2年にわたった論争の一応の落着点といえるだろう。

◉ 母性保護論争

いわゆる「大正デモクラシー」を背景に，ジャーナリズムが興隆し，論壇も形成されつつある中で，女性の評論家も少なからず登場してきた。母性保護論争のきっかけとなったのは，当時すでに評論家としても地歩を固めていた与謝野晶子が，『婦人公論』（第3年3号，1918年）に発表した「女子の徹底した独立」であった。

この文章は，冒頭で「私は欧米の婦人運動に由つて唱へられる，

妊娠分娩等の時期にある婦人が国家に向つて経済上の特殊な保護を要求しようと云ふ主張に賛成しかねます」と主張を明示し，その根拠を次のように論じる。

　　既に生殖的奉仕に由つて婦人が男子に寄食することを奴隷道徳であるとする私達は，同一の理由から国家に寄食することをも辞さなければなりません。婦人は如何なる場合にも依頼主義を採つてはならないと思ひます。今後の生活の原則としては，男も女も自分達夫婦の物質的生活は勿論，未来に生るべき我子の哺育と教育とを持続し得るだけの経済上の保障が相互の労働に由つて得られる確信があり，それだけの財力が既に男女の何れにも貯へられて居るのを待つて結婚し且つ分娩すべきものであつて，たとひ男子にその経済上の保障があつても女子にまだその保障が無い間は結婚及び分娩を避くべきものだと思ひます。

与謝野が言及した「欧米の婦人運動」とは，エレン・ケイの主張に基づいてドイツを中心に進められた母性保護運動を指すが，1915（大正4）年頃から，山田嘉吉・わか夫妻をはじめ，多くの論者たちが，これらの主張と運動を紹介していた。その中で，与謝野の主張に正面から反論したのが，平塚らいてうであった。

平塚は，「母性保護の主張は依頼主義か〈与謝野・嘉悦二氏へ〉」を『婦人公論』（第3号5号，1918年）に寄せ，「母態（ママ）に妊娠，分娩，育児期に於ける生活の安定を与へるやう国庫によつて補助すること」は，「国家として当然為すべき義務」だと主張し，その理由を次のように述べる。

　　元来母は生命の源泉であつて，婦人は母たることによつて個

人的存在の域を脱して社会的な，国家的な存在者となるのでありますから，母を保護することは婦人一個の幸福のために必要なばかりでなく，その子供を通じて，全社会の幸福のため，全人類の将来のために必要なことなのであります。

これに対して与謝野は，『太陽』（第24巻7号，1918年）で「平塚さんと私の論争」で，平塚のいう「母の職能を尽し得ないほど貧困な者」に対して国家の保護を要求することには賛成するが，「国家の特殊な保護は決して一般の婦人に取つて望ましいことでは無く，或種の不幸な婦人のためにのみ已むを得ず要求さるべき性質ものである」と反論した。

翌7月の『婦人公論』（第3年7号，1918年）に掲載した「母性保護問題に就いて再び与謝野晶子氏に寄す」で平塚は，「女子の経済的独立は母性が保護され，子供を生み且つ育てるといふことが公的事業となり，国家が母親に充分な報酬を支払ふやうにならなければ到底成り立たないことであり，又斯くなることによつてのみ，婦人をして家庭生活と職業生活との間に起る苦しい矛盾から脱却させることも出来るの」だと，反論した。

与謝野はこのとき40歳目前で，すでに10人の子どもを産み育て中のうえ，夫鉄幹の詩の売れ行きが悪く収入があてにできなかったため，家計の主たる担い手でもあった。生活に苦労しつつも，自分で稼ぎつつ子育てもしてきた自負をもっていたに違いない。32歳の平塚は，年下の売れない絵描きの夫との間に生まれた2人の乳幼児を抱えて，育児と生活苦に追われており，母性の国家保障を求めたのは，平塚自身の切実な悲鳴ともいえた。

経済的独立が先か，母性保護が先かをめぐって，繰り返し自説を展開していた与謝野と平塚の論争に割って入ったのが，弱冠27

歳の山川菊栄（1890～1980）である。山川は，すでに 1916（大正 5）年 1 月，伊藤野枝との間の廃娼論争で注目されていた（I−2 参照）。同年 11 月に，マルクス主義理論家・山川均と結婚するが，直後に自身の肺結核と妊娠が判明。与謝野らによる論争が繰り広げられた 1918 年には，1 歳の子どもの育児と自らの闘病に加えて，夫均の入獄など，多難な日々を送っていた。日本のフェミニズム史上に名を遺すことになる与謝野，平塚，山川は，三者三様に生活上の困難に直面しつつ，論争にかかわったのである。

　山川は，『婦人公論』（第 3 年 9 号，1918 年）に寄せた「母性保護と経済的独立〈与謝野，平塚二氏の論争〉[6]」の中で，2 人の先輩たちの主張を世界のフェミニズム思想史と関連づけ，与謝野を「日本のメリー・ウォルストンクラフト」，平塚を「日本のエレン・ケイ」と位置づけた。すなわち，

　　婦人に於ける個人を強調し，教育の自由，職業範囲の拡張，経済的独立に出発して参政権の要求に終つて居られる晶子氏の主張は，十八世紀末葉に欧洲に生れて，十九世紀後半に及んで世界の大勢となつた普通に所謂女権運動の伝統を継承して居られるもので，それ以上のものでなければそれ以下のものでもないものゝやうに思はれる。

　　然るに，婦人に於ける性を強調し，両性の機会均等から起る弊害を説き，母たる権利及び母たることに伴ふ権利を主張せらるゝ明子氏の説は，旧来の女権運動に対抗し，その補足として又は修正案として十九世紀初頭に北欧に起つた母権運動の系統を惹て居られる。

　山川は，女権運動は，資本主義社会を肯定したうえで女性の権利

をより多くしようとするにすぎず，母権運動は，資本主義社会が生み出した女性の「惨状に対する緩和剤」にすぎないと断じ，当時欧米で展開されつつあったマルクス主義フェミニズムの理論を展開する。すなわち，

> 家庭に於ける婦人の労働は，畢竟不払労働でなくて何であらうか。而して斯様な不払労働は，単に家庭に於ける婦人の地位を不安定な，そして屈従的な苦痛なものにするのみならず，惹て労働市場に於ける一般婦人の労働市価を低からしむるものである。
>
> 　斯様な見地から婦人の家庭労働に経済的評価を加へ，これを使用価値の世界より交換価値の世界に移さう（後略）

というのである。そして，与謝野，平塚論争を次のようにまとめる。

> 私は与謝野，平塚二氏の主張に対しては何れも一面の真理を認めて居るもので，婦人の経済的独立，母性の保護共に結構であり，両者は然（しか）く両立すべからざる性質のものではなくて，寧ろ双方共に行はれた方が現在の社会に於て婦人の地位を多少安固にするものだと考へる。たゞ然し私はたとへその二つがお二人の希望通りに十分に実現された所で，それが婦人問題の根本的解決ではなく，婦人を絶対に現在の暴虐から救ふ道ではないと考へる点に於て，お二人と意見を異にするものである。そしてその根本的解決とは，婦人問題を惹起し盛大ならしめた経済関係その物の改変に求める外ないと考へる（後略）

山川は，女権主義も母権主義も，女性のおかれた抑圧状況を真に

改善できるものではなく，資本主義体制の打破こそが，根本的な解決への道であるとして，社会主義者としての自己表明をしたのであった。山川の整理によって，与謝野と平塚の論争は一応の決着をみたように思われる。

◉ 母性保護論争のもう1つの側面

しかし，母性保護論争はこれで終わったわけではない。この論争には，実はもう1人の参加者がいた。夫嘉吉の指導の下に，平塚らと一緒にエレン・ケイを読み，ケイに傾倒していた山田わか（1879 ～ 1957）である。山田は，平塚以上に強硬で，独自な母性保護の主張を論争に持ち込んだ。

山田が最初に議論に加わったのは，1918（大正7）年4～7月に出されたと推定される「今後の婦人問題を提唱す」[7]で，山川の「女子の学問は女子自身の為であって，決して夫や子供の為ではない」[8]との発言を見とがめ，厳しく批判したことに始まる。山田は，「良き妻となる為に，賢い母となる為に，女子は高き学問を要求するのである」と主張し，「社会の単位は家庭である」のに，「個人的自由を偏重して婦人独立，婦人の男子同等を高唱」する「誤れる思想」の代表として，山川を標的としたのである。山田いわく，「家庭は人種継続の場所である事の外に，エナージーの製造であり，利他主義を生む処である。此利他主義がなければ社会の共同又は向上はない」。

これに対して，山川は直ちに，「婦人を裏切る婦人論を評す」（『新日本』1918年8号）を書いて以下のように反論した。「少なくとも今日の家庭関係，即ち男子を家長とする男子中心の家庭」が人間社会とともに久しいものではなく，家庭の形は時代と共に変化するのであり，「家庭あっての人間ではなく，人間あっての家庭である」。それゆえ，「我々は母たり妻たり娘たる前にまづ人間であることを認

めて貰はねばならぬ」として，「今日の男女の分業はあまりに均衡を失して居る」と，現状の性別役割分業を批判した。

これに対して，山田は「婦人を惑はす婦人論」（『文化運動』100号，1918年）で，「人間は独身では心身共に不完全です。又，社会から見て，社会の発達——個人の発達が引いて社会の発達となる——社会の継続に必要な要素を集めて一ツとなし，単位と見るのは至当だと私は信じます」と自説を繰り返した。さらに「母性保護問題——与謝野氏と平塚氏の所論に就て」（『太陽』第24巻11号，1918年）で，「会社又は工場に働く事は個人的の仕事でありますが，子供の養育は国家的の仕事であります」として，「労働界を鋳直さうとするには，断じて我々婦人が労働界に飛び込んで行って労働者側に不利な競争者を殖す事なく，有力な確実な労働者を造る事です」と，母の役割を強調したうえで，ドイツの産期保険，授乳期保険などの母性保護政策を紹介し，国家の富である「人口を造る」母を保護する政策の重要性を指摘した。

与謝野・平塚・山川の議論は，フェミニズムという共通基盤に立っての路線論争と位置づけられようが，「イエ」制度と性別役割分業を前提とする山田の主張は，これら3人とはかなり異質であり，むしろ反フェミニズムと呼ぶべきではないかとさえ思われる。とはいえ，これら方向性を異にする4人の女性論客たちが，公開の場で数年にわたって真向勝負の議論をしたことの意義は大きい。このような自由な議論ができたのは，「大正デモクラシー」と呼ばれる時代のおかげかもしれない。

この論争の後，平塚は1919（大正8）年に「新婦人協会」を設立し，社会運動に乗り出す。与謝野は，歌人から評論家へと軸足を移し，1921年に日本初の男女共学学校である文化学院を創設する。この論争で本格的に論壇デビューした山川は，抜群の英語力を駆使

して，欧米の社会主義文献を次々に読破し，翻訳や自身の論考を多数発表し，社会主義婦人論の第一人者になっていった。山川が母性保護を当然の権利として支持したことは，やがて，女性労働運動の「母性保護」要求へとつながっていく。

　一方，山田は，1920（大正9）年に個人評論雑誌『婦人と新社会』を発刊し，母性保護ならびに家庭本位の主張を展開。その後15年戦争期には，国策に適合的な女性評論家として活躍したうえ，母性保護連盟代表として，母子保護法制定の推進役を担うことになる。

1　貞操論争の資料については，折井美耶子編集／解説『資料　性と愛をめぐる論争』ドメス出版，1991より引用。

2　母性保護論争の資料については，特に注記する以外は，香内信子編集／解説『資料　母性保護論争』ドメス出版，1984より引用。その他丸岡秀子編／解説『婦人問題資料集成　第8巻＝思潮（上）』ドメス出版，1976参照。

3　原田皐月「お目に懸った生田花世さんについて」『青踏』第5巻2号，1915。

4　『婦人公論』に「男女性的道徳論」として掲載。単行本収録時に表記に改題。

5　原題「粘土自像（婦人界評論）」。『心頭雑草』収録時に表記に改題。

6　山川菊栄『現代生活と婦人』収録時に「母性保護と経済的独立」に改題。

7　初出誌紙不詳，『女，人，母』所収，1918年4月〜7月推定，香内信子編集／解説前掲注2，95頁参照。

8　山川菊栄「所謂新賢母良妻主義」『中外』1918年2月号，『新装増補　山川菊栄集　評論篇　第1巻』岩波書店，2011，113〜26頁。

I−5 堕胎論争から産児調節運動まで

◉ 堕 胎 論 争

明治政府は，1869（明治2）年にすでに「堕胎禁止令」を出し，1880 年に制定された「刑法」には堕胎罪を明文化し，「懐胎ノ婦女薬物其他ノ方法ヲ以テ堕胎シタル者ハ 1 月以上 6 月以下ノ重禁固ニ処ス」と規定したほか，堕胎に協力した医師や助産婦（原文は穏婆）らも罰せられることとした。さらに 1907 年の改正刑法では，刑期を「1 月以上 6 月以下」から「1 年以下ノ懲役」など厳格化した（第 214 条）。[1] 実は 2021（令和 3）年現在でも，この堕胎罪規定が残っており，廃止運動が起きていることを，念のため付記しておきたい。[2]

堕胎（＝中絶）が法的に禁止されていても，望まない妊娠をした女性の中には，堕胎を選択せざるをえない場合も出てくるわけで，自分の性と生に真摯に向き合う女性たちの間で，堕胎は是か非かという堕胎論争が起きたのも当然だろう。

堕胎論争[3]の発端となったのは，原田皐月の小説「獄中の女より男に」（『青鞜』第 5 巻 6 号，1915 年）であった。これは，堕胎罪で収監された主人公が，胎児の父たる男性宛に書いた手紙という形式で書かれている。ここで原田は，主人公に，腕 1 本切り落とすことと比較しながら，「母胎の命の中の一物であるうちに母が胎児の幸福と信ずる信念通りにこれを左右する事は母の権内にあっていゝ」と，母が堕胎する権利を法官（裁判官）に明確に主張させている。むしろ，子どもに十分な食物や衣服を与えられないような貧困下にあって，子どもを産むことは，親の無責任であり，この際は子どもを産まないことこそが，母としての子に対する責任のとり方だと言わせたのである。

この小説を掲載した『青鞜』は,「風俗壊乱」を理由に発禁になったが,同じ号に,伊藤野枝は「私信——野上弥生様へ」を掲載し,原田に反論した。伊藤は,産むことに恐れがあるなら,避妊ということはあってもよいだろうが,「一旦妊娠してからの堕胎と云ふことになって来ればさうはいかないと思ひます。私はそれは非常に不自然なことだと云ふことが第一に感ぜられます」として,「子供は矢張り子供自身の運命をもって生れて来るのだ。貧乏だと云ふことが決して不幸な事ではない」と,自分自身が貧困の中で妊娠し迷った経験を織り交ぜながら,主張した。

　これを受けて,2カ月後の『青鞜』(第5巻8号,1915年)に,山田わかが「堕胎に就て——松本悟郎氏の『青鞜発売禁止に就て』を読んで」,平塚が「個人としての生活と性としての生活との争闘に就いて (野枝さんに)」を寄せる。山田は,「私は堕胎も避妊も等しく大きな罪悪だと申ます。個人の幸福,並びに国の栄を破壊する大きな不徳です」と,堕胎も避妊も否定する。だが,平塚は,表題にあるように,「愛の生活は人間としての,また個人としての私の内部生活,私の孤独な魂の要求に基く仕事との争闘とならずには止みません」と,自分の中の,女としての性的欲求や愛情の側面と,個人としての内面生活との間の葛藤を吐露した。そして,貧困だけが理由ではなく,「個人」と「性」との「争闘」も含めて,避妊や堕胎には,それぞれ理由があるのだとして,堕胎を一律に罪悪と断定することに,疑問を投げかけた。

◉ 産児調節論争と山川菊栄

　堕胎論争が行われた1915 (大正4) 年頃の日本は,第一次世界大戦に参戦し,ほとんど戦わずして,大戦景気の恩恵を受けていた。しかし,大戦が終結し,ヨーロッパやアメリカの経済が回復するに

つれ，日本の輸出は減少し，戦後不況が訪れる。人々の生活は逼迫
し，米騒動や労働争議が頻発する。1920年に行われた初の国勢調
査で，日本の人口が合計で約8000万近い（内地約5600万人，植民地
等外地約2100万人）ことが明らかになり，人口過剰問題が顕在化し
てきた。

　こうした状況下で，論壇では，「産児制限」「産児調節」等の言葉
で，避妊をめぐる論議が盛んになった。欧米諸国で活発化していた
新マルサス主義やバース・コントロール運動が紹介され，論議され
たのである。新マルサス主義とは，食糧生産が人口増加に追いつか
ないと指摘した，イギリスの経済学者マルサスの人口論をベースに
して，人口過剰や貧困問題の解決策を図る主張である。20世紀に
入って，新マルサス主義と連動して，アメリカ人のマーガレット・
サンガーは，避妊の知識や方法を広めるバース・コントロール運動
を開始し，しだいに影響力を強めていった。

　日本でこれらの論議に参加したのは，主に男性知識人たちであり，
そのほとんどが，国家の利益という観点からのみ避妊の是非を論じ
たのであった。この中で，女の立場から避妊の問題を論じて，異彩
を放ったのが，山川菊栄である。山川は，1920年代だけでも，こ
の問題について20点もの論考を発表しているが，ここでは，山川
の論点がもっとも集約的に表現されている「女性の反逆——精神的
及物質的方面より見たる産児制限問題」[4]を，取り上げたい。

　この論考で，山川はまずサンガーの書物を詳しく紹介した後，次
のように，女性の自己決定権を明言する。

　　　人類は——而して特にわれわれ婦人は——在来ほとんど自己
　　のために生きずに，もっぱら他人のために生きてきた。われわ
　　れは子を生むという最も貴重な，最も深刻な経験をさえ，自己
　　のためにせずに，他人のために，〔伏字〕〔国家のために，支配階

級のために）強いられてきた。今や世界の婦人は「自主的母性」の標語の下に，母となるべきや否や，また母となるべき時，子供の数，およびすべていかなる条件の下に母となるべきかを自己の意思によって決定しようとしている。そして世界を通じて母たることが，支配階級の繁栄のためでなく，徹頭徹尾ただ婦人自身の欲求のみによって実現せらるるにいたった時，それははじめて強制的苦役の状態を脱して，婦人の神聖なる職分の一つとなることができるのである。

　母性保護論争の項で記したように，山川はすでに社会主義者としての道を選択していた。当時の社会主義者たちには，新マルサス主義にも避妊にも反対する者が多かった。山川は，現在の貧困問題や食糧難の原因は，人口の過剰にあるのではなく，生産分配の方法にあると考え，新マルサス主義に反対する点で，社会主義の側にくみするものの，たとえ社会主義社会が実現したとしても，避妊に関する女性の自己決定権は保障される必要があると主張した。

　　婦人にとって最も重大な，密接な利害関係のあるこの問題について，婦人自身の選択の権利を認めぬとしたならば，婦人の自由は畢竟空名にすぎないのであります。

◉ サンガーの来日と産児調節運動

　1922（大正 11）年 3 月，マーガレット・サンガーが来日し，約 1 カ月滞在した。サンガーは，1916 年にニューヨークで，バース・コントロール・クリニックを開設，1919 年には「全米バース・コントロール同盟」を結成するなど，バース・コントロール運動の象徴的存在だった。来日に際しては，内務省内に強い反対もあったた

め，サンガーが持参したパンフレット『家族制限法』を押収のうえ，公的な場では産児調節の具体的な実行方法について言及しない条件つきで，入国が認められた。私服刑事の監視つきではあったが，サンガーは各地で講演を行い，大きな関心を巻き起こした。

サンガーの来日を機に，日本でも産児調節運動が一挙に盛り上がった。1922（大正11）年5月には，すでにアメリカでサンガーと交流のあった石本恵吉・静枝夫妻の呼びかけに，安部磯雄，加治時次郎，山川菊栄，鈴木文治らが応じて，「日本産児調節研究会」が発足した。

また，生物学者で，同志社大学と京都大学で講師をしていた山本宣治は，サンガー離日直後に，没収されたパンフを訳出し，『山峨女史家族制限法批判』とカムフラージュした題名で出版。数年のうちに5万部以上が全国に出回ったという。

山本は，1923（大正12）年に大阪で結成された「産児制限研究会」の顧問として，無産階級を対象とする産児調節運動を開始し，当時組織化が進みつつあった労働組合や農民組合のネットワークを通して，産児調節の普及に努めた。たとえば元赤瀾会のメンバー九津見房子は，夫の三田村四郎と共に印刷労働組合を基盤にして，山本の指導により，産児制限研究会をつくった。

また山本は，1925（大正14）年2月には，安部磯雄，加治時次郎，馬島僴らと共に，月刊誌『産児調節評論』（後に『性と社会』に改題）を発刊した（1926年5月廃刊）。この雑誌は，山川菊栄，堺真柄，駒井卓，井上哲次郎，土田杏村など，思想的にも分野的にも多様な人々が寄稿したほか，欧米思想家たちの翻訳論文も掲載されるなど，産児調節に関する最初のジャーナルといえるものであった。

その後，1928（昭和3）年には，安部磯雄とその周辺の人々によって，小雑誌『産児制限』（1929年から『産児制限評論』，31年から『産児

調節』と改題，33年まで発行）では，毎号産児調節に関する相談所や診療所，薬局等の広告が掲載されたという。実際，この頃には，具体的な避妊法を指導し，避妊器具や薬品を販売する相談所や診療所が，各地にいくつもつくられ，『主婦之友』などの女性雑誌にも避妊の記事が，次々に掲載されるようになる。

　日本で，避妊の技術が次々と開発されたのも，この時期である。たとえば，馬島僴がドイツで学んできたペッサリーを日本人向けに改良した馬島式ダッチ・ペッサリー，荻野久作の排卵周期説をもとにした荻野式避妊法，太田典礼の考案した太田リングなどは，いずれも1930年代前半に開発・実用化されたものである。すでに知られていたコンドームや避妊ピン，膣坐薬などに粗悪品が多かったり，使い勝手が悪かったりする中，新たに開発された避妊法に注目が集まっていった。

　こうして，1920年代後半から30年代初頭にかけて，産児調節運動は絶頂期を迎えたともいえる。

◉ 産児調節運動の退潮

　しかしまた，絶頂期は崩壊の始まりでもあった。1925（大正14）年に制定・施行された「治安維持法」に基づいて，「私有財産制度を否認する」社会主義運動への弾圧が大々的に開始され，1928（昭和3）年3月15日には，共産党員約1600人が検挙された（3.15事件）のに続いて，翌1929年3月5日には，産児調節運動の急先鋒であった山本宣治が暗殺され，社会主義運動も産児調節運動も，事実上急激に衰退していくことになる。

　1931（昭和6）年6月，石本静枝，馬島僴，安部磯雄らは，無産運動も含めて広く全国の運動の連絡統合を図るとして，「日本産児調節連盟」を結成した。しかし，理事の中には，無産運動系と婦

選運動系の両方が含まれていたこともあるが，馬島と石本の主導権争いなどもあり，1年もたたずに解散した。これに対抗して，同じ1931年6月，「無産者産児制限同盟」（通称「プロBC」）が発足し，「階級闘争の手段として」の産児調節運動を開始する。他方，馬島と袂を分かった石本は，1932年5月，平塚らいてうら女性だけの団体，「日本産児調節婦人同盟」を発足させるが，石本が渡米のため留守がちで，組織としては，見るべき活動はできなかった。このように，産児調節・制限運動は，分裂に継ぐ分裂を重ねていった。

　1930年代になると，堕胎罪による検挙も頻繁に起きてくる。「有害避妊器具取締規則」が施行された直後の1931（昭和6）年1月，加治時次郎や安部磯雄を顧問として日本妊娠調節相談所を開設していた小川隆太郎が，同規則違反，堕胎罪，医師法違反で検挙される。翌1932年1月には，巣鴨で相談所を開いていた産婆の竹田津あさと夫の六二が，堕胎罪で検挙。さらに1933年には，大阪の優生相談所主任で無産運動と関係の深かった産婆の柴原浦子が堕胎罪で検挙。1934年には馬島偶も，堕胎罪で検挙。1935年には，柴原浦子が堕胎罪で二度目の検挙をされたほか，女優志賀暁子が，産婆と共に逮捕され，堕胎，遺棄致死，死体遺棄の罪に問われ，メディアでセンセーショナルに報道された。翌1936年には，太田典礼の太田リングが，有害避妊器具に指定される。これらは，いずれも荻野美穂作成の年表に記載された事件だが，産児調節運動が徐々に圧迫されていった状況が伝わってくる。[8]

　1931（昭和6）年以来の15年戦争下の人口政策の中で，産児調節はタブーとなっていくが，これについては，I-8で詳述する。

1 　堕胎罪については，堕胎罪制定を国家の人口増加政策の一環としてみる「堕胎罪体制論」（藤目ゆき『性の歴史学——公娼制・堕胎罪体制から売春防止法・優生保護法体制へ』不二出版，1997）が従来有力であった。しかし石崎昇子（『近現代日本の家族形成と出産児数』序章，明石書店，2015）などにより近年，再検討が進んでいる。

2 　現在の刑法第 29 章「堕胎の罪」第 212 ～ 216 条。

3 　堕胎論争の資料については，折井美耶子編集／解説『資料 性と愛をめぐる論争』ドメス出版，1991 より引用。

4 　『解放』1921 年 1 月号。山川菊栄『女性の反逆』収録に際し，「婦人解放と産児調節問題」と改題（『新装増補 山川菊栄集 評論篇 第 2 巻』岩波書店，2011，208 ～ 33 頁。

5 　「石川三四郎氏と避妊論」（『女の世界』1921 年 3 月号）に「かつて私の書いた一節」として繰り返している一文から類推。前掲注 4『山川菊栄集』241 ～ 47 頁。

6 　山川菊栄「産児制限論と社会主義」（『社会主義研究』1921 年 6 月，前掲注 4，『山川菊栄集』267 ～ 86 頁。

7 　石本静枝（1897 ～ 2001）は，理想主義的な社会活動家の石本恵吉男爵に連れられてアメリカに渡り，サンガーのバース・コントロール運動に共鳴し，日本の産児調節運動に献身した。1944 年に恵吉と離婚し，社会主義運動家の加藤勘十と結婚。戦後は加藤シヅエとして，日本社会党・右派社会党の参議院議員。1974 年に日本家族計画連盟会長就任。

8 　荻野美穂『「家族計画」への道——近代日本の生殖をめぐる政治』岩波書店，2008，巻末 6 ～ 11 頁。

Ⅰ−6　婦人参政権獲得運動と市川房枝

● 新婦人協会

1919（大正 8）年 11 月 24 日，平塚らいてうは，市川房枝，奥む

めおらの協力を得て，「新婦人協会」を設立した。平塚は，『青鞜』廃刊後，出産・育児の傍ら評論活動を続けてきたが，社会的活動の必要性を痛感し，新しい組織の結成を呼びかけたのである。市川房枝（1893～1981）は，愛知県の農家の出身で，愛知県立女子師範学校を卒業後，教員生活，『名古屋新聞』の記者を経て上京し，平塚が名古屋地方の工場で働く女性労働者の記事を書くための工場見学の案内をした際の「事務的才能」を認められ，平塚に誘われたという。

　奥むめお（1895～1997）は，福井県の出身で，日本女子大学校卒業後，労働組合期成会の機関誌『労働世界』の記者となる。紡績工場に女工として潜入取材したレポートが反響を呼んだ。平塚の要請に応じて，平塚・市川と共に新婦人協会の中核メンバーとなったが，詩人奥栄一と結婚したばかりで，第1子妊娠中でもあった。このとき，平塚は33歳，市川は26歳，奥は24歳だった。

　平塚らは，会の設立前後に，各地の婦人団体に働きかけ，新聞に設立の趣旨を伝えるなど宣伝に努め，1920（大正9）年3月には男性20名を含む70余名が出席して発会式を挙行，同年10月には機関誌『女性同盟』を創刊するなど，華々しいスタートを切った。実際に運動として着手したのは，花柳病男子結婚制限と「治安警察法第5条改正」に関する請願活動であった。

　まず，花柳病男子結婚制限とは，花柳病（＝性病）に罹った夫から病気をうつされ，苦しむ妻たちが多かったことを問題視した提言である。平塚がすでに1916（大正5）年に，性道徳の男女二重基準を批判の標的とする論考を発表したように（I-4参照），当時の日本では，女性には「処女性」や「貞操」が強く要求される一方で，男性には買春を含む性的放縦が許されていた。しかも，「イエ」制度の下で，結婚相手を決定する権利は家長にあり，当事者，とくに

女性には選択権がなかった。だから，花柳病に罹った男子の結婚制限を要求することは，「イエ」制度によって奪われていた，女性の結婚拒否権を要求することであり，同時に性道徳の男女二重基準に，楔を打つことを意味した。[1]

　新婦人協会は，婦人矯風会の協力も得て2000名以上の署名を集め，第42帝国議会（1920年2月），第43特別議会（1920年7月）に「花柳病男子結婚制限に関する請願書」を提出するが，参考送付，不採択に終わった。「男子」に限定しない妥協案をまとめ，第44帝国議会（1921年1月）に「花柳病者に対する結婚制限並に離婚請求に関する請願書」を提出するが，僅差で不採択。3回にわたる請願活動は実を結ばなかったが，男性の性的放縦にノーをつきつけ，世論を喚起する効果はあったようだ。

　新婦人協会の活動のもう1つの柱は，「治安警察法第5条改正」であった。1900年に，「集会及政社法」を改悪し，直接政治運動とはかかわらない労働組合等の活動も制限する「治安警察法」が制定されたが，女子の政治活動の禁止はそのまま引き継がれた。具体的には，この治安警察法の第5条「左ニ掲クル者ハ政事上ノ結社ニ加入スルコトヲ得ス」の第1項には，「現役及召集中ノ予備後備ノ陸海軍軍人」「警察官」等と並んで，「女子」が挙げられ，また同条第2項には，「女子及未成年者ハ公衆ヲ会同スル政談集会ニ会同シ若ハ其ノ発起人タルコトヲ得ス」とあり，女性は政治結社に加入することも，政治的集会に参加することも禁止されていたのである。

　1905（明治38）年に，「平民社」（日本で最初の社会主義団体）の今井歌子ほか459名が，女性の政治参加を可能にする改正を求める請願運動を始めて以来，1909年まで毎年請願運動が続けられ，衆議院で2回ほど改正法律案が採択されるが，貴族院で阻まれ，改正に至らなかった。

平民社を中心とした運動から10年ほどを経て，平塚らいてうら
の新婦人協会が再びこの問題に取り組み始めたのである。この頃
には，1918年のソビエト連邦，オーストリア，イギリスに続いて，
1919年にドイツ，1920年にはアメリカ，カナダなどが，次々に婦
人参政権を承認していく中で，日本国内でも女性の政治参加要求を
好意的に受け止める空気が強まっていた。

　新婦人協会が最初に請願書を提出したのは，花柳病男子結婚制限
についての請願と同じ，1920（大正9）年2月の第42帝国議会であ
り，内容的には，平民社の請願を踏襲した，治安警察法第5条第1
項第5号「女子」および，第2項中の「女子及」の3字の削除要求
であったが，「参考送付」にとどまった。この年7月の第43特別議
会では，満場一致で採択されるが，貴族院への請願が間に合わず不
成立。同年10月開催の第44帝国議会では，与党であった政友会も，
治安警察法第5条第2項の改正には賛成であるということで，第
1項は脇におき，第2項改正のみ衆議本会議で満場一致で可決され，
貴族院委員会でも可決されたが，本会議では否決。結局，治安警察
法第5条第2項が改正され，政治集会への女性の参加が認められた
のは，ようやく1922年3月の第45帝国議会においてであった。

　だが，貴族院でこの採決がなされた決定的瞬間を傍聴した女性は，
青鞜社出身で新婦人協会の発会以来，評議員を務めてきた坂本真琴
（1889～1954）ら3人のみで，この運動を中心的にスタートさせた3
人の理事，平塚らいてう・市川房枝・奥むめおのいずれもが，それ
ぞれの事情で立ちあえなかった。

　市川は事務能力に優れた行動家であり，新婦人協会の膨大な実務
のほとんどを背負ったため，多忙と財政難で疲れきり，1921（大正
10）年6月に理事を辞任し，7月に渡米した。平塚は，度重なる議
会への請願書の執筆と提出，議員への根回し等，慣れない仕事に忙

殺されたせいか，しばしば体調を崩して，議会傍聴はもちろん新婦人協会の会合や行事も欠席しており，21年夏頃からは家族で海岸や温泉での転地生活を繰り返した。市川が渡米し，平塚がほぼ不在となった新婦人協会を何とか取り仕切ったのが，「子連れ婦人運動家」として活動を続けた奥と，坂本真琴であった。貴族院採決の日，奥は第2子を妊娠中で傍聴には行けなかったが，治安警察法改正を祝して1922年5月に開催した「婦人政談演説会」を仕切った。7カ月後の1922年12月，新婦人協会は解散した。

● 婦人参政権獲得運動

　治安警察法第5条が改正された後，女性の政治的権利獲得をめざす運動は，一歩進んで婦人参政権獲得運動へと進展する。すでに治安警察法が改正される前年の1921（大正10）年7月には，婦人矯風会内に久布白落実を代表として「日本婦人参政権協会」（後に日本基督教婦人参政権協会）が組織された。1922年以後，新婦人協会の後身である婦人連盟等，婦人参政権をめざす団体が次々に生まれていった。I–2で言及したように，1923年9月の関東大震災後，東京周辺の各種婦人団体が大同団結して「東京連合婦人会」を組織したが，そこから婦人参政権についても，新組織「婦人参政権獲得期成同盟会」（1925年「婦選獲得同盟」と改称）が生み出された。

　婦人矯風会の久布白らが婦人参政権をめざす各団体・個人に呼びかけ，1924（大正13）年12月に創立総会を開催し，総務理事に久布白，会計理事に中澤美代（1874～1973），会務理事に，同年1月に帰国していた市川房枝が就任した。また，①治安警察法第5条第1項中「女子」の削除（結社権），②市町村での女性の参政権（公民権），③国政における婦人参政権（参政権）の3つの権利を要求していくことが決議された（婦選3案）。超党派で結成されたこの「婦選

獲得同盟」が中核となって，1940年に解散するまで16年にわたって，日本の婦人参政権獲得運動（婦選運動）は進められていくのである。

　この婦選獲得同盟の活動は，まず創立直後の1924（大正13）年12月に召集された第50帝国議会に，上記3つの建議案（婦選3案）を上程することから始まった。この議会では，成人男子に参政権を与える普通選挙法は成立したが，女性についての3案は，衆議院は通過したが，貴族院で不成立という結果に終わり，次の第51帝国議会（1925〜26年），第52帝国議会（1926〜27年）にも，同様の婦選3案が上程されたが，見るべき成果は得られなかった。

　こうした状況の中で，市川は帰国後務めていたILO（国際労働機関。1919年に国際連盟に創設された）東京支局を辞め，婦選獲得同盟の運動に専念することを決意し，1927（昭和2）年1月創刊の機関誌『婦選』の編集印刷兼発行人に就任した。この頃から，市川が婦選獲得同盟を実質的に切り盛りしていくことになり，有給幹事として半日勤務をすることになった金子しげり（1899〜1977）が，市川を補佐した。金子は，『国民新聞』を経て，当時『主婦之友』の記者であったが，後に離婚し山高姓に戻る。その後，長期にわたって，市川と行動を共にしていく。

　1928（昭和3）年に，普通選挙法に基づく最初の選挙が実施されるに当たって，婦選獲得同盟は，各政党と候補者に「婦選」を政策として掲げるよう要求し，「婦選」を掲げる候補者には，求めに応じて応援弁士を派遣し，推薦状を発送するなどの応援をした。選挙後の議会への働きかけを効果的にするために，婦選獲得同盟は，この間に誕生した4つの無産婦人団体も含めて，他の婦選団体と共同して，「婦選獲得共同委員会」を設立して，第55特別議会（1928年）に臨んだが，婦選3案は結局上程に至らなかった。

1929（昭和4）年12月召集の第56帝国議会に，政友会が婦人公民権案を提出する見通しとなったため，婦選獲得共同委員会は公民権に目標を定め「婦選なくして真の普選なし」のビラを街頭で配るなどして2万名を超える婦人公民権要求の請願書を集め，議員への働きかけも強めるなど，万全の準備をして，200名の女性たちが議会傍聴に出かけた。しかし，公民権案は本会議で否決された。婦選獲得同盟は，弔意の黒枠葉書に憤慨の挨拶を記して代議士全員に送った。

　第57帝国議会には，婦人公民権案にかかわる提案がなされたが，審議未了。1930（昭和5）年2月に実施された2回目の普通選挙で，「婦選」賛成派の議員が多数当選し，衆議院での婦人公民権案通過の見通しが立ったので，通過を確実なものにするために，4月27日，第1回全日本婦選大会が開催された（以後，1937年まで7回開催）。婦選獲得同盟が主催し，関西婦人連合会，無産婦人同盟等，多様な団体が参加し，「婦選の歌」まで発表された。文部大臣，与党民政党をはじめ，政友会や各無産政党からも祝辞が寄せられ，参加者たちの期待は高まった。直後の第58帝国議会で，婦人公民権案がはじめて衆議院を通過したが，貴族院で審議未了に終わった。

　もっとも，社会的にも婦人公民権獲得の機運が高まる中で，バスに乗り遅れまいとする婦人団体の動きも出てくる。女子教育者の団体や，女子大学校同窓会等々，保守的な団体も含め，「婦選運動の大衆化」[2]が起きた。一方で，婦選獲得同盟発足当初から，ほぼ行動を共にしてきた日本婦人参政権協会は，キリスト教の立場を明確にしたいので，久布白を矯風会に返してほしいと主張。結局，総務理事を市川が引き受けることになり，市川は37歳にして，名実共に婦選獲得同盟のリーダーとなったのである。

　1931（昭和6）年，第59帝国議会を前にして，民政党内閣は，市

町村選挙のみ，選挙資格は男子に5歳の差をつける女子の制限公民権案を発表した。婦選獲得同盟と婦人参政権協会は，この制限婦人公民権案には反対で，男性と差別をつけない公民権を要求した。一方，全国市町村長会は，婦人公民権が家族制度を動揺させるおそれがあるとして，反対意見を貴族院に送付しており，この案は，貴族院で否決された。

　1931（昭和6）年9月に満州事変が勃発するが，婦選運動はとどまることなく進められ，翌32年早々に，共同戦線を志向する無産婦人同盟を加え，婦選団体連合委員会を結成し，満州国建設ならびに5.15事件が起きた直後の5月に開催した第3回婦選大会では，婦選要求に加えて，「我々は婦人の立場より目下台頭しつつあるファッシズムに対し断乎反対す」との決議をする。そして，1932年，33年にも議会に働きかけ，婦人参政権案が提出されるが，いずれも審議未了。「婦選」を正面から主張することは困難になっていったのである。

　そうした情勢下で，市川らは「婦選」獲得をめざしつつも，戦術転換を余儀なくされる。そこで採用したのが，女性が発議しやすく，かつ誰もが反対しにくい，ゴミ処理等の東京市制浄化運動や，母子（母性）保護法制定運動，選挙にまつわる不正防止などに取り組む選挙粛清運動などに積極的にかかわることで，女性が国政や地方政治に必要な存在であることを示すという作戦であった。だが，現実には，いずれの活動も「婦選」というゴールにつながることはなく，むしろ，婦選獲得同盟の機関誌『婦選』を，時勢に合わせて『女性展望』と改題（1936年1月）することになるのである。

　この後，1936（昭和11）年には，2.26事件以後の戒厳令下で全日本婦選大会は開催不能になり，翌37年1月に何とか開催した大会が最終回となった。半年後の7月，盧溝橋事件が発生し，日本は中

国との全面戦争に突入する。市川房枝は「この時点で，正面から戦争に反対して監獄に行くか，または運動から全く退却してしまうか，あるいは現状を一応肯定してある程度協力するか，どれかの道を選ばねばならない」との「深い憂鬱」にとらわれたが，結局第3の道を選択することに決心する。

そこで，1937（昭和12）年9月，市川は，婦選大会を共同主催ないし共催してきた他の自主的婦人団体に呼びかけ，婦選獲得同盟，日本基督教婦人矯風会，全国友の会，YWCA日本同盟等8団体で「日本婦人団体連盟」を結成する。この連盟の会長には矯風会のガントレット恒子，副会長には日本女医会の杉田鶴子と婦人平和協会の上代たの，市川は書記に就任する。結成宣言の冒頭は，「国家総動員の秋，我等婦人団体も亦協力以て銃後の護りを真に固からしめんと希ひ」で始まるが，数カ月前まで開催してきた婦選大会とはまったくトーンの違うことがわかる。日本婦人団体連盟は，戦時の女性の生活を支援するため，白米食をやめて胚芽米に替える運動，買いだめ防止運動，性病予防運動等に取り組んでいくことになる。

1939（昭和14）年，市川は，婦人問題・婦人運動等の資料収集，調査研究を目的とした婦人問題研究所を再建[5]。運動をしなくても存在意義のある組織に，市川は一種の避難所的役割を求めていたのかもしれない。そして，婦選獲得同盟は，1940年6月の臨時総会で解消し，ならびに婦人時局研究会（1938年に，市川らが設立）への合流を決定した。婦選大会が開催できなくなって2年半がたち，「婦選」の旗を降ろさざるをえなくなったのである。「実体のない看板をかついでいた重荷から解放された」と市川は，後に述懐している[6]。

1919～22（大正8～11）年の4年間の新婦人協会の活動を引き継いで，婦選獲得同盟の1924年から40年まで16年間，合わせて20年に及ぶ，女性の参政権獲得をめざした運動の足跡を駆け足で追っ

てみた。地道で我慢強い運動にもかかわらず，結局女性には，政治集会への参加が認められたのみで，政治結社をつくる権利も，国会や地方議会への選挙権も認められないまま，侵略戦争に加担させられるという無残な結果に終わったわけである。ここには，男性優位の近代国民国家，帝国主義国家において，劣位におかれた女性の位置が，象徴的に表現されているように思われてならない。

1　新婦人協会が花柳病男子結婚制限運動を展開したことについて，1990年代前後から「優生思想」として批判する研究者も多い。だが，新婦人協会が活動を始めた1920年頃に，優生思想から免れていた識者はどれだけいただろうか。当時欧米諸国で優生学を理由に「結婚禁止法」が盛んに導入されていたことを知っており，しかもそれを理由にしたほうが支持されやすいことを承知のうえで，あえて伝染病・遺伝病等に対象を広げず，花柳病，しかも男子に限定して，結婚制限を求めた平塚のフェミニストとしての心意気を，私はむしろ評価したい。

2　市川房枝「婦選運動の近状を論ず」『婦選』1930年7月号，『市川房枝自伝　戦前編』新宿書房，1974，243頁。

3　前掲注2市川自伝，283頁。

4　前掲注2市川自伝，433頁。

5　1925（大正14）年に創立したが，中断していた。

6　前掲注2市川自伝，513頁。

Ⅰ-7　「イエ」制度下の女性労働と労働運動

◉ 日本の輸出産業を担った女工たち

日本の産業化は，日清戦争後，紡績業，製糸業で急速に進展し，

綿糸と生糸は，日本の代表的な輸出産業となった。機械化された紡績工場，製糸工場で働いたのは，工女または女工と呼ばれた女性労働者たちであり，1890 年代半ばから 1930 年頃までの間，日本の工場労働者の過半数を女性が占めたのであった。[1]

　女工たちの多くは，貧しい農家の口減らしや前借金の肩替わりとして，戸主（父親等）から工場に送り込まれた娘たちであった。工場労働の実態については，いくつかの綿密な調査報告が出されており，目を覆うばかりの実情が記録されている。[2]

　まず女工の年齢は，14，15 歳から 20 歳前後の数年間働く者が多かったようだが，14 歳未満の子どもも少なくなかった（『職工事情』記載の 1901 ～ 02 年のデータ）。工場の敷地内の寄宿舎に入る者が多かったため，昼夜二交替制で労働時間は，1 日 12 ～ 16 時間と長く，貧しい食事しか与えられず，食事時間や入浴時間も管理されていた。「籠の鳥より監獄よりも寄宿ずまひは，なほ辛い」(「女工小唄」細井和喜蔵『女工哀史』収録) は，女工たちに共通する実感だっただろう。

　綿ぼこりなどが舞う不衛生な工場で，休憩もとれずに働き続け，宿舎に帰れば 1 人 1 畳程度の狭い空間に大勢が密接して暮すため，女工たちには結核の感染率や死亡率が高かった。しかも賃金は，男工の約半分程度に低く抑えられていた。

　こうした苛酷な労働環境に反発して，すでに 1886（明治 19）年には山梨県の雨宮製糸工場で，労働時間延長・賃金引下げに反対して女工たちがストライキを行い，1889 年には大阪の天満紡績工場で，賃金引上げ等を要求して立ち上がった女工たちに男工も加わってストライキが起き，それぞれ，会社側から一定の譲歩を引き出した。さらに，日清戦争前後の紡績業の飛躍的発展，ならびに重工業，鉱山業の発展に伴って，劣悪な労働条件の改善を要求する労働争議が，各地で発生する。

1897（明治30）年には，アメリカの労働運動の影響を受けた高野房太郎，片山潜らが，労働組合期成会を組織し，労働組合の結成を促した。さらに，1912（大正元）年には，クリスチャンの鈴木文治らが，日本初の労働組合として「友愛会」を結成し，各地で起きる労働運動を支援し，指導し始めた。しかし，これらの団体は，あくまでも男性労働者だけを相手にしており，実際には労働者の過半数を占める女性労働者については，半人前とみなして，会員にもさせなかった。友愛会が，女工が「準会員」になることを認めたのは1913年，正会員になれたのは，ようやく17年になってからのことだった。

　1916（大正5）年，アメリカの労働運動を視察して帰国した鈴木文治の提案により，友愛会に「婦人部」が設立され，機関紙『友愛婦人』も発刊されることになった。この年，日本における最初の労働者保護法である「工場法」（1911年成立）が施行されたが，懸案の女性労働者の深夜業禁止は，紡績業界の反対が強く，施行を15年後に延ばすことになっており，女工たちを苦しめていた深夜業は，この後も長く続いた。

　『友愛婦人』は，発行兼編集人鈴木文治の思想に沿って，人として女としての修養を説く記事が多かったが，女工たちのためにわかりやすく書いた読み物や文芸作品なども掲載され，執筆者も充実していた。友愛会婦人部は，『友愛婦人』を配布し，茶話会，講演会などを行い，女工たちの啓蒙・教育を図った。しだいに女性会員も増え，友愛会の中での女性労働者の存在感も高まっていった。

　1919（大正8）年に開催された友愛会7周年大会は，名称を「大日本労働総同盟友愛会」（21年，日本労働総同盟，略称「総同盟」）と改称し，労働組合へと転換する画期となる大会であったが，婦人部についても，大きな変化があった。この大会で，「会長独裁制」か

ら25人の理事による合議制が導入されたが，婦人部の野村ツチノ，山内みなの2名も選出された。この大会で決定された，友愛会の20の獲得要求の中には，男女平等賃金や夜業禁止など，女性労働者の要求も含まれていた。しかも婦人部の独立が大きな議題となり，市川房枝を婦人部常任委員として採用し，『友愛婦人』に代わる機関誌の発刊準備に当たらせることが決定された。

　大会後間もなく，友愛会が初の婦人労働者大会を開催。紡績労働者を中心に，1000人もが参加したほか，来賓として平塚らいてう，伊藤野枝らも臨席した。この会を準備し司会を務めたのは，婦人常任委員になったばかりの若き日の市川であった。ここで，友愛会女子会員9名が次々と演壇に立って演説し拍手喝采された様子は，『朝日新聞』や『報知新聞』等でも報じられた。

　この大会を取り仕切った市川は，当時26歳だった。結局数カ月のみで，友愛会を辞め，新婦人協会の設立にかかわることになる。山内みな（1900～1990）は，宮城県に生まれ，小学校卒業後上京して，東京モスリン吾嬬工場の女工になり寄宿舎に入った。1914（大正3）年（13歳）にこの工場で起きたストライキに参加し，それを機に友愛会に入会。友愛会の理事に就任した1919年には，18歳だった。山内は，その後，無産婦人運動家として活躍する。野村ツチノは，14歳のときに埼玉県より上京し，富士瓦斯紡績押上工場の女工になった人で，山内より「十歳年長でリーダー格[3]」だった。

　このように1919（大正8）年には盛り上がりをみせた友愛会だったが，翌20年に富士瓦斯紡績押上工場で起きた争議が惨敗し，野村ツチノらが解雇されたのをきっかけに，婦人部は急速に衰退していくことになる。

◉ 無産婦人運動の胎動

　労働者階級（＝無産階級）を抑圧し，搾取する資本主義社会を変革し，平等で公正な社会をめざす思想を，広く「社会主義」と呼ぶ。日本では，1903（明治36）年，日露戦争を前にして非戦論を唱えて，幸徳秋水，堺利彦らによって結成された平民社が，最初の社会主義団体といえる。だが，欧米諸国の社会主義運動の高まりが日本に波及することを怖れて，明治政府は社会主義の徹底的弾圧を図った。1910年のいわゆる大逆事件は，その象徴的出来事といえるが，この頃から，日本の社会主義は「冬の時代」を迎えた。

　社会主義が息を吹き返したのは，いわゆる大正デモクラシーの時代が訪れてからのことである。1917年のロシア革命を受けて，1920（大正9）年，労働運動の高まりと連動して，日本社会主義同盟が結成された。堺利彦らの呼びかけに応じて，さまざまな社会主義をめざす知識人たちや労働組合の指導者たちが集まり，活動を開始したのである。これに呼応して誕生したのが，女性だけの社会主義グループ「赤瀾会」である。

　赤瀾会は，九津見房子，堺真柄らの呼びかけで，山川菊栄と伊藤野枝が顧問格として，四十数名で，1921（大正10）年4月に発足。赤瀾会という名前は，英語でいうとレッド・ウェイブズ・ソサイェティ（The Red Waves Society）。瀾という字はさざ波という意味で「社会主義運動の流れに小さなさざ波くらいは起こすことができるのではないか」[4]という気持ちだったという。綱領では，「私達は私達の兄弟姉妹を窮乏と無智と隷属とに沈淪（ちんりん）せしめたる一切の圧政に対して断乎として宣戦を布告するものであります」と宣言した。

　世話人の九津見房子（1890〜1980）は，岡山市出身で高等女学校時代から社会主義思想に触れ，上京後，同郷の福田英子宅で居候した後，売文社の堺利彦の下で働いた。堺（近藤）真柄（1903〜1983）

は，堺利彦の娘で，小さいときから社会主義運動の中で育ち，赤瀾会結成時は，高等女学校を卒業したばかりの 18 歳だった。

　赤瀾会は，発足直後の 1921（大正 10）年 5 月 1 日，日本で開催された第 2 回のメーデーで華々しくデビューする。黒地に赤で「RW」と縫いつけた旗を掲げて行進に参加し，待ち構えた警官たちに一網打尽で全員が捕まった。このメーデーへの参加を呼びかけるビラ「婦人に檄す」を書いたのは山川菊栄だが，事前にこのビラを配っただけで逮捕された会員もいた。メーデーに参加するには，逮捕を覚悟しなければならない時代であったから，赤瀾会の行動は，向こう見ずだったともいえるし，勇敢な挑戦だったともいえる。

　赤瀾会は，この年夏に，社会主義者たちを講師とする婦人問題講演会を開催するなどの活動をした。だが，すでに 5 月に，日本社会主義同盟が結社禁止とされ，社会主義への弾圧も厳しくなる状況下で，運動から離れる人も多く，また九津見が夫の三田村四郎と共に，印刷工場で働くため大阪に行き，赤瀾会の継続は難しくなっていった。

　翌 1922（大正 11）年，赤瀾会で残っていた堺真柄らに，山川菊栄の周辺で社会主義を学んでいた女子大生などが加わって「八日会」がつくられ，ロシア飢饉救済の女性運動を支えるなどした。当時の国際的社会主義運動は，1919 年にソビエト連邦の主導下に結成されたコミンテルン（第 3 インターナショナル）を中心に動いていた。山川は，多少のタイムラグはあるものの，このコミンテルンの女性政策を受け止め，呼応しようとしていた。1921 年にコミンテルンが，3 月 8 日を女性デーとして，「万国労働女性への呼びかけ」を発したことを知った山川は，1923 年 3 月にいくつかの新聞や雑誌に「国際婦人デー」を精力的に紹介し，日本初の「国際婦人デー」演説会を開催した。準備を担ったのは，八日会であった。

しかし，1923（大正12）年9月に発災した関東大震災後の混乱に紛れて，大杉栄，伊藤野枝をはじめ，数多くの社会主義活動家が，官憲によって惨殺される衝撃的な事件が起き，時代の空気は一変した。もっとも，女性運動については，矯風会から羽仁もと子らの市民主義的活動家，さらには山川菊栄ら社会主義活動家も含めて，大同団結して東京連合婦人会をつくり，震災後の救援活動に当たったことは，前述したとおりである。

◉ 無産運動と「婦人の特殊要求」

普通選挙法が成立した1925（大正14）年，来るべき選挙に備えて合法的な無産政党の結成をめざして，各無産団体が無産政党準備委員会を発足させ，行動綱領をつくり始めた。この行動綱領の中に，女性に関する項目がほとんど入っていなかったことを問題視して，山川菊栄は「婦人の特殊要求」を突きつけ，綱領に追加することを求めた。震災後，山川夫妻は兵庫県の垂水に住んでいたため，所属していた政治研究会神戸支部を通じて本部に要求を提出すると同時に，『報知新聞』（1925年10月）に掲載した。

山川菊栄の提案した「婦人の特殊要求」は，①戸主制度の撤廃，②婚否を問わず女子を無能力者とする一切の法律を撤廃すること，婚姻および離婚における男女の権利義務を同等ならしむること，③すべての教育機関および職業に対する女子ならびに植民地民族の権利を内地男子と同等ならしむること，④民族および性別を問わざる標準生活賃金の実施，⑤業務を問わず，男女および植民地民族に共通の賃金および俸給の原則を確立すること，⑥乳児を有する労働婦人のためには休憩室を提供し，3時間ごとに30分以上の授乳時間を与えること，⑦結婚，妊娠，分娩のために婦人を解雇することを禁ずること，⑧公娼制度の全廃，の8項目であった。性差別のみな

らず植民地民族への差別の撤廃を求めている点が注目される。

山川の提案に対して，政治研究会本部の幹部たちは，公娼廃止の1項のみ保留としたが，他の7項目は，「小ブルジョア的要求」であり，「非マルクス主義的，反階級的」として否定した。提案に際して山川は，「それが純粋に無産階級的な性質を帯びているにせよ，いないにせよ，被圧迫者としての全婦人に通ずるデモクラシーの要求を代表することは，その（成立しつつある無産政党の：引用者注）当然の任務でなければならない」[6]と趣旨を説明したが，一蹴されたわけである。しばらくして，同じ幹部たちが突然意見を180度転換して，全面的に承認することになったが。その後，この「婦人の特殊要求」は，婦人労働運動の要求として引き継がれていくことになる。

労働組合に目を転じると，同1925（大正14）年5月，日本労働総同盟から左派が分裂して，「日本労働組合評議会」（略称，「評議会」）を結成し，上記の政治研究会にも大きな発言力をもった。山川菊栄の理論的影響下にあった丹野セツ，山内みな，九津見房子ら女性活動家の大半が，評議会に移った。評議会が10月に「全国婦人部協議会」を開催するに際して，山川は組織部長の依頼を受け「婦人部テーゼ」[7]の草案を執筆した。「婦人部テーゼ」は，①婦人労働者に対する我らの方針，②運動の方法，③婦人部の目的とその性質，の3部構成で，日本の労働運動が男子のみを中心に進められてきたことを批判し，女性労働者の階級意識の向上と組織化のために，婦人部が果たすべき役割や活動方法等をまとめたものである。とくに山川が強調したのは，「男女同権の要求，労働条件の改善策，母親と子供の保護」は，「直接には婦人特殊の要求であっても，根底的においては男女共通の階級的要求である」から，婦人部の活動は，「対男子の運動」ではなく「すべての労働者と協同して」行われるべきものであるという点であった。[8]

この草案は，評議会婦人部ならびに中央委員会で無修正で承認された。ところが翌 1926（大正 15）年の 評議会大会で，婦人部の設置自体の可否が議論され（婦人部論争），「婦人部テーゼ」は棚上げになったが，結局 1927 年の大会で採択された。

山川による，政党綱領への「婦人の特殊要求」追加，ならびに「婦人部テーゼ」は，明治期以来男性主導で進められてきた労働運動，無産運動に対する女性の視点からの異議申し立てであり，労働運動，無産運動における男女平等要求であったが，男性指導者からは内容を理解されないまま，全面否定ないし全面賛成へと二転三転が繰り返されたうえ，女性活動家たちの多くも，男性指導者の判断に追随したのであった。こうした経緯の後，やがて山川は労働運動，無産運動の第一線から撤退することになる。

● 弾圧と分裂による労働運動，無産運動の瓦解

無産政党の行動綱領や労働組合の婦人部論争が起きた 1926 〜 27（大正 15 〜昭和 2）年は，無産運動内部での，運動路線をめぐる分裂や組織化が進んだ時期であった。政党としては，1926 年に共産党をバックとした「労働農民党」，右派の「社会民衆党」，中間派の「日本労農党」が結成。1927 年には各政党の女性組織として，労働農民党系の「関東婦人連盟」（田島ひで，野坂龍，丹野セツ，山内みな等），日本労農党系の「全国婦人同盟」（帯刀貞代，岩内とみゑ等），社会民衆党系の「社会（民衆）婦人連盟」（山田やす子，赤松明子，赤松常子等）が結成される。

このうち，関東婦人連盟は 1928（昭和 3）年，3.15 事件で共産党関係者が大量に検挙されたこともあり，党の方針により解散した。たとえば，中核メンバーの 1 人丹野セツは，この年逮捕された後，38 年までの 10 年間ほぼ獄中生活を続け，満期出獄後は，特高の監

視下で，派出看護婦，工場保健婦などをして，敗戦を迎えることになる。[9]

　全国婦人同盟は，1929（昭和4）年に堺真柄，平林たい子らが加わり，「無産婦人同盟」となり，さらに1932年，無産政党が合同して「社会大衆党」が結党されると，「社会（民衆）婦人連盟」と「無産婦人同盟」も合同し，「社会大衆婦人同盟」(委員長赤松明子，書記長堺真柄) を創立し，無産婦人運動が一応の統一をみる。ただし，社会大衆婦人同盟は，無産運動に対する弾圧による人手不足の中で，婦選獲得同盟（前述）等の市民的女性団体と共同行動に参加する以外には，独自活動はほとんどできないままに終わることになる。

　1929（昭和4）年のアメリカに端を発した世界恐慌は日本を直撃し，輸出は激減し物価は急落した。中小企業は倒産や操業短縮に追い込まれ，賃金切下げや人員整理が続出した。そのため1930年頃には，各種産業分野で労働争議が頻発したが，女性労働者が主力となっていた繊維産業でも，輸出の激減に伴う工場閉鎖，人員整理，大幅な減給等に反対して，各地の繊維工場で争議が起こった。しかし，たとえば無産婦人同盟の帯刀貞代らが支援した東洋モスリン争議が，60日間にわたる女性労働者の奮闘にもかかわらず，会社側の切り崩しと，警察による弾圧等によって惨敗したように，ほとんどの争議は敗北に終わった。[10]

　ほとんど壊滅状態に陥りつつあった1930年代の女性労働運動にあって，ひるまず活動を展開したのは，総同盟婦人部であった。評議会と分かれた後の総同盟は，「罷業（＝ストライキ）を最小化」し，できるかぎり交渉による解決を求める方針で争議に臨むので，「右派」または「健全派」と呼ばれた組合組織である。1937（昭和12）年に赤松常子が，それまで男性が続けてきた婦人部長に就任して以来，総同盟婦人部は機関誌『労働婦人』を発刊するなど，女性労働

運動をけん引することになる。赤松は，すでに1930年に鐘ヶ淵紡績（鐘紡）争議を，31年には日本セルロイド争議を指導し，とくに後者では，工場閉鎖による解雇手当を要求した労働者側に有利な解決を引き出すなど，労働争議に積極的に関与してきた。[11]もっとも，1940年，総同盟は自主解散し，大日本産業報国会に組み入れられることになるのだが。

◉ 戦時体制下の女性労働

満州事変以後の軍需生産の増加により，金属・機械・化学などの重化学工業が発達し，日本の産業構造は，紡績業などの軽工業から，重工業へと軸足が変化する。それに伴って，重化学工業で働く女性工場労働者も増加していった。たとえば，金属精錬や鋳物などの金属工業，製薬，製紙，皮革などの化学工業，また機械工業でもそれまで女性が扱いつけなかった小型の旋盤，ボール盤などの操作，さらには高速電車や大型トラック，クレーンの運転手等々の重筋労働にも女性が配置されるようになっていった。1939（昭和14）年には，政府の増炭計画と坑内夫不足を理由に，33年以来禁止されてきた女性の坑内労働も一部許可された。

さらに，日中戦争が長引くにつれて，兵役のために不足する男性労働力の代替として，1939（昭和14）年には，女性で替われる職種には女性を採用するように求人側を誘導斡旋するよう，職業紹介所に指令が出された。また，1944年には，女性に代替できるとして，事務員，販売店員，出改札係，一部の車掌，踏切手，昇降機運転係，料理人，理容・美容師等17種類の職種に，男性の就業を禁止するなど，女性を労働力として最大限活用する方策がとられるようになっていく。[12]

だが，もともと女性が働くことを想定していなかった工場や職場

には，女性用の便所や更衣室もないなど，厚生施設の不備や労務管理の不行き届きが多かったうえ，女性の賃金は男性より低く設定されているなど，女性労働者は悲惨な労働環境ならびに労働条件下におかれていた。1911（明治44）年に公布された「工場法」に記載されたものの，紡績業者の強い反対で施行が延期され続け，ようやく18年後の1929（昭和4）年に実施された女性の深夜労働禁止についても，1943年には「工場就業時間制限解禁令」によって廃止される。このように，女性たちの労働状況は，今では想像できないほど劣悪であった。

　1940（昭和15）年に労働組合が禁止され，翌41年に大日本産業報国会に吸収される。産業報国会の生活指導部には，初の女性行政官として内務省で勤務していた谷野せつ（1903〜1999）や元総同盟の赤松常子ら4名の女性が参加し，女性の職場指導者の養成，職業婦人の組織化等をめざしたが，女子労働の待遇改善につながるはずもなかった。

1　広田寿子「統計からみたわが国女子雇用の構造」赤松良子編集／解説『日本婦人問題資料集成　第3巻＝労働』ドメス出版，1977，636頁。

2　たとえば，『日本之下層社会』（横山源之助，教文館，1899），『職工事情』（農商務省商工局工務課工場調査掛，1903〜04），石原修「女工の衛生学的観察」（『国家医学会雑誌』1913）〔注1前掲『資料集成』244〜76頁〕，細井和喜蔵『女工哀史』（改造社，1925）など。

3　『山内みな自伝——十二歳の紡績女工からの生涯』新宿書房，1975，54頁。

4　堺（近藤）真柄の言葉。江刺昭子『覚めよ女たち——赤瀾会の人びと』大月書店，1980，22頁。

5　伊藤セツ『山川菊栄研究——過去を読み　未来を拓く』ドメス出版，2018，

196 〜 201 頁。

6 　山川菊栄「『婦人の特集要求』について」『新装増補 山川菊栄集 評論篇 第 4 巻』岩波書店，2011，77 頁。

7 　山川菊栄「婦人部テーゼ」(前掲注 6『山川菊栄集』102 〜 12 頁)。

8 　山川菊栄「無産階級における婦人の問題」(前掲注 6『山川菊栄集』152 頁)。

9 　野坂龍 (1896 〜 1971) も，3.15 事件で逮捕・起訴されるが，1931 (昭和 6) 年に夫の野坂参三と共にソビエト連邦に渡り，戦後 47 年に帰国するまで，日本を離れる。田島ひで (1901 〜 76) は，1929 年，東京市電バスガールのオルグ活動によって検挙。

10 　帯刀貞代 (1904 〜 1990) は，1929 (昭和 4) 年，東洋モスリン亀戸工場の女子労働者向けに「労働女塾」を開き，裁縫などの手ほどきに加えて労働者意識の啓発活動をしていたときに，争議が発生し，関与した。争議の後，地下生活に入り，検挙と投獄を繰り返しながら執筆活動を続けた。戦後は獄中での拷問の後遺症に苦しみつつ，婦人問題研究に従事する一方で，新日本婦人の会の結成 (1962 年) にも参加し代表委員を務めた。

11 　赤松常子 (1897 〜 1965) は，戦後も日本労働組合総同盟・ゼンセン同盟の結成に努力。1947 (昭和 22) 年の第 1 回参議院議員選挙で初当選した後，参議院議員を 3 期務める。1960 年の民主社会党の結成にも参加した。

12 　原田清子「女子労働の再編成と産業報国思想」田中寿美子編『女性解放の思想と行動 戦前編』時事通信社，1975，306 〜 23 頁。

Ⅰ−8　戦時体制下での女性政策の進行

● 15 年戦争の経緯と総力戦の進行

1931 (昭和 6) 年の満州事変に始まり 1945 年の敗戦に至る 15 年間は，日本の歴史上はじめて経験する，国民全体を戦争に巻き込む総力戦の時代であった。この時期，フェミニズムの運動は影を潜め，軍部と政府主導による戦時政策が，有無をいわさず進行した。

1931 (昭和 6) 年に日本軍が仕掛けた柳条湖事件をきっかけとし

て，日本軍は満州全域に侵攻し，翌年，清朝最後の皇帝だった溥儀を元首とする「満州国」を建国。1933年には，これを批判し日本軍の撤退を求めた国際連盟から脱退。1937年に起きた盧溝橋事件を機に日中戦争に突入していった。この年，政府は「挙国一致，尽忠報国」などをスローガンとする国民精神総動員運動を始め，国民が精神面からも戦争遂行に協力する雰囲気をつくり出した。

戦争の長期化が明らかになった1938（昭和13）年，すべての人的・物的資源を，政府の統制下におくことのできる「国家総動員法」が制定される。1940年，欧州戦線でドイツが勝利したのを受けて，政府はアメリカを仮想敵国とする日独伊三国同盟を締結。首相を総裁とする上意下達の国民統合組織としての大政翼賛会を発足させた。

さらに1941（昭和16）年12月8日にアメリカの領土であったハワイの真珠湾を奇襲し，日本は中国のみならず，アメリカ，イギリスとも戦争を開始し（アジア・太平洋戦争），戦線はますます拡大する。戦争を続けるために，兵力のさらなる増強，勤労動員，生活必需品の統制など，人的・物的資源が国家によってくまなく吸い上げられ，国民生活は疲弊の極みに達し，1945年8月15日の敗戦を迎えることになる。

こうした戦時体制の時代にこそ，男女の上下関係と性別役割分業という，近代社会ないし近代国民国家のジェンダー秩序が，露骨に顕在化したのである。

● 女性組織の統合と国策協力

満州事変の翌年（1932年），戦場で戦う兵士たちを「銃後」で支えることを目的として，「大日本国防婦人会」（国婦）が結成された。軍部の強力な支援があったことに加えて，白い割烹着の制服に象徴

されるように，台所で働くふつうの主婦が，そのままの服装で街頭に出て，募金をしたり，千人針を呼びかけたりできる気軽さと庶民性によって，国婦はまたたくまに広がり，一時は900万人の会員を擁する大組織に発展した。

同様の趣旨をもつ官製女性団体として，日清戦争以来の歴史をもち，内務省の支援を受けて，各地域の名流婦人を糾合した「愛国婦人会」（愛婦），また，文部省が所管する大日本女子青年団ならびに，1930（昭和5）年に母の会，主婦会，地区婦人会を統合して結成された「大日本連合婦人会」（以下，連婦）があった。これらの団体中，国婦と愛婦はし烈な競争を続けたが，政府の団体統合命令の下，1942年「大日本婦人会」として統合された。

一方，自主的女性団体も「日本婦人団体連盟」（1937年結成）として，官製団体と大差のない戦争協力的な活動を展開していくことになる（I-6参照）。日中戦争が本格化し，男性が兵士として前線に送り込まれる中で，生産・消費両面で，女性の協力なしには，国民の日常生活が維持できなくなっていったからである。女性たちの銃後の活動の推進役として，1937（昭和12）年，吉岡弥生が教育審議会で唯一の女性委員に任命されたのをはじめとして，山田わか，市川房枝ら，それまで女性運動を指導してきた女性たちを，いわゆる「婦人国策委員」として「公職」に就けることが始まった。

1940（昭和15）年に第二次近衛内閣が成立すると，大政翼賛会を発足させ，国民統合への圧力はさらに強化される。すべての合法政党が解党して合流し，労働組合・農民組合は解散。婦人団体も統合して傘下に入った。翼賛会の総裁は首相が兼任し，道府県知事・市長村長を支部長とする国民統合組織とする，日本独特のファシズム体制が確立したのである。

この大政翼賛会が創立される際に，中央協力会議が付置され，少

数ながら女性の代表も指名され，1940（昭和15）年12月から44年9月まで計7回会議がもたれた。[2]第1回会議に出席した女性代表は，高良とみ1名。高良とみ（1896～1993）は，アメリカで心理学を学んだ後，日本女子大学で教鞭をとる傍ら，社会運動家としても活躍していた。[3]その後，1942年以降は，中央協力会議に参加する女性代表は10人前後に増え，地方から大日本婦人会関係者が参加したほか，山高しげり，村岡花子，羽仁説子，奥むめお等の名前も見える。このほか，大政翼賛会文化部を中心に，文化人全体を組織する方向が出され，1942年には，文学者たちによる「日本文学報国会」，評論家たちの「大日本言論報国会」が，相次いで発足。前者には林芙美子，吉屋信子が，後者には市川房枝，山高しげり，竹内茂代，河崎なつが，役員として名を連ねた。行動力や影響力等々，国策遂行に役立つ何らかの資源をもつ人々は，男女を問わず動員されたわけである。

◉ 「産めよ，殖やせよ，国のため」

国民を戦争遂行のための「人的資源」とみなす政府が，女性のもっとも重要な役割として推進したのは，結婚して子どもを産むことであった。「産児報国」という言葉が示すように，子どもを産み育て人口を増加させることは，兵力と労働力の増加に直接つながるということで，国策として推奨される。

戦時下で人口政策を進めるために制定された法律に，「母子保護法」と「国民優生法」がある。前者は，女性が参政権をもたない時代に，女性たちの運動が原動力となって成立した唯一の法律といえる。世界的不況を背景に，生活難からくる子殺しや母子心中が多発する中で，1934（昭和9）年2月の第5回全日本婦選大会で「母子扶助法の即時制定」の要求が決議されたのを受けて，同年9月，各

種女性団体や女性活動家によって,「母性保護法制定促進婦人連盟」(翌年,「母性保護連盟」に改称)が結成された。山田わかを委員長に擁立し,金子(山高)しげり,堺(近藤)真柄が書記を,議会運動部長を市川房枝が務め,事務所は婦選獲得同盟内におかれた。

母性保護連盟は結成当初から,「一家の生計支持者を失ひ幼児を抱きて生活困難に陥れる」母子を救済すべく母子扶助法制定の請願を,議会に向けて提出した。賛同する議員も多く,連盟を中心にした女性たちが加わって,具体的条文の検討が進められることになる。

同連盟の動きは活発で,議会への働きかけ以外にも,1935(昭和10)年,36年には,5月第2日曜日の「世界母の日」を「母性保護デー」として,「母を讃えよ,母をまもれ,母を戒めよ」のスローガンの下,全国的な集会を開いたほか,母子ホーム開設運動や母子相談事業などを大々的に実施した。こうした盛り上がりをバックに,1937年3月,「母子保護法」が成立した。法案作成過程で,「保護対象の子について,公生子はよいが私生子まで国が保護することはない」との「保守派の考え方」に抗して,女性たちが「子どもに差別のあるべきではない」と主張し,それを認める形での「子を擁する母」という表現に持ち込んだことを,連盟の書記として法案作成にかかわった山高しげりは,後に誇らしげに語っている。[4]たしかに,明治民法による「イエ」制度の下で,婚外子の保護も入れることは,女性たちの積極的な関与がなければ,できなかったかもしれない。

とはいえ,この法律は,「次代を担う」子どもの救済を第一義とするもので,女性は子どもを育てる母親として二義的に救済対象とされたことは,否定できない。I-4で紹介した母性保護論争において,同じく母性保護を主張しつつも,平塚らいてうや山川菊栄と,山田わかとでは,まったく異なる論理と内容であったことを示したが,ここで成立した母子保護法は,まさしく山田の主張に合致する

ものであった。

人口政策として打ち出された法律の第2弾は，1940年に制定公布された「国民優生法」である。この法律は，「悪質ナル遺伝性疾患ノ素質ヲ有スル者ノ増加ヲ防遏スルト共ニ健全ナル素質ヲ有スル者ノ増加ヲ図リ以テ国民素質ノ向上ヲ期スルコト」を目的として掲げる。

「悪質ナル遺伝性疾患」としては，「精神病」や「病的性格」が挙げられ，これらの疾患に該当する者に対しては，強制断種（精神病院長など第三者の申請による本人の同意を得ない不妊手術）の条文もあった。[5]

一方，「健全ナル素質ヲ有スル者ノ増加」を図ることについては，1941（昭和16）年1月に閣議決定された「人口政策確立要綱」で，「今後ノ十年間ニ婚姻年齢ヲ現在ニ比シ概ネ三年早ムルト共ニ一夫婦ノ出生数平均五児ニ達スルコト」という具体的数値目標が掲げられた。そのための具体的方策として，①「適齢期」の結婚を勧めるキャンペーンや結婚相談所開設等の結婚奨励策，②多子家庭の表彰，③妊産婦手帳制度（戦後，母子手帳として引き継がれた）の導入などを実施。さらに，1942年には，国民優生法施行規則を改正し，不妊手術や妊娠中絶を厳しくチェックすることになった。

こうして，人々は，「悪質な遺伝的疾患」をもつ者と，「健全な素質をもつ者」に振り分けられ，前者には子どもを産まないことに，後者には子どもを産むことへの圧力が強力に加えられていったのである。

◉ 勤労動員

戦争が拡大し長期化するにつれて，軍隊に徴兵される男性の数が急増する中で，労働力不足を補うため生産力拡充計画が次々に出

されたが，就学中の生徒や学生も恰好のターゲットとみなされた。1938（昭和13）年文部省は，「集団的勤労作業運動実施ニ関スル件」を出し，学生・生徒は夏季休暇等の間に，3～5日勤労奉仕をすることを義務づけた。翌1939年には，学校の休業時だけでなく随時これを行うことに，さらに1941年には，1年を通じて30日以内，1943年には4カ月を標準に，授業をやめて勤労作業に当てることになった。また1943年入学者からは，5年制だった中等学校（中学，女学校）の修業年限を1年短縮し，4年制とすることになった。その後，学業を捨てさせられ工場等に動員される生徒はしだいに低学年にまで及び，ついに1945年3月には，国民学校初等科（小学生）を除き，すべての学校に「授業停止命令」が出され，中等学校以上の学校の生徒は全員，勤労動員させられることになる。

勤労動員についての公式的な記録は，敗戦時に廃棄され残っていないが，1990年代になってようやく，動員された当事者たちの手で，証言集が出されるようになった。証言集を読むと，少女たちの勤労動員は，被服工場が多かったが，兵器工場で旋盤等の熟練工並みの作業をさせられた例も少なくなかった。工場の多い都会では家からの通勤が可能であったが，東北など当時，工場の少なかった地方の女学校は，京浜地方などの工場地帯に動員され，労働がきついうえに，食糧や医療が不足し悲惨な状態だったことがわかる。

以上は，就学者についてであるが，就学中の生徒以外に幅広く未婚女性を労働力化する政策は，早く結婚して多数の子どもを産み育てよとの人口政策と矛盾するため，強制力をもつ「動員」に踏み切ることには，政府内部にも躊躇があったようで，女子にもできるだけ「勤労協力」を求めるという姿勢であった。

こうした政府の姿勢を不満とし，労働現場への女性の「徴用」を積極的に提案したのは，むしろ女性運動家たちであった。市川房枝

らの支持をバックに山高しげりは，1943（昭和18）年7月の第4回中央協力会議で，「むしろ女子を徴用せよ」を提案した。勤労報国隊を募るだけでは，必要な労働力が埋まらないだけでなく，勤労報国隊は短期間のみの勤務のため，「本当の勤労精神が徹することに困難な点がある」から，「徴用」という形をとるべきだというのである。山高らには，女性の労働能力が低く見積もられていることへの反発があり，また「母性保護の福利施設」を要求する根拠として，女性が臨時的でなく恒常的に働くことが必要だと考えたようだ。

　翌1944（昭和19）年2月の第84帝国議会で東條英機首相は，女子徴用は家族制度を破壊するとして，反対の意向を示した。しかし，この年8月には，女子の学校卒業生の大量動員をねらって，「女子挺身勤労令」が公布・施行され，「国民登録者タル女子」で満12歳以上，40歳未満の独身の女子が，1年間の勤労挺身を強制されることになった。将来の人口よりも，目前の労働力欠乏を補うしかないほど，事態がひっ迫していたのであろう。

◉ 極限に達した女性の性と生の管理

　15年戦争下において「産児報国」「勤労報国」等の女性政策を推進するための旗印として掲げられたのは，「国体」というイデオロギーであった。すなわち，日本は天皇を家父長とする一大家族をなしており，その構成単位としての「イエ」は，家父長たる戸主が家族員を支配し，保護するという家族国家観を基本とした。このイデオロギーは，明治民法によって基礎づけられていたが，さらに戦時下において，日本の侵略を「聖戦」として正当化する論理と結びつけられた。1937（昭和12）年に『国体の本義』として明文化され，学校教育や社会教育，家庭教育の場で配布され，国民に教え込まれた。これに「臣民」としての心構えを加えた『臣民の道』（1941

年），その家庭版として「戦時家庭教育指導要項」(1942年) が刊行され，「国体」というイデオロギーの徹底がはかられた。「戦時家庭教育指導要項」では，「次代ノ皇国民ノ練成」と「健全ナル家風ノ樹立」を女性の役割とし，「日本婦人本来ノ従順，温和，貞淑，忍耐，奉公ノ美徳」を養うことを求めた。[6]

　子産み・子育ての母親役割については前述したので，ここでは「健全ナル家風ノ樹立」の実情について，「軍国の妻」と「家を守る主婦」という2つの側面に言及しておく。

　明治以来「妻の貞操」が求められてきたことはすでに述べたが，戦時にあってとくに注目されたのは，出征兵士の妻，戦死者の妻たちである。夫が不在中の若い妻が「貞操上のあやまち」を犯さないようにさせるため，国防婦人会は各地で，残された妻たちの「保護善導」の役割を担った。出征兵士の妻や戦死者の妻は，表向き，名誉ある存在として祭り上げられつつ，内実は監視もされていたわけである。

　一方で，夫の出征や戦死後も，婚家に残ることの多い農村などでは，舅の性暴力の対象にされた「嫁」も多かった。岩手県には，舅が嫁に性行為を強要することを「粟まき」，そこで生まれた子を「粟坊」と呼ぶ地域があったという。[7]この言葉がどれだけの広がりをもっていたかは不明であるが，少なくともこうした言葉が存在したということは，これが例外ではなく，こうした事例が多発していたことを推測させる。嫁にとってはもちろん，それを横目で黙認せざるをえなかった姑にとっても，地獄としかいいようのない事態が繰り広げられたことが想像できる。

　ところで，1932（昭和7）年に上海に軍慰安所を設置して以来，日本軍は将校・兵士の性欲処理の場として，中国大陸の各地に次々と慰安所をつくり，「従軍慰安婦」と呼ばれる性的奉仕者を徴集・

配置した。太平洋戦争が始まると，さらに東南アジア諸国のあちこちにも，慰安所がつくられる。「慰安婦」として集められたのは，日本人もいるが，朝鮮や台湾等植民地の女性，中国や東南アジアの日本が占領した地域の女性たちであった。軍隊自体が慰安所を設置し，女性たちを集めて性奴隷化するという，世界に類をみない蛮行が行われた事実が明らかにされたのは，1990年代以降のことである。15年戦争当時において，戦地にいた兵士たちの多くは，このことを知っており，利用もしたのであろうが，内地で「銃後を守る」女性たちは，慰安所の存在自体を知る由もなかった。「軍国の妻」も「従軍慰安婦」も，国家と男性による極端な性抑圧の被害者であった。

　日中戦争満3年の1940（昭和15）年7月7日，政府は「奢侈品等製造販売制限規則」を公布し（7・7禁令），さらに婦人委員を加えた贅沢全廃委員会では，原色3色以上使用の服装，真夏のショール，著しいハイヒールなどの服装，アイシャドー，口紅などの化粧等々，贅沢品を具体的に例示し，使用禁止運動が始まる。都市の女性を主たる標的として，愛婦・国婦・連婦・日本婦人団体連盟が婦人挺身隊を編成して街に繰り出し，「華美な服装は慎みましょう。指輪はこの際全廃しましょう」の警告カードを配るなどの運動が展開される。パーマネントをかけている女性を見つけると取り囲んで注意するなど，「自粛警察」が活動することになる。

　さらに1942（昭和17）年4月18日に日本本土が初めて空襲され，本土が戦場になる可能性も出てくるに及び，防空演習，防空壕での生活，灯火管制，竹槍訓練などが日常生活になるにつれ，キモノやスカートではなく，モンペが女性の標準的な服装となる。モンペは，もともとは農村の作業衣であり，恰好悪いとされてきたが，もはや恰好云々といっている場合ではなくなったのである。

食生活については，1940（昭和 15）年に米・砂糖・生鮮食料品，さらにマッチが配給制になり，42 年には塩，味噌，醤油が配給制に，ガスの使用も割当て制になる。しかも，配給量が徐々に減らされていったので，台所を担う女性の苦労は絶えなかった。

　『主婦の友』『婦人公論』等の女性雑誌には，混食，代用食などの食関連記事が多く掲載されるようになる。米の供給量が不足してくると，いかに米を節約するかということに関心が向けられ，米に麦，馬鈴薯，大豆などを混ぜて炊くことや，さらには大根を刻んで加える大根飯等々が推奨される。ほかにも，物資不足の中で，食べられるものはすべて利用しようということで，雑草やお茶がら，卵の殻なども無駄にせず食べるアイデアが伝授される。ちょっとしたおしゃれをすることも許されず，配給される乏しい食材で，家族員の日々の食を賄わなければならない，息の詰まるような日常生活が，戦時下の主婦を中心とした女性たちの姿であった。

　「軍国の母」としてできるだけ多くの子どもを産み育て，「軍国の妻」として貞操を守り，「銃後の台所」を預かり，かつ国のために「勤労奉仕」することまで強要された，女性にとって悪夢ともいえる戦時下の生活は，1945（昭和 20）年の敗戦まで続いたのである。

1　吉岡弥生（1871 ～ 1959）は，東京女医学校（東京女子医科大学の前身）の創立者で，日本婦人団体連盟加盟の女子同志会会長でもあり，愛国婦人会の評議員も務めるなど，多くの肩書をもつ有力者であった。

2　中央協力会議は，議会と違って，政府に反対する意見を出すのではなく，政府の政策を進めるための議論の場であり，議員の選出方法も選挙ではなく推薦や指名によるものであった。とはいえ，それまで政策決定の場から排除されてきた女性が，この会議に参加することは，前述の国策委員と同様，それなりに

意味があったといえるかもしれない。

3　高良とみは，大政翼賛会の新体制運動は，「軍部を抑えるため」だと思って参加したが，「戦局が進むにつれ，私の大政翼賛会に対する幻想は失望に変わり，やがて私は協力会議には出席しなくなりました」(『非戦を生きる——高良とみ自伝 増補改訂』ドメス出版，1998) と，後に述懐している。戦後，参議院議員を2期務めたほか，1952 (昭和27) 年に，当時交流のなかったソビエト連邦ならびに中国に出かけて国際会議に出席し，話題になった。

4　山高しげり『山高しげり——母子福祉四〇年』日本図書センター，2001，49頁。

5　もっとも，何が遺伝性疾患かということについても，また断種の是非についても，反対意見が続出したため，とくに強制断種については，条文は残すものの，施行は延期された。

6　湯沢雍彦編集／解説『日本婦人問題資料集成 第5巻＝家族制度』ドメス出版，1976，479～82頁。奥村典子『動員される母親たち——戦時下における家庭教育振興政策』六花出版，2014，108～13頁。

7　粟は麦畑の畝と畝の間に種を蒔いて作付けすることから，「前のタネの間，間に別のタネを付けるということで」(石川純子『まつを嫗百歳を生きる力』草思社，2001〔柳原恵『〈化外〉のフェミニズム』ドメス出版，2018，187頁，233頁より重引〕) できた表現だという。

『市川房枝自伝　戦前編』新宿書房，1974

『伊藤野枝全集（上・下）』，學藝書林，1970

『新装増補　山川菊栄集　評論篇』全 9 巻・別巻 1，岩波書店，2011

『青踏』復刻版，不二出版，1983

『定本　伊藤野枝全集』全 4 巻，学藝書林，2000

『日本婦人問題資料集成』全 10 巻，ドメス出版，1976 ～ 81

『平塚らいてう自伝　元始，女性は太陽であった（上・下・完）』大月書店，1971
　　～ 73

『山内みな自伝——十二歳の紡績女工からの生涯』新宿書房，1975

石崎昇子『近現代日本の家族形成と出生児数——子どもの数を決めてきたものは
　　何か』明石書店，2015

石月静恵『戦間期の女性運動』東方出版，1996

伊藤セツ『山川菊栄研究——過去を読み　未来を拓く』ドメス出版，2018

伊藤セツ『増補版　国際女性デーは大河のように』御茶の水書房，2019

伊藤康子『市川房枝』ドメス出版，2019

上野千鶴子『ナショナリズムとジェンダー』青土社，1998

江刺昭子『覚めよ女たち——赤瀾会の人びと』大月書店，1980

大林道子『山本宣治と母多年——民衆と家族を愛した反骨の政治家』ドメス出版，
　　2012

荻野美穂『「家族計画」への道——近代日本の生殖を巡る政治』岩波書店，2008

奥むめお『野火あかあかと——奥むめお自伝』ドメス出版，1988

奥村典子『動員される母親たち——戦時下における家庭教育振興政策』六花出版，
　　2014

折井美耶子編集／解説『資料　性と愛をめぐる論争』ドメス出版，1991

折井美耶子・女性の歴史研究会編著『新婦人協会の研究』ドメス出版，2006

折井美耶子・女性の歴史研究会編著『新婦人協会の人びと』ドメス出版，2009

折井美耶子・女性の歴史研究会編著『女たちが立ち上がった——関東大震災と東
　　京連合婦人会』ドメス出版，2017

加藤シヅエ著／船橋邦子訳『ふたつの文化のはざまから——大正デモクラシーを

生きた女』（再版）不二出版，1994

加納実紀代編『自我の彼方へ──近代を超えるフェミニズム』社会評論社，1990

加納実紀代『女たちの〈銃後〉』増補新版，インパクト出版会，2019

近代女性文化研究会『戦争と女性雑誌──1935 年〜1945 年』ドメス出版，2001

久布白落實『廃娼ひとすじ──久布白落實自伝』中央公論社，1973

胡澎著／莊嚴訳『戦時体制下日本の女性団体』こぶし書房，2018

香内信子編集／解説『資料 母性保護論争』ドメス出版，1984

高良とみ『非戦を活きる──高良とみ自伝 増補改訂版』ドメス出版，1998

児玉勝子『婦人参政権運動小史』ドメス出版，1981

小山静子『良妻賢母という思想』勁草書房，1991

近藤真柄『わたしの回想（上・下）』ドメス出版，1981

酒井順子『百年の女──『婦人公論』が見た大正，昭和，平成』中央公論新社，2018

進藤久美子『市川房枝と「大東亜戦争」──フェミニストは戦争をどう生きたか』法政大学出版局，2014

進藤久美子『闘うフェミニスト政治家 市川房枝』岩波書店，2018

菅原和子『市川房枝と婦人参政権獲得運動──模索と葛藤の政治史』世織書房，2002

鈴木裕子『女性史を拓く（1・2）』未来社，1989

鈴木裕子『日本女性労働運動史論（Ⅰ・Ⅱ）』れんが書房，1989，1991

鈴木裕子編／解説『日本女性運動資料集成』全 10 巻＋別巻，不二出版，1993 〜98

鈴木裕子『フェミニズムと戦争──婦人運動家の戦争協力』マルジュ社，1997

関口すみ子『近代日本 公娼制の政治過程──「新しい男」をめぐる攻防・佐々城豊寿・岸田俊子・山川菊栄』白澤社発行，現代書館発売，2016

戦時下勤労動員少女の会『記録──少女たちの勤労動員』BOC 出版，1996

日本キリスト教婦人矯風会編『日本キリスト教婦人矯風会百年史』ドメス出版，1986

早川紀代『近代天皇制国家とジェンダー──成立期のひとつのロジック』青木書店，1998

福永操『あるおんな共産主義者の回想』れんが書房新社，1982

藤井忠俊『国防婦人会』岩波新書，1985

藤目ゆき『性の歴史学——公娼制・堕胎罪体制から売春防止法・優生保護法体制へ』不二出版，1997

堀場清子『青踏の時代——平塚らいてうと新しい女たち』岩波新書，1988

堀場清子『青踏 女性解放論集』岩波文庫，1991

牧瀬菊枝編『田中ウタ——ある無名戦士の墓標』未来社，1975

牧瀬菊枝編『九津見房子の暦——明治社会主義からゾルゲ事件へ』思想の科学社，1975

牧瀬菊枝『聞書 ひたむきの女たち——無産運動のかげに』朝日新聞社，1976

森まゆみ『青踏の冒険』平凡社，2012

柳原恵『〈化外〉のフェミニズム——岩手・麗ら舎読書会の〈おなご〉たち』ドメス出版，2018

山家悠平『遊郭のストライキ』共和国，2015

山川菊栄『日本婦人運動小史』大和書房，1979

山代巴・牧瀬菊枝編『丹野セツ——革命運動に生きる』勁草書房，1969

吉見義明『従軍慰安婦』岩波新書，1995

吉見義明『買春する帝国——日本軍「慰安婦」問題の基底』岩波書店，2019

米田佐代子『近代日本女性史（上・下）』新日本新書，1972

米田佐代子『平塚らいてう——近代日本のデモクラシーとジェンダー』吉川弘文館，2002

第 II 章

日本国憲法による
男女平等保障の下で

Ⅱ-1　婦人参政権の獲得と行使

◉ 婦人参政権・結社権・公民権の獲得

　1945（昭和20）年8月15日，日本はポツダム宣言を受諾し無条件降伏を表明することで，15年にわたる長い戦争がようやく終結した。連合国（といっても事実上はアメリカ軍）によって，日本全土が占領され，「戦後」という新しい時代が始まった。

　敗戦後，女性たちの動きは早かった。「終戦の詔勅」が発表された10日後の8月25日には，市川房枝（Ⅰ-6参照）の呼びかけで，戦後対策婦人委員会が発足した。日本婦人団体連盟から産業報国会，大日本婦人会幹部，さらにはキリスト教団体まで，立場の違いを超えて指導的立場にある女性たち72人が集まり，「婦選3権」（結社権・参政権・公民権）（Ⅰ-6 68頁参照）などを政府に申し入れた。連合国軍最高司令官ダグラス・マッカーサーが8月30日厚木に到着後，9月2日に降伏文書が調印され，日本はGHQ（連合国軍総司令部）による間接統治を受けることになった。10月10日，5大改革指令が出されたが，その1番目に「参政権の付与による婦人の解放」が挙げられた。[1]

　10月末には，日本占領のスタッフとして養成された，WAC（Women's Army Corps，アメリカ陸軍女性部隊）のメンバー20名が来日し，GHQの各部署に配属された。このうち，CIE（民間情報教育局）の女性情報担当官に任命されたエセル・ウィード（Ethel Weed，1906～75）少尉[2]は，GHQ内での地位は低かったものの，女性解放への熱意と，WAC入隊前の新聞記者等の経験を活かして，女性の地位向上のための政策立案・実施等に影響を与えた。とくに，女性参政権や民主的女性団体の育成，労働省婦人少年局の設置，民法改

正などに尽力した。

ウィードはまず，アメリカでその自叙伝[3]で名前を知られていた加藤シヅエ（I-5注7参照）を，女性問題の私的顧問として抜擢し，11月2日に加藤と女性参政権行使推進方策について協議。同じ日に，新日本婦人同盟を準備中の市川房枝，藤田たき（1898～1903）とも会い，戦前・戦後の婦選運動の話を聞くなど，有力な女性指導者たちと接触し，日本の女性団体や女性運動の実情についての情報収集を開始する。11月3日，市川は戦後対策婦人委員会から出て，婦人参政権実現後に備えて「新日本婦人同盟」（後に，「日本婦人有権者同盟」に改称）を結成し，全国各地に支部をつくり，女性の投票率を高めるための啓蒙活動を展開していく。

11月21日には，女性の結社権を禁止してきた治安警察法が廃止され，政治活動が自由になった。11月26日に，政府は帝国議会に，「衆議院議員選挙法」改正案を提出し，12月15日に成立。「帝国臣民ニシテ年齢二十年以上ノ者ハ選挙権ヲ有ス／帝国臣民ニシテ年齢二十五年以上ノ者ハ被選挙権ヲ有ス」[4]ということで，女性も参政権を有することになった[5]。

ところで，ウィードが女性政策を推進するに当たって，日本の女性指導者たちと，GHQ内部の中・下級の女性職員らによる，非公式でゆるやかなネットワークがつくられ，大きな力になった。ウィードは，加藤シヅエ，羽仁説子（1903～87），山本杉（1902～95），佐多稲子（1904～98），山室民子（1900～81），赤松常子，宮本百合子（1899～1951），松岡洋子（1916～79）の8人からなる，CIEのための「婦人諮問委員会」を設置し，日本の女性指導者たちの意見を汲み上げるとともに，その組織化を図った。また，椛島敏子，河北（伊藤）和子，島崎ちふみ，富田（高橋）展子，笠原よし子ら，若い優秀な女性たちを通訳や助手に起用したが，彼女たちは，

日本女性の実態調査，女性問題に関する情報収集，政府機関や他の部署との連絡など，このネットワークの重要なメンバーとして機能した。

　男性たちが支配したGHQ上層部は，女性解放に消極的ないし無関心であったし，日本政府の幹部や官僚たちは，明治以来の「イエ」制度を必死で守ろうとしていた。この両者に対抗して，GHQの中級以下の女性職員と日本人女性たちが共同戦線を張って，「フェミニストとしての兵隊たち」(スーザン・ファー)[6] として，闘ったのである。その結果，アメリカでさえ実現できていない男女平等政策が，占領期に推進されることになったのである。

　ウィードは，婦人諮問委員会や新日本婦人同盟のメンバーと相談のうえ，1946 (昭和21) 年2月に「女性を投票させるための情報プラン」を作成し，CIEの関係部署の了承を得て，ラジオ，新聞，雑誌，ポスター，映画，演劇，団体，学校などあらゆる媒体を駆使して，キャンペーンを展開。自ら全国遊説も行った。

　1946 (昭和21) 年4月10日戦後第1回の総選挙で，女性がはじめて参政権を行使した。なにしろはじめてのことなので，厳粛な気持ちで，紋付きなど改まった服装で出かけた人もいたようだ。女性の有権者数2150万人の67％が投票（男性の投票率は78％），女性の立候補者83人中39人 (45％) という多数が当選した。これには，連記制等の選挙制度も幸いしたようだ。[7] 当選者には，加藤シヅエ，竹内茂代，新妻イト (1890 ～ 1963) など戦前期以来の活動家もいたが，それまでとくに名前を知られていなかった人たちも多かった。

　同年9月，地方制度が改正され，道府県，市町村の各議会の選挙権ならびに被選挙権を，女性も男性と同じ条件で獲得した（公民権）。こうして，長年の目標であった婦選3権は，占領期にようやくすべて獲得できたのである。

なお，市川房枝は，1947年4月の第1回参議院議員選挙に立候補しようと受けた「公職適否審査委員会」の審査で公職追放令が適用されて，1951年10月まであらゆる公職から排除されることとなった。

◉ 日本国憲法の制定

　敗戦直後から，従来の大日本帝国憲法に代わる新しい憲法をつくることが，政府および国民の課題として浮上してきた。政府は憲法問題調査委員会を設置し，1945（昭和20）年末に憲法草案要綱を作成したが，翌46年2月1日に新聞でスクープされ，内容があまりに保守的であることがわかった。マッカーサーは，このまま日本政府に任せておけないと判断し，GHQ民生局内に憲法起草委員会を設置し，早急かつ秘密裡に草案を作成するよう指示した。この委員会は，当時，憲法研究会や各政党などが民間で作成していた憲法改正試案，ならびに世界各国の憲法を参考にして，昼夜を徹して作業し草案をまとめた。2月13日にGHQ草案として，日本政府に提示。日本政府は，これに多少の修正を加え3月6日草案を新聞等で公表した。

　1946（昭和21）年4月10日の総選挙を経て開催された衆議院に憲法改正案が提出され，6月25日から審議が開始された。この審議には，初当選した女性議員たちも当然ながら加わり，質問や意見を述べたことは，あまり知られていないが，画期的な事実であるので，付記しておきたい。

　政府提案の憲法改正案は，8月24日，若干の修正を加えて，圧倒的多数で可決。続いて，8月26日から貴族院で審議され，これまた若干の修正を加えて，10月6日に可決。翌7日，衆議院は貴族院回付案を可決し，帝国議会における憲法改正手続きはすべて終

了した。ここで決定された日本国憲法は 11 月 3 日に公布され, 半年後の 1947 (昭和 22) 年 5 月 3 日に施行。この日が, 憲法記念日として国民の祝日になったことは, 多くの人が知るとおりである。1889 (明治 22) 年に発布された大日本帝国憲法に代わって, 日本国憲法が, 1947 年以後現在に至るまで, 日本の法体系と社会制度の基礎となっている。

◉ 日本国憲法の男女平等規定

GHQ 憲法起草委員会のメンバーの 1 人として加わったベアテ・シロタ・ゴードン (1923 〜 2012) が, GHQ 草案に男女平等条項を盛り込んだことは, よく知られている。ベアテ・シロタは, 世界的ピアニスト, レオ・シロタの娘で, 1929 (昭和 4) 年, 5 歳のときに両親と共に来日し, 10 年近く東京で暮らした。1939 年に単身, アメリカに留学するが, 日米開戦により, 日本にいる両親と会えない状態が続いた。1945 年 12 月 24 日に来日し GHQ 民生局に勤務。1946 年に憲法起草委員に抜擢され (当時, 22 歳), 社会保障と女性の人権問題を担当した。シロタは, 子ども時代に, 日本の女性たちが, あまりにも自由がなく男性に従属している姿を目の当たりにしていたので, ぜひとも女性の権利を憲法草案に明記したいと, 懸命に努力した。

シロタ草案は, 妊婦と乳児の保育に当たっている母親への公的援助, 婚外子差別の廃止, 児童搾取の禁止, 男女同一労働同一賃金等, 男女差別をなくすための方策や社会保障の具体案などが含まれていた。だが, 具体的項目は法律で定めればよいということで, 結局, 現行憲法第 24 条の, ①「婚姻は, 両性の合意のみに基いて成立し, ②「……個人の尊厳と両性の本質的平等」に立脚するという, 原則を記した条文のみが採用された。

なお，上記第24条①のシロタ草案には，「両性の合意のみ」の含意が，「親の強制ではなく相互の合意に基づき，かつ男性の支配ではなく両性の協力に基づくべき」と明記されており，GHQ草案でも踏襲されていたが，政府案では，「婚姻は，両性の合意のみに基いて成立し」と簡略化された。

　なお，第24条に関する衆議院での議論では，加藤シヅエ（日本社会党）議員が，「両性の本質的平等」に賛同しつつ，「母性の保護」も条文の中に入れるべきだと主張した。また武田キヨ（日本自由党）議員も「妊婦，産婦」の保護を，越原春（協同民主党）議員も「母と子どもの生活権」の保障を明記すべきだと主張。いわば保守・革新両派の女性議員たちから，シロタ草案と軌を一にする主張がなされたが，取り入れられなかった。

● 第24条以外にも，憲法の各所で男女平等が保障された

　第24条をもとにした家族法については II−3 で詳述するが，それ以外に明治憲法から日本国憲法に変わったことで，女性が男性と平等に保障されるようになった権利について，条文順にざっとみておきたい。

　まず，第13条には，「すべて国民は，個人として尊重される」とあり，女性が家族のため，夫のため，子どものために自己犠牲を強制されないことが保障され，次の第14条第1項では，「すべて国民は，法の下に平等であって，人種，信条，性別，社会的身分又は門地により，政治的，経済的又は社会的関係において，差別されない」と性差別の禁止が明記された。

　第21条では「集会・結社・表現の自由」が規定され，戦前の治安警察法で禁止されていた，女性の政治集会参加や結社の権利が保障され，戦前には戸主の承諾が必要とされていた「居住・移転・職

業選択の自由」が，第22条で個人の権利とされた。

　また第26条「教育を受ける権利」によって，1947（昭和22）年3月に公布された「教育基本法」が教育の機会均等，男女共学，中学校まで9年間の義務教育を規定し，女子も男子と同等の教育を受けることができるようになった。

　さらに，第27条で「勤労の権利及び義務」が，第29条で「財産権」が明記され，女性も男性と同様に，働く権利・義務と，財産を所有し処分する権利を獲得した。

　以上のように，今では当たり前と思われている職業をもつ権利や教育を受ける権利が，男女平等に保障されるようになったのは，日本国憲法が制定された結果であった。

注

1　マッカーサーが，5大改革指令の最初に女性解放を挙げた背景には，日本社会の安定のために女性の力に期待したことに加えて，日本において抑圧されてきた女性の救世主としてのイメージを演出するという，マッカーサーの政治戦略もあったと考えられる（上村千賀子『女性解放をめぐる占領政策』勁草書房，2007，23頁参照）。

2　ウィードは，1947年に中尉に昇格後，WACの軍籍を離れ，文官として占領終了まで仕事を続け，1952年4月に帰国。その後，アジア関係の専門書店を開いて日本の紹介に努めたという（上村前掲書，26頁）。

3　加藤シヅエ "Facing Two Ways"（船橋邦子訳『二つの文化のはざまから』不二出版，1994。原本は1935年）。

4　選挙法改正過程については，菅原和子『市川房枝と婦人参政権獲得運動』（世織書房，2002）に詳述されている。

5　「参議院議員選挙法」は，1947（昭和22）年2月に成立した。選挙権は衆議院と同じく20歳以上だが，被選挙権は30歳以上。

6　スーザン・J・ファー「女性の権利をめぐる政治」坂本喜久子訳，坂本義和・R. E. ウォード編『日本占領の研究』東京大学出版会，1987，459〜504頁お

　　　よび上村前掲注 2。

7　その後，第 2 回選挙以来，女性の立候補者数も当選者数も低迷し，女性の衆
　　議院議員数が第 1 回選挙の 39 人を超えるのは，なんと 21 世紀を待たねばなら
　　なかった。

Ⅱ-2　働く女性の保護と平等

◉ 労働基準法の成立と労働省婦人少年局の発足

　日本国憲法第 27 条によって，はじめて女性も，勤労の権利と義
務を保障された。戦前にも女性は働いてはいたが，就職も退職も戸
主の指示に従ってなされたし，雇い主も男性労働者も，女性を一人
前の労働者として待遇してこなかった（Ⅰ-7 参照）。勤労権（＝労働
権）の獲得は，参政権の獲得と並ぶ，戦後の女性解放の主要な成果
といえよう。女性の労働権を具体的に示した法律が「労働基準法」
であり，これを根拠法として女性労働政策を推進したのが，労働省
婦人少年局である。

　労働基準法は，いわゆる労働 3 法の 1 つとして，「労働組合法」
（1945 年），「労働関係調整法」（1946 年）に続いて，1947（昭和 22）年
に制定された。この法律の制定過程については，豊田真穂による
詳しい研究がある。豊田によれば，GHQ は，戦前日本の資本主義
が，家父長制的な労使関係によるダンピングによって，国際競争力
を発揮していたとの認識から，女性労働者や年少労働者の保護の立
法化を企図し，早くから準備を開始した。一方，日本政府の側も，
GHQ の方針に加えて，戦後活発化した労働運動からの圧力もあり，
戦前の工場法等に代わる新しい労働保護法の必要性を認識し，1946

年3月に厚生省労政局に労働保護課を設置し，労働基準法の起草にとりかかった。

　GHQがアメリカから労働問題の専門家を招聘して設置した労働諮問委員会が出した基本的な方針に基づいて，日本の厚生省担当者が条文案を起草。それをもとに，GHQと労政局労働保護課とが逐条ごとに検討・交渉を重ねて法案の原案が起草された後，日本初の公聴会を経て，旧憲法下最後の帝国議会で1947（昭和22）年4月7日に成立・公布されることになった。

　労働基準法によって，戦前には1日11時間までとされていた労働時間を1日8時間とするなど，日本の労働者の労働条件は画期的に改善された。とくに年少労働者と女性労働者については，深夜（午後10時から午前5時まで）業の禁止，危険有害業務禁止，坑内労働禁止などの保護を定めた。広い意味での母性保護として，月3日の生理休暇，産前6週間，産後8週間の休暇が認められることになった。また，「女性であることを理由として，賃金について，男性と差別的取扱いをしてはならない」（第4条）として，「男女同一賃金」の原則も掲げられるなど，男女労働者の平等待遇も，一応視野に入れた労働政策の基本方針が立法化されたのである。

　1947（昭和22）年9月1日，労働基準法が施行されると同時に，労働省が新設され，婦人少年局も発足した。婦人少年局の設置をめぐっても，多くの錯綜した議論があった。1つは，労働問題だけでなく女性の健康と福祉，成人教育等，幅広い分野の女性政策を取り扱う婦人局をつくるのか，それとも女性政策の要である労働問題に力点をおくべきなのかという論点である。前者はGHQのウィードと，社会党婦人部の加藤シヅエ，赤松常子らの主張であり，後者はスタンダーをはじめとするGHQ労働課や，当時厚生省労働課にいた谷野せつ（1903～99）らの主張であった。結局，GHQ上層部に

は「女性ブロックの結成」を警戒する声もあり，婦人局構想は却下された。

労働省の設置に消極的だった第1次吉田内閣に代わって，1947（昭和22）年6月に社会党の片山哲を首班とする内閣ができ，労働省の設置が確定し，この省に婦人少年局をおくことが決定した[2]。

なお，女性と年少者を一緒の局で扱うことには，社会党婦人部を中心に反対意見が出された。しかし，労働者一般として語られる成年男性労働者と違い，女性を年少者と同様，「身体脆弱・意志薄弱」な存在とみなす点で，GHQ担当者も，日本の政府や男性組合幹部たちも一致していた。またI-7で示したように，戦前期以来，女性労働者には，年少者の割合が多かったという現実も影響したのだろう。女性と年少者をセットとする婦人少年局案に落ち着いた。

このような紆余曲折を経て，1947（昭和22）年9月1日，労働省婦人少年局が発足した。局長人事では，社会主義婦人論の論客として知られた山川菊栄（I-4，7，Part 2-1参照）に白羽の矢が立った。日本の中央官庁で初の女性局長が誕生したわけである。以後，1951年6月に退任するまでの3年半，山川は，初代婦人少年局長として，女性労働行政の基礎づくりを担った。

● 婦人少年局の活動

山川菊栄は，アメリカの女性労働行政に関心と知識をもってはいたものの，行政職に就くのははじめてであり，かつ「社会運動の延長上で」局長職を引き受けたとも発言しており[3]，官僚の世界では異端視される，型破りな振る舞いが多かった。その典型例は，地方職員室の室長に全員，女性を採用したことである。

1948（昭和23）年5月，婦人少年局の方針を全国一律に進めるための直轄機関として地方職員室（1952年8月，婦人少年室と改称）が

設けられることになり，人事の決定を急いだGHQは，各県に職員の適任者を推薦するよう通達したが，挙がってくるのは男性ばかりであった。山川は，それらをすべて退けて，自ら各地に出かけて，女性を探し出して，室長に据えたのである。戦後すぐに，「女性の解放は女性の手で」と呼びかけていた山川らしい英断であった。他の省庁はもちろん，労働省の他部局の職員も，国家公務員といえばほぼ全員が男性だった時代に，婦人少年局だけは，婦人労働課長に谷野せつ，婦人課長に新妻イトと，3名の課長中2名が女性であり，職員もほとんどが女性で占められており，異彩を放った。

　婦人少年局がもっとも力を入れた活動は，実態調査と啓発活動であった。まず，調査については，調査項目や調査方法等を，GHQの担当者から具体的に学びつつ，本庁の指示の下，各地方職員室の職員たちが，製糸業や紡績産業に始まり，「売春」の実態調査まで，女性の働く現場に出かけて精力的に行った。調査する職員たちは，使命感に燃えて，現場に何度も足を運び，使用者側の圧力等をはねのけて，できるだけ女性の声を聞き取ることに心がけたことが，職員たちの苦労話や証言から読み取れる。その結果は，膨大な調査報告書として残されている。

　また，1949（昭和24）年に山川局長は，政府関係機関に，男女別の統計をつくるよう要請した。それまでの政府統計（労働関係を除く）には，男女別のデータがなかったが，これ以後，男女別統計（今でいうジェンダー統計）が開始されたことは特筆に値しよう。

　女性労働者の活動を後押しする啓発活動も，盛んに行われた。ポスターやリーフレット，紙芝居等，さまざまな方法を駆使して，討論の仕方や組合のつくり方のイロハを伝えた。また，「男女同じ仕事に同じ賃金を」「家庭から，職場から，封建性をなくしましょう！」など，「婦人の日」「婦人週間」[4]のスローガンまで，手を替え

品を替え，多様な啓発活動を行った。リーフレットやポスターは，組合活動家たちから歓迎されたが，労働省内では「金食い虫」として評判が悪かったようだ。

なお，上記のように，婦人少年局の女性職員（とくに地方職員室）は，当初シロウトが多かったが，しだいに大学出の人材も集まってくるようになった。国家公務員をめざす女性たちにとって，女性を採用してくれるほとんど唯一の省庁として，婦人少年局があったからだ。労働省婦人少年局には，女性の地位向上に本気で取り組む，フェミニスト官僚の気風が，長く引き継がれたようだ。

● 戦後の婦人（女性）労働運動

1945（昭和20）年12月に労働組合法が公布され，GHQが後押ししたこともあって，敗戦後，労働組合運動が盛んになり，女性労働運動も活発化した。翌46年には，戦前からの日本労働総同盟の後身として「日本労働組合総同盟」（総同盟）が再出発したのに続いて，新しく全「日本産業別労働組合会議」（産別）が結成。さらに，1950年には，総同盟中の左派の諸組合が参加して，日本労働組合総評議会（総評）が設立され，戦後日本における最大の全国的な労働組合の中央組織となった。

敗戦時にはゼロに近かった労働組合が，1946（昭和21）年8月には労働組合数1万2600，組合員数396万人，うち女性96万人に急増し，労働組合婦人部を通じての活動も盛んになる。戦後の婦人労働運動は，大きく分けて，解雇反対，男女差別撤廃，身体保護を基礎とする人権擁護の3種類の要求運動として展開された。

第1の労働権を守る，解雇反対運動の典型例は，「日本国有鉄道[5]労働組合」（国労）婦人部の活動である。1946年に，国労そして婦人部も結成されたが，結成直後に，年少者7万5000人，女性5万

人の大量首切り方針が発表された。復員兵や海外からの引揚者の雇用の受け皿として鉄道が期待されたからである。戦時中に戦地に派遣された男性に代わって，事務員のほか，鉄道現場で電話係，電信係，看護婦，事務員，駅手，雑務手，出札係，改札係，踏切警手，技工などは女性が担っており，国鉄には約10万人の女性職員がいたといわれるが，その半数が一挙に解雇されることになったわけである。さらに1949年には，男女含めて9万5000人（うち女性3万人）の人員整理が発表されるなどして，女性の数は，国鉄全職員の1割にも満たなくなった。これに対して国労婦人部は，他の女性団体と連携して反対運動を展開するが，男性の失業解消のために，「婦人よ，家庭に帰れ」政策を強行する政府によって，押し切られた。他の電鉄会社も同様で，とくに女性にねらいを定めた人員整理が実施された。その後数十年間，鉄道現場の職員といえば，男性という時代が続くことになる。[6]

　第2の男女差別撤廃運動で，戦後早々に成果を上げた事例として，「日本教職員組合」（日教組）婦人部の活動がある。教職は，戦前以来，数少ない女性の専門職の1つであったが，女性教員の地位は低く，賃金は男性の約半分，学校内での発言権もなかったという。女性教員の会がすでに戦前からあったが，女性教員の質の向上や，女子教育の振興を目的にする会で，女性教員自身の待遇問題などへの関心は薄かった。しかし，戦後，GHQが学校教育の民主化の一環として教員組合の結成を促す中で，各地で教員組合が組織されるや，女性教員たちは，生理休暇や産前産後休暇の要求，ならびに男女賃金格差の撤廃を求めて，いち早く立ち上がった。

　1947（昭和22）年6月に全国組織として「日教組」が結成された直後に婦人部も結成。すでに東京都の教員組合婦人部で実績のある高田なほ子（1905〜91）が，初代婦人部長に就任した。

1948（昭和23）年1月，「東京都教職員組合」（都教組）婦人部が，女性教員にとって長年の念願であった男女同一賃金を，東京都教育局長との交渉の末に獲得。以後1952年までに，42府県で男女同一賃金制度が導入された。最近では，男女差別のない職場として教員職を選ぶ女性も多いが，教員の世界が他の職場に比して男女間の待遇格差が少ないのは，戦後の女性教員たちによる熱心な活動の積み重ねの結果であった[7]。

　第3の人権擁護運動の事例として，1954（昭和29）年に起きた近江絹糸争議がある。I-7で，戦前日本の輸出産業の主力であった繊維産業を，「女工」たちが中心的に担ってきたことを記した。戦後になると女性の職域が広がり多様化したものの，繊維産業で働く女性は相変わらず多く，1951年には63万人，1956年には69万人を数えた[8]。当時，紡績会社は東洋紡績，鐘紡，大日本紡績等10社が大手とされていたが，近江絹糸は大手10社に急迫する，巨大な新興紡績会社であった。労働基準法施行後にもかかわらず，この会社の内実は戦前の「女工哀史」そのままで，女性労働者，しかも18歳未満の年少労働者が多く，個人生活の自由を拘束された寄宿舎生活の中で，低賃金・長時間労働を強いられていた。

　会社からの苛酷な労務管理に反対する大阪本社の従業員たちが新しい組合を結成し，1954（昭和29）年6月，会社側に，組合の承認，残業手当の支給，賃金体系の確立，仏教の強制反対，結婚・外出の自由，信書の開封・私物検査の停止などを要求したが，会社側が拒否したため，無期限ストライキに突入。これに続いて，岸和田工場，彦根工場，富士宮工場等，各工場で組合結成ならびにストライキが広がった。全国繊維産業労働組合同盟（全繊同盟，現在のゼンセン同盟）が全面的支援に入る一方で，男女組合員たちと会社側暴力団との対決等もあり，労働省の中央労働委員会が職権斡旋するなど，紆

余曲折の末，12月に労働組合側が勝利する形でようやく妥結した。この争議は，労働者の人権を侵害する労務管理に抵抗した闘争として，「人権争議」と呼ばれている。

労働権を守る，女性差別撤廃，身体を守るの3つの要求は，その後も長い間，女性労働運動の課題として引き継がれていく。ここで例に挙げた国労，日教組，全繊同盟は，いずれも全専売，全電通，全逓などとともに，総評の結成に加わり，それぞれの婦人部長は，1953（昭和28）年からの総評婦人協議会，58年以来の婦人対策部の主要メンバーとして，その後の女性労働運動を牽引していく。[9] 1956年，総評婦人協議会は，婦人月間運動（Ⅱ-6参照）において「はたらく婦人の中央集会」を開催した。この集会は以後，総評が解散する1989年まで毎年開催されることになる。[10]

● 高度経済成長期の女性労働者と女性労働運動

「はたらく婦人の中央集会」が開始された1956（昭和31）年は，『経済白書』が「もはや戦後ではない」と宣言し，政府と経済界が「近代化・合理化」を旗印に，経済構造の変革に積極的に乗り出し始めた年でもある。とくに1960年に成立した池田勇人内閣が「所得倍増」計画を打ち出して以後，経済構造の変革と成長は加速し，いわゆる高度経済成長が実現する。1950年代半ばから70年代前半までの女性労働運動は，おおむね総評のリーダーシップの下で，「合理化」政策への抵抗として展開された。なぜなら，産業の「合理化」は，企業にとってはより多くの利潤を獲得し，日本経済の国際競争力を高めた一方で，労働者にとっては，機械や情報機器の導入による人減らしと労働強化という，マイナスの結果をもたらしたからである。

「合理化」によって人員削減の対象となった女性の職種には，た

とえば電話の自動交換機の導入によって不要とされた電話交換手や，ワンマン運転の導入により解雇された路線バスの車掌などが挙げられる。関係組合等は，数年にわたり解雇闘争を続けたが，「合理化」の流れに抗することはできなかった。

　一方，技術革新によって女性が大量に進出した職域の代表例は，ベルトコンベアの前に並んで，トランジスタラジオやテープレコーダなどの部品を組み立てる電機産業の女性労働者たちである。機械のリズムに合わせた労働密度の高さや緊張の連続からくる疲労の蓄積を訴える者が多かった。また事務部門で新たに導入されたコンピュータ関連で女性が多く採用されたキーパンチャーは，眼性疲労や頸肩腕症候群等の「職業病」にかかる例が多かった。

　このように，「合理化」のしわよせをまともに被った女性労働者たちの運動課題は，基本的には 1940 ～ 50 年代と変わらず，労働権の死守，身体の健康保護，女性差別撤廃の実現をめざすことであった。もちろん産業や職業の種類によって，闘争課題や優先順位に違いはあるが，1950 ～ 60 年代に大きく前進したのは，既婚の女性労働者たちの運動であった。

● 母性保護の保障を求めて

　高度経済成長が始まった 1950 年代半ば頃には，中学校または高校卒業後，数年で辞めていく（または辞めさせられる）「女子」労働者も多い一方で，結婚，出産後も働き続けることを希望する女性労働者が徐々に増加してきた。「はたらく婦人の中央集会」が 1956（昭和 31）年に開始され，以後毎年続けられた背景には，職業継続意欲をもつ女性労働者が一定の層をなして組合活動に参加するようになったことがある。

　戦後初期には生理休暇を確保するのが精いっぱいだったといわれ

る女性労働運動は，この頃には，生理休暇を含む女性の身体の幅広い保護として，「母体保護」ないし「母性保護」の要求を掲げるようになった。総評は1957（昭和32）年11月に，母体保護強化月間を設け，傘下の組合の統一的な活動として，生理休暇のみならず，産前産後の休業，育児時間取得の完全実施をめざした。これらは，いずれも労働基準法で規定されてはいたものの，各事業所の労働協約に入っていない，または労働協約に入ってはいても，事実上取得できない例が多かった。さらに，「合理化」による人員削減と労働強化によって，疲労や体調不良にもかかわらず生理休暇をとりにくい職場や，妊娠中や出産時の異常経験者が続出するなどの実情があったからである。

　1951（昭和26）年に日本がILOへの再加盟を認められ，そのILOが52年の総会で，「母性給付」条項を含む「社会保障の最低基準に関する条約」（ILO第102号条約）ならびに「改正母性保護条約」（第103号）を採択したことも，母体保護強化運動を後押しした。1960年4月開催の第5回以降，ILO第100号条約（男女同一価値労働同一賃金）と並んで，第102号，第103号の批准が，「はたらく婦人の中央集会」の運動課題として掲げられることになる。[11]

　以後，母体保護強化月間（1963年より母性保護月間と名称変更）は，20年以上にわたって毎年続けられるが，とくに1960〜70年代にこの運動は活発化し，生理休暇の有給化，つわり休暇，妊婦の通院休暇，産前産後休暇，育児時間等を獲得する組合がしだいに増加していった。全国電気通信労働組合（全電通，現・NTT労組）のように，育児休職を勝ち取った組合もある。[12] 1960年代には，キーパンチャーを中心とする職業病との闘いが本格化し，1967年に第1回「腱鞘炎・腰痛症・むち打ち症など職業病をなくし生命と健康を守る全国交流集会」が開催され（以後70年まで毎年），労働省にキーパ

ンチャーの労災認定基準の通達を出させるに至った（1969年10月）。同じ頃，医療労働者の労働条件改善運動も活発化し，1968年には総評医療共闘会議が，看護婦増員・夜勤制限要求統一行動を実施し，24都道府県206病院で協定を獲得。

　このように，高度経済成長期に，働く女性たちの身体の健康や出産・育児に関する環境整備がかなり進む一方で，雇用の場における男女平等はなかなか実現しなかった。労働基準法では「使用者は，労働者が女性であることを理由として，賃金について，男性と差別的取扱いをしてはならない」（第4条）と規定されているものの，実際には女性労働者の平均賃金は男性の半分程度であった。「はたらく婦人の中央集会」は毎年「男女同一労働同一賃金」をスローガンの1つに掲げてはいたものの，具体的取組みは難しかった。

　実はこの時代に女性労働者が直面した男女格差の壁として，男女別定年制があった。今では信じがたいことだが，女性だけに結婚退職制や若年（25～35歳）定年制を適用する企業が多かった。前述したような結婚後も出産後も働き続ける女性労働者の多い安定した職場でも，男性55歳／女性50歳など，男女間で定年に差を設ける例が多かった。こうした定年差別に対する闘いに，組合を挙げて取り組む例もあったが，組合の支援を得られず定年差別に直面した個人が直接裁判に訴える例も少なくなかった。

　結婚退職制を差別として訴え，勝訴した第1号は住友セメントの従業員（1966年），若年定年制については，東急機関工業事件（1969年）で，さらに1973年で，日産自動車の男子55歳／女子50歳定年制に対して公序良俗違反として無効判決が出された。これらは1960年代後半以降に出された東京地裁判決であるが，いずれも，数年がかりの裁判の結果である。これらに続いて，1960～70年代には，定年差別にかかわる裁判への提訴と勝訴が続き，ようやく女

性差別定年制が影を潜めていったのである

◉ 保育所運動

この項の最後に，戦後，とくに高度経済成長期において，多くの女性労働者たちが参加し，成果を上げた特筆すべき運動として保育所づくり運動を紹介しておきたい。女性が働きながら育児をするためには保育所が必須であるが，戦前の保育所は救貧対策的な意味合いでつくられ，数も少なかった。戦後 1947（昭和 22）年に公布（48年施行）された「児童福祉法」は，「保護者の労働又は疾病等の事由により，その監護すべき乳児，幼児（中略）の保育に欠ける」（第24 条）場合に，保育所に入所させるとあり，戦前以来の保育所観の延長線上にあった。

これに対して，働く女性たちは，自分たちが働き続ける権利と子どもの人権とを共に求めて，企業や自治体に保育所要求運動を開始した。1950 年代には全逓，全電通，全医労（全日本国立医療労働組合），国公立大学の職員組合等による，職場保育所要求運動が盛んに行われ，実現したところもあったが，長引く交渉を待てずに自主的に共同保育を始める例も多かった。共同保育を実践し始めた女性たちの中から，1954（昭和 29）年には，職場の枠を超えて交流する「働く母の会」が誕生し，東京を中心に次々に支部を広げ，メンバーは変わるが 50 年間も活動を続けることになる。[13]

さらに 60 年代になると，自治体に働きかけて地域で保育所設置要求運動が盛んになる。「はたらく婦人の中央集会」でも，母親大会でも保育所設置要求が分科会の大きなテーマとなり，「ポストの数ほど保育所を」を合言葉に，全国各地で運動が展開された。ついに 1966（昭和 41）年，厚生省は「保育所緊急整備五か年計画」を発表し，保育所の大幅な増設も計画するに至る。[14]こうした政策転換の

背景に，企業も政府も高度経済成長を進めるために女性労働者を必要としたという現実も見逃せないが，働く母親たちが職種や立場の違いを超えて団結し，切実かつ広範な運動を地道に展開したからこそ，政府や自治体の保育政策が推進されたといえるだろう。

注

1　豊田真穂『占領下の女性労働改革――保護と労働をめぐって』勁草書房，2007。

2　労働省設置法のうち，婦人少年局が所掌する事務を定めた条項に，「婦人の地位の向上その他婦人問題の調査及び連絡調整に関する事項」も加えられ，労働問題以外の婦人問題の調査等，女性の地位向上に関する役割を，婦人少年局が担うことが可能になった。もっとも，「婦人問題の連絡調整については，他省が法律に基いてその所管に属せしめられた事務を行うことを妨げるものではない」（労働省設置法第7条第6項）と追記されており，婦人少年局の職掌は，限定づけられてはいたが。

3　後に補佐役として婦人少年局の職員を務めた石井雪枝を勧誘したときの言葉。鈴木裕子『女たちの戦後労働運動史』未来社，1994，10～11頁）。

4　1946（昭和21）年4月10日にはじめて女性の参政権が行使されたのを記念して，49年に労働省がこの日を「婦人の日」と定め，この日から1週間（4月10～16日）を「婦人週間」として，女性の地位向上についてのキャンペーンを毎年実施してきた。1998年から，「女性の日」「女性週間」と改称。さらに，1999年6月23日に「男女共同参画社会基本法」が公布・施行された後，担当部局の内閣府男女共同参画局が，毎年6月23～29日の1週間を「男女共同参画週間」として取り組んでいる。

5　日本政府は，明治期以来，国営の鉄道を設置・運営してきたが，1906（明治39）年に当時の大手私設鉄道会社を買収統合し，新たに「国有鉄道」と称した。戦後1949年からは，政府出資の公共企業体（公社）として，日本国有鉄道が発足し，この略称として「国鉄」の呼称が普及した。1987年の国鉄分割民営化で事業を政府出資による新設のJRグループ各法人が承継することになった。

6　大羽綾子『男女雇用機会均等法前史――戦後婦人労働史ノート』未来社，1988，豊田注1前掲書，西清子編著『占領下の日本婦人政策――その歴史と証言』ドメス出版，1985。

7 高田なほ子インタビュー，西注6前掲書149〜59頁。

8 「工場および工業統計表」(広田寿子「統計からみたわが国女子雇用の構造」『社会政策学会年報』第9集，1961，赤松良子編集／解説『日本婦人問題資料集成 第3巻＝労働』ドメス出版，1977，637頁)。ちなみに，1931年は64万人だった。

9 全繊同盟は1954（昭和29）年の全労（後に同盟会議）結成に伴い総評を離脱するが，寄宿舎の民主化等，粘り強い運動を息長く続けていった。

10 1960（昭和35）年1月に結成された民主社会党の外郭団体である日婦教室の会（後に日本民主婦人の会），全繊同盟などによって，60年から「全国婦人の集い」が始まる。なお，1964年第9回大会以後，全日自労，医労協，出版労協など共産党系の組合が，総評主催の「はたらく婦人の中央集会」と同じ名称で，別途集会をもつことになる。ということで，1964年以後は，3つの婦人労働者の集会が併行して開催されることになる。とはいえ，3つの集会が取り組んだ課題に，それほど大きな違いはなかった。

11 このうち日本が批准したのは第100号条約（1967年）と102号条約（76年）。

12 1964年に，日本電信電話公社（電電公社，現・NTT）との間で協約を結び，1964〜67年の試行期間を経て68年から本施行。他にも日教組，ゼンセン同盟などの同様の取組みがあり，後の育児休業法制定につながった。

13 働く母の会編『働いて 輝いて──次世代へつなぐ働く母たちの50年』ドメス出版，2005。

14 1977年版『保育白書』(1976年創刊，以後毎年，草土文化) によれば，1948年には全国の保育所数1787カ所，入所措置児童数15万8097人にすぎなかったが，その後右肩上がりに増加し，1974年には6440カ所，150万4948人となった。

Ⅱ-3 「イエ」制度解体の出発点としての民法改正

◉ 民法改正による「イエ」制度の廃止

戦前と戦後で女性の人生は大きく変化したが，それを推進したもっとも重要な社会変革は，「イエ」制度の解体であった。世界に

類を見ない「イエ」制度と結びついた家父長制が，天皇制の基盤として，戦前の日本社会を特徴づけていたが，これらを解体し，近代的な個人を中心とする家族制度に転換することが，戦後の家族改革の主眼であった。

改革の主眼は，第1に，戦前の家族制度が，父系の血統によって祖先から子孫に続くと想定された「家」を基盤としたのに対して，現に生きている個々人によって構成される家族を単位としたことである。先祖代々連綿と続くとされた「イエ」制度の下では，女性が結婚して夫の「イエ」の「嫁」となると，何よりもまず「イエ」の存続のために子ども（とくに男の子）を産むことが期待され，婚家の「家風」に従うことが義務づけられた。こうした前近代的な，「イエ」という幻想を取り払い，現存する家族構成員個々人の相互関係を軸にした，近代的な家族を単位とすることが，改革の主眼であった。

第2のポイントは，家父長制の廃止である。家父長制とは，家長（＝戸主）が家族構成員に対して支配・命令し，妻，兄弟姉妹，子どもなどの家族構成員はそれに服従する制度である。戦前の日本では，家族構成員の住居や職業，結婚等，生活・人生の大部分が，戸主の許可を必要としたのであり，娘を身売りさせるのも，戸主の権限であった。戦後の改革で，ようやく家族を構成する個々人は，自分の意思で，住居や職業を選び，結婚相手も決めることができるようになったのである。

憲法第24条の「家族生活における個人の尊厳と両性の平等」規定に基づく改正法案の作成も，法学者を中心に急ピッチで進められ，1947（昭和22）年12月に改正民法ならびに戸籍法が公布された。主な改正点をまとめると，以下の5点になる。第1点は，婚姻によって成立した夫婦が，新しい家族として戸籍の単位となったこと

である。明治民法では,「妻ハ婚姻ニ因リテ夫ノ家ニ入ル」(第788条) とされ,結婚すると妻は,自分の生まれ育った実家の戸籍を離れて,夫の父や祖父や曾祖父の名前の記載された夫の「家」に「入る」ことになっていたが,新民法では,夫も妻もそれぞれの親の戸籍から出て,対等な立場で新しい戸籍をつくることになったわけである。

　主要な改正点の第2は,「戸主」および「戸主権」の廃止である。明治民法では,「戸主」が,家の財産を管理し,家族を扶養するとともに,家族の長として,家族の居所を定め,家族の婚姻への同意権をもつなど,家族を統率する規程になっていた。新民法では,戸主の規定そのものがなくなり,家族はそれぞれ自由に,自分の財産をもち,自分の住まいを決め,結婚することもできるようになった。

　第3の改正点は,遺産相続の仕組みである。明治民法では,戸主の地位と家の財産は,家督相続人 (多くの場合,長男) が,一括して相続することになっていた (長子相続制)。これに対し,新民法では,配偶者も相続人となり,また子どもが複数いる場合には,性別や生まれ順にかかわらず,均等に相続することになった (均分相続制)。

　第4の改正点は,夫婦の権利が平等になったことである。明治民法では,「夫ハ妻ノ財産ヲ管理ス」(第801条) とされており,また裁判で離婚を請求する権利も,妻が姦通した場合には,夫に請求権があるが,夫の場合には,「姦通罪ニ因リテ刑ニ処セラレタルトキ」(第813条) にはじめて妻の離婚請求権が生じるという,夫優位のアンバランスな規定になっていた。新民法では,もちろん夫の一方的な妻の財産管理の規定は削除されたし,また離婚事由についても,「配偶者に不貞な行為があったとき」(第770条) と,夫婦平等な規定に変更された。

　最後に挙げたいのは,父親と母親の権利が平等になったことで

ある。明治民法では，「子ハ其家ニ在ル父ノ親権ニ服ス」（第877条）と，父親のみが親権（＝未成年の子を養育監護し，その財産を管理し，子を代理して法律行為をする権利・義務のこと）を有することになっていたが，新民法では，「成年に達しない子は，父母の親権に服する」（第818条）と，父母共に親権をもつことが規定された。

以上のように，1898（明治31）年に明治民法が公布されて以来，ほぼ半世紀を経てようやく，家庭生活における男女平等が法文化されたのである。

● 「イエ」制度復活論と復活反対運動

民法改正によって，長らく天皇制と結びついて，人々（とくに女性）の人生や生活を縛ってきた「イエ」制度は，法律上撤廃された。新しい民法によって，「家風」にとらわれず，また父や兄の顔色をうかがわず，各自の意思で自由に，進学したり，結婚したり，仕事に就いたりすることができるようになったのである。今では当たり前のことであるが，戦前・戦中の日本で生まれ育った人々にとっては，画期的なことであった。

しかし，半世紀にわたって維持されてきた「イエ」制度は，法律が変わっても，簡単には解体されなかった。1つには，家族生活の隅々に至るまで「イエ」制度の慣習が浸透していただけでなく，企業においても，社長を親とみなし社員を子とみなす擬制的家族関係が採用されていたので，多くの人々が「イエ」的な人間関係の意識から抜け出ることが難しかったのである。さらに，明治期以来，農村は労働力の供給源であり，失業した家族のセーフティネットとして期待されており，産業界にとっては雇用の調整弁として，政府にとっても福祉の肩代わりとして，「イエ」制度の維持は好都合であったのである。

そのため，対日講和・日米安全保障条約が発効し，占領軍による支配が解けた 1952（昭和 27）年頃には早くも，家族制度復活論が登場する。1954 年 7 月，政府は法制審議会に民法改正を検討するための民法部会を設置した。与党自由党憲法調査会が発表した改正試案中，家族制度に関する主たる論点は，①扶養の義務と，②均分相続，の 2 点であった。

　①扶養の義務については，旧民法では戸主が家族を扶養することになっていたのに対し，新民法では「直系血族及び兄弟姉妹は，互いに扶養をする義務がある」（第 877 条）と変更された。新民法反対論者たちは，親と一緒に住んで朝夕の世話をやくことだけを「扶養」と考え，「親のたらいまわし」論だとか，「年寄りは皆養老院へ行けというのか」などと批判し，子の親に対する「孝養の義務」の明文化を主張した。これに対して，川島武宜（1909 ～ 92），磯野誠一（1910 ～ 2004）・富士子（1918 ～ 2008）ら民法学者たちは，新民法では，子どもたち全員が，それぞれの能力や事情に応じて，物資や金を送るなどの行為も含め，親を扶養する義務があるのだから，旧民法よりも親の扶養が保障されているのだと論駁した。

　②新民法が均分相続制を採用したことについて，家族制度復活論者は，農地が細分化され，日本の農業が立ちいかなくなると反対し，農地の相続につき家産制度を取り入れることを主張した。これについて川島は，「民法の改正によって，ただでさえ小さい農家の経営規模がいっそう小さくなった」というのは「俗論」であり，民法の改正は，相続の形態には，ほとんど影響しなかったと主張した。川島[1]によれば，戦前の日本の農村で，原則的に単独相続制が維持されてきたのは，「イエ」意識によるものでも明治民法の規定によるものでもなく，むしろ日本の農業経営規模が零細であり，耕地を分割しては生活が成り立たなかったからである。

戦中・戦後を通じて，農村の人口が近隣の工場や事務所に労働者として雇われ（つまり第二種兼業農家の増加），農家での貨幣財産の蓄積が可能となるにつれて，階層によっては，長男が土地を相続するにせよ，次男・三男に教育を受けさせたり，金銭を生前贈与したり，娘に結婚資金を渡すなどの，分割相続の物質的条件も出てきたといえよう。

こうした保守派の動きに対して，直ちに家族制度復活反対運動が起き，二十数団体が集まり，家族法学者の田辺繁子（1903～86）を代表として，家族制度復活反対連絡協議会を結成。1954（昭和29）年11月に，総蹶起大会を開催し，法相・衆参両院議長らに決議文を提出した。女性を中心としたこれらの運動が進む中で，家族制度復活論はやがて影を潜めていった。

◉ 法律は変わっても，根強く残る「イエ」意識

家族制度復活論はさすがに沙汰止みになったものの，新民法が一般庶民たちにもろ手を挙げて歓迎されたわけではなく，戸惑いの声も意外に多かった。親の命令には絶対服従，女の美徳は従順であること，嫁は婚家の家風に従うべし等々の，「イエ」制度に順応する道徳教育が半世紀にわたって蓄積され，「イエ」にちなむ行動様式や思考様式が慣例として定着していたからである。そのため，民法は改正されても，「イエ」の意識や慣習は根強く，とくに農村での変化は遅く，いまだに完全には払拭しきれていない面もある。

たとえば，氏の問題である。法律上は，「夫婦は，婚姻の際に定めるところに従い，夫又は妻の氏を称する」（第750条）と規定されている。夫の氏を名乗っても妻の氏を名乗ってもよいのだから，婚姻時に男女が平等な立場で選択すると条文通りに考えれば，半数の夫婦は妻の氏を名乗ることが想定される。だが，21世紀の現在で

も，結婚する夫婦の大半が夫の氏を名乗っている。これは明らかに，「妻ハ婚姻ニ因リテ夫ノ家ニ入ル」という明治民法の規定が，慣習として残っている例といえる。

新民法では，夫も妻もそれぞれの親の戸籍から出て新しい戸籍をつくるのだから，夫の氏を選択したからといって，「夫の家」に入ったわけではないことは確かだ。しかしたとえば，夫の氏を名乗った途端に，舅姑から「嫁」扱いされる例が少なくない。1950年代，60年代どころか，70年代にも，「嫁いじめ」や「嫁姑関係」の話題が，あちこちで取り沙汰される事態が続いたのである。また，結婚式は，戦後数十年の間，個人としての新郎新婦の結婚というよりは，○○家と××家の結婚と認識されたり，表示されることもしばしばであったし，「嫁」という言葉や観念も長らく続いた。高度経済成長に伴う核家族化ならびに妻の就労が進むにつれて，「イエ」意識，「嫁」意識はしだいに払拭されていくのだが。

「イエ」の慣習が色濃く残るもう1つの例として，墓・葬儀・法事がある。現行民法には，「墳墓の所有権は，前条の規定にかかわらず，習慣に従って祖先の祭祀を主宰すべき者が承継する」という条文（第897条）がある。「イエ」制度を否定したはずの新民法の中で，例外的に「イエ」制度の慣習を温存した条文である。

墓の歴史は古く，はじめは個人や夫婦のためのものであったようだが，「イエ」制度が確立した明治中期以降，家単位で建立される習慣が定着したといわれ，今でも「○○家の墓」という墓石は珍しくない。墓は，先祖代々続く「イエ」の象徴ともいえるだろう。

家族や親類の葬儀に参列したことのある人の中には，タイムスリップした気分になった人も多いのではないだろうか。長男が優先されたり，結婚して苗字の変わった人は後に回されたり，親族にも上下関係があったり，席の配置や，焼香の順序などに，今でも「イ

エ」の亡霊が突如現れることを実感するに違いない。葬儀や墓と関連して，法事も「イエ」を確認する儀式であることはいうまでもない。

　戦後の民法改正によって，男性優位の家父長制は徐々に解体され，夫婦関係や相続における男女差別は払拭されていったが，「イエ」にまつわる意識や慣習には，いまだに根強いものがある。

1　川島武宜『イデオロギーとしての家族制度』岩波書店，1957。

Ⅱ-4　優生保護法制定と家族計画の奨励

◉ 優生保護法の成立

　敗戦後の日本は，過剰人口問題に直面した。海外からの引揚者や復員兵が戻ってきたうえに，彼らの結婚や家庭復帰によって出生率が上昇し，いわゆるベビーブーム（1947〜49年）が到来した。「団塊の世代」と呼ばれる人々の誕生である。当時の日本は，戦災直後の家や土地を失った人，壊滅状態の経済下で失業した人も多く，住宅難や食糧難を抱えていた。生活難の中で，ヤミ堕胎や子捨て，子殺しをする例も少なくなかった。

　こうした事態に対応して，産児調節運動も復活していった。Ⅰ-5で言及したように，産児制限ないし産児調節運動は，1920年代〜30年代にかけてかなり活発化していたが，戦時体制の進行とともに弾圧され，逼塞していた。しかし，戦後はGHQの支援もあり，

人々の切迫した状況を目にして，戦前の運動家たちが次々に公然と活動を再開していった。産児調節関連の本の出版，避妊用品の製造が再開され，産児調節相談所も各地に設置されていった。

　しかし，政府は産児調節には消極的であり，GHQ も少なくとも表向きは，人口政策は日本人の自主性に任せるとの姿勢を示していた。そこで，産児調節運動関係者の中で，社会党の衆議院議員となった加藤シヅエ，太田典礼，福田昌子は，1947（昭和22）年8月，母体保護に力点をおいた優生保護法案を提出したが，法案の提出の遅れなどのため，審議未了に終わる。一方，日本医師会も国民優生法の改正について別途に検討しており，同会の前副会長で民主自由党参議院議員の谷口彌三郎が太田らに働きかけ，1948年6月の国会で優生保護法案を，両院から超党派で同時提出し，可決成立した。

　こうして，戦後初の議員立法として「優生保護法」が制定され，国民優生法は廃止された。新たに成立した優生保護法第1条は，「この法律は，優生上の見地から不良な子孫の出生を防止するとともに，母性の生命健康を保護することを目的とする」とあり，法の構成もまずは，「優生手術」の要件や審査について9条にわたる詳しい条文が記された後に，4条からなる「母性保護」の章が続き，しかも「任意の人工妊娠中絶」に非常に厳しい条件をつけるなど，母性保護よりは優生政策が前面に出る内容であった。

　優生政策については，戦時中にできた国民優生法よりも，優生手術（不妊手術）の対象を広げたことが注目される。すなわち，国民優生法では，優生手術の対象を「遺伝性」疾患に限定しており，実際の適用件数も少なかったのに対し，優生保護法では，対象となる6分類56種の疾患を別表に列挙した。ここには，「躁鬱病」「兇悪な常習性犯罪者」「白児」「先天性白内障」等，遺伝性と呼べるのか疑わしい疾患も入っている。また，「任意の優生手術」（第3条）の対

象として「癩疾患」(ハンセン病) が明記されているが，これは，戦時中にすでに遺伝性疾患でないことがわかっていたにもかかわらず，強制断種が敢行されてきた既成事実を肯定したものであった。

「母性保護」のために，人工妊娠中絶の適否に関する審査を指定医師が申請することができる条件は，①優生手術の対象とされる疾患に罹っている者以外は，②分娩後1年以内にさらに妊娠し，分娩によって母体の健康を著しく害するおそれのあるもの，③現に数人の子どもがいる者がさらに妊娠した場合，④暴行や脅迫等によって「姦淫」されて妊娠した場合，に限られていた (第13条)。しかも事前に地区優生保護委員会による審査が義務づけられるなど，きわめてハードルが高い規定であった。

これでは，望まない妊娠に苦しむ女性たちの救済にはつながらず，生活苦などから起きるヤミ堕胎事件が，新聞等でも頻繁に報道された。こうした現実を背景に，優生保護法成立1年後の1949 (昭和24) 年5月には，早くも，第1次の改定が行われ，中絶適応要件の1つとして，「経済的理由」を加えることになった。改定を提案した谷口彌三郎議員は，経済的理由を加えた理由を，国会で「生活が著しく窮迫状態になれば，母体の健康もそううまくは行かぬだろう。ことに生まれる子供の養育の点において非常な心配がある」と説明している (1949年5月16日，衆議院厚生委員会)。この改定で，母体保護のための中絶要件は，「妊娠の継続又は分娩が身体的又は経済的理由により母体の健康を著しく害する虞れのあるもの」(第13条)という簡素化された条文となった。

さらに1952 (昭和27) 年5月の第2次改定では，優生手術の対象に，遺伝性でない精神病，精神薄弱も加わる一方で，中絶の手続きが簡素化され，人工妊娠中絶の可否認定は都道府県の医師会が指定する優生保護法指定医の認定だけで行えることになった。

以上のように，当時の社会状況を背景に 1948 〜 52（昭和 23 〜
27）年の 4 年間で，その後 40 年以上続くことになる優生保護法が，
形を整えたわけである。ただし，優生保護法推進者たちが法案ない
し改定案提出に際して説明した理由は，女性の意思や母体の健康保
護を第一義とするのではなく，何よりも人口の「質的低下」の防止
を主眼としたことは，注意しておく必要がある。しかも，刑法の堕
胎罪は残り続けたのである。もっとも，これらの条件のゆえに，政
府や国会の承認を得ることができたともいえるのかもしれないが。

　とはいえ，優生保護法が成立・施行された結果，立法者や行政担
当者の思惑を超えて，事実上の中絶の自由化が進行したことも確か
である。妊婦の状況が「経済的理由」に該当するか否かの判断が，
指定医の裁量に任された結果，産科医にとっては中絶が大きな収入
源となるという事情もあり，妊婦の希望に応じて中絶を実施する指
定医が多かったからである。

◉ 中絶から家族計画へ

　実はこの頃，政府の中で，従来の産児調節反対論から，むしろ過
剰人口問題の解決策として，受胎調節を積極的に推進すべきだとの
意見が，優勢になりつつあった。妊娠中絶件数の多さと母体への影
響を憂慮してのことには違いないだろうが，それに加えて，アメリ
カからの働きかけによる面も大きかった。すなわち，発展途上国の
人口過剰が，共産主義の温床になりかねないとの懸念が，冷戦状況
の中で急速に強まり，アメリカ資本主義を代表するフォード財団，
ロックフェラー財団等々の民間団体が，インドや日本など，アジア
諸国の人口抑制の支援に，積極的に乗り出し始めたのである。

　こうした情勢の中で，1948（昭和 23）年には「薬事法」の改正に
より，避妊薬の製造販売が認められ，1951 年 10 月には，受胎調節

の普及が閣議の了解事項として了承される。1952年の第2次優生保護法改定では、新たに、受胎調節指導の講習会を助産婦、看護婦、保健婦向けに実施する規定も加わり、講習のための予算もつくことになる。このように、政府は戦時下の産児調節禁止から、政策を180度転換し、産児調節奨励へと舵を切ったわけである。

すでに、国立公衆衛生院院長の古屋芳雄（1890～1974）の肝いりで、農村や炭鉱、生活保護世帯をモデル地区とする受胎調節指導が始められていたが、1953（昭和28）年には、大手製鉄会社の日本鋼管が社宅1000世帯を対象に、産児調節普及運動を開始するなど、官民挙げて、産児調節指導が進められていくことになる。

これに拍車をかけたのが、1955（昭和30）年の国際家族計画連盟会議の東京開催であった。この国際会議招致を前に1954年、加藤シヅエ、馬島僴ら戦前以来の産児調節活動家たちが大同団結して、「日本家族計画連盟」を設立。同時に国井長次郎（1916～96）が、「日本家族計画普及会」（現・日本家族計画協会）を立ち上げ、その後の日本の家族計画実践の中心的担い手となっていくことになる。この国際会議には、マーガレット・サンガーほか、海外の家族計画活動家たちも参加し、日本での活動の背中を押した。そして、この頃から、受胎調節、産児調節などの生々しい言葉に代わって、「家族計画」という言葉が定着していった。

1953（昭和28）年、4大経済団体（日本工業倶楽部、経団連、日経連、経済同友会）が「新生活運動の会」を設立し、企業内での接待費削減等を図る一方で、社員の妻たちに家族生活の合理化を促す活動を展開し始めた。日本鋼管の成功例に続いて常磐炭鉱、東芝電気、日本軽金属、日立造船、日本国有鉄道等50社以上の大手企業が、1960年頃までに新生活プログラムを実施したという[3]。政府も、1954年に「新生活運動協会」を設置し、全国各地で生活合理化運

動を推進する。家族計画は、この新生活運動の主要な柱の1つとして位置づけられ、全国的に普及していった。

　大都市でまず広がり、次に中小都市、そして農村部へという、地域による時間差はあったものの、資金と権力をもつ企業や政府のかけ声の下で、家族計画の思想と避妊の知識は、全国のかなり多くの家庭で共有されるようになっていく。『主婦の友』をはじめとする女性雑誌は、受胎調節の具体的方法から家族計画の勧めなどを別冊付録等で詳しく紹介し、毎日新聞社は1950（昭和25）年から家族計画世論調査を開始（2000年まで隔年）するなど、メディアもこの問題に積極的な関心を示したことは、いうまでもない。こうした中で、「子どもの数は2〜3人まで」という家族像が、一種の標準モデルとして醸成されていったのである。実際、ベビーブーム直後の1950年には3.65であった合計特殊出生率が、わずか5年後の1955年には2.37にまで低下したのである（図1参照）。

　これは、多くの女性や家族の選択の結果といえようが、同時に、経済的条件による制約や、画一的家族モデルへの順応の結果といえなくもない。

　戦後の妊娠・出産の変化について、最後に付記しておきたいのは、産婆から産婦人科医へ、自宅分娩から病院分娩へという、出産の場所と介助者の変化である。日本では当時、出産は産婆の介助の下に自宅で行われていたが、病院出産が当然視されていたアメリカから来たGHQ公衆衛生福祉局の担当者たちには、日本の伝統は、非衛生的で非科学的に見えたようで、日本の出産を近代化することに熱心だった。

　GHQの指導の下で、1948（昭和23）年、「保健婦助産婦看護婦法」（通称、保助看法）が成立し、産婆は助産婦と名称を変え、保健婦、看護婦と共に、国家免許をもち、医療と公衆衛生の普及向上に

図1 ● 出生数，合計特殊出生率の推移

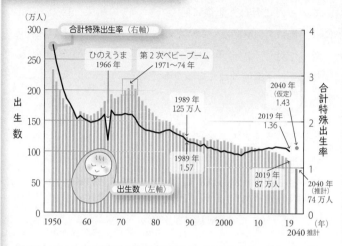

（資料） 2019年までは厚生労働省政策統括官付参事官付人口動態・保健社会
統計室「人口動態統計」（2019年は概数），2040年の出生数は国立社会保
障・人口問題研究所「日本の将来推計人口（平成29年推計）」における出
生中位・死亡中位仮定による推計値。

（出所） 厚生労働省Webサイト。

かかわる職業として位置づけられた。これは一面では，産婆が，一
定水準の医学的知識をもった国家公認の助産婦として格上げされた
ことを意味した。だが，以前には正常出産は産婆が担い，特別な医
療的処置を必要とする出産は医師が担うという分業が慣例化してい
たのに対し，GHQの指導により，病院出産が奨励され，正常出産
も医師の職域内に取り込まれることになった。病院出産の普及につ
れて，助産婦は保健婦，看護婦と共に，医師の支配下におかれるこ
とになっていく。

GHQの後押しだけでなく，妊娠・出産する女性たちにとっても，

衛生的で近代的なイメージのある病院出産を好む傾向がしだいに増えていったことは，想像に難くない。その結果，1950（昭和25）年には，施設外（家庭等）で分娩するケースが95.4%とほとんどであったのに対し，1965年には施設内（病院等）分娩が84.0%，85年には99.8%と圧倒的多数になったのである。[4]

注

1　福田昌子（1912～75）：医学博士，後に学校法人純真学園を創立。

2　谷口彌三郎（1883～1963）：1949年に優生保護法指定医師団体，日本母性保護医協会（現在の公益法人日本産婦人科医会）を結成。1950～52年，日本医師会会長。

3　アンドルー・ゴードン／三品裕子・山本裕子訳「日本家庭経営法──戦後日本における『新生活運動』」西川祐子編『戦後という地政学』東京大学出版会，2006，106頁。

4　大林道子『助産婦の戦後』勁草書房，1989，330頁。

Ⅱ-5　売春防止法をめぐって

◉ 占領期の売春問題

(1)　占領軍用慰安所の設置

　敗戦直後の1945（昭和20）年8月18日，内務省は警視庁と各都道府県知事に占領軍向け性的慰安施設の設置を指令。警視庁は，直ちに「特殊慰安施設設置協会」（後にRecreation and Amusement Associationと改称）を設置し，東京を中心に，市川，熱海，箱根に，RAAの施設を開設し，連合国軍の上陸に備えた。また各道府県は，それぞれ独自に警察が業者を斡旋して，占領軍用慰安所を設置して

いった。

　占領軍から頼まれもしないのに，性的サービスの場を政府主導で用意したことの背景には，戦時中の日本軍の占領地住民に対して行った残虐な振る舞いを，占領軍が日本に対して行うのではないかとの不安があった。「性の防波堤」として一部の女性たちを犠牲にしようとしたのであろう。こうした施設がスピーディに数多く設置されたことは，戦時中の日本の政府関係者が慰安所設置に関与した経験を逆に物語っていよう。

　アメリカの陸軍省は，性売買禁止政策を基本としていたが，日本への上陸当初は兵士たちの慰安所利用を黙認状態だった。しかし，兵士の性病罹患率が急上昇したうえ，従軍牧師たちによる買春反対論などから，改めて性売買禁止政策の徹底が指示された。そのため，1946（昭和21）年3月にGHQは各部隊に売春宿をオフリミッツ（立ち入り禁止）とする指令を出し，内務省にも通告。そのためRAAや各道府県の肝いりで設置された慰安所は相次いで閉鎖。結局1949年4月，RAAは正式に解散する。

(2) 公娼制度廃止令と赤線・青線地区

　1946（昭和21）年1月21日，GHQは公娼廃止に関する指令を出した。これを受けて，2月2日，内務省は，警視総監・各都道府県知事に「公娼制度廃止に関する件」の通牒を出し，「娼妓取締規則」（1900年に発令，Ⅰ-2参照）を廃止したことを伝え，関係地方法令の廃止等を指示した。だが同時に，形式や名目を変えて従来の業態を維持する抜け道を内密に指示した。

　これに気づいたGHQが1946（昭和21）年8月に，いかなる女性も本人の意思に反して「売春」を強制されないこと，女性に「売春」を強制する契約・約束・負債は一切無効であること等を盛り込んだ覚書を改めて出したが，11月14日，内務・厚生・文部3省次

官会議で「私娼の取締並びに発生の防止及び保護対策」が決定され，新たな「準公娼制」の仕組み[1]が登場することになった。

　次官会議で決定され，内務省主導で実行に移された「準公娼制」とは，前借金等の契約を無効とする（1947年1月15日勅令第9号）一方で，特殊飲食店等を指定し，地域を限定して，従来の娼妓や私娼が自由意思で集団的に「売春」を行う場合は容認するというものだった。つまり，建前上は公娼制度を廃止しつつ，実際上は，「本人の自由意思」を名目に，特定地域での管理売春を公認したのであった。

　特殊飲食店とは，従来の貸座敷や慰安所の建物に，形だけの喫茶室やダンスホールを取り付けたものが多かったようで，そこで働く接待婦は，芸妓・女給等の「正業」をもち，店主から給料を受け取るという建前だった。特殊飲食店が並ぶ特飲街（集娼地域）は，地図上に赤線で囲んだため「赤線地区」と呼ばれ，赤線地区の周辺に散在する私娼が多くいる地域は「青線地区」と呼ばれ，それぞれ警察の取り締まりの対象となった。こうした赤線・青線地区は，全国的に設けられたが，たとえば東京の吉原，新宿，洲崎など，従来の集娼地域が赤線に指定されることが多かった。

(3)　街娼の発生

　GHQのオフリミッツ指令によって，占領軍用慰安所が閉鎖され始めた1946（昭和21）年春頃から，失業した女性たちが街頭へ流出し，「パンパン」と呼ばれる街娼になっていった。GHQは，公娼制度には反対した一方で，兵士の性病蔓延を警戒し，すでに1945年10月16日に「花柳病の取り締まりに関する覚書」を出した。この指令に従い，東京都は直ちに都令第1号として，性病予防規則を制定。11月には厚生省も花柳病予防法特例を制定し，性病患者の報告，「性病を拡散するおそれのある職業に就いている全ての者」への定

期検診を義務づけ，検診をクリアした者への健康証明書の発行，性病患者の強制的治療を決めた。[2]

　GHQ はさらに 1946（昭和 21）年 1 月から，MP（軍事警察）による「狩り込み」（「キャッチ」とも呼ばれた）を強行した。これは，MP が街娼とみなした女性たちを街頭でピックアップし，トラックで性病病院に連行し，強制検診を行ったことをさす。「狩り込み」は，米軍の「日本の女性は性病の巣」であるとの独善的な見解に基づいており，日本の女性と性関係をもった兵士は不問に付される一方で，「売春婦」とみなされた女性は強制収容・強制検診のみならず，場合によっては，占領軍兵士に性病を「感染させた」犯罪者として，軍法会議にかけられ，刑務所に送られることもあったという。[3]「狩り込み」は，1948 年の性病予防法成立までは，法的根拠がないまま「占領軍政策」として実施された。

　「狩り込み」は強引で，誤認もしばしばあった。たとえば，1946（昭和 21）年 11 月，東京池袋付近を通行中の日本映画演劇労働組合（日映演労組）所属の女性 2 名が MP に検束され，吉原病院で強制検診されるという事件が起きた。日映演労組はこれに抗議行動を起こし，翌 47 年 2 月には労組婦人部，婦人民主クラブ，日本共産党，社会党の婦人代議士等が抗議集会を開いて「女性を守る会」を結成し，さらに 3 月には，戦後初の国際婦人デー大会を開催した。

(4) **基 地 売 春**

　1945（昭和 20）年の敗戦により，旧日本陸海軍の軍事基地は，すべて占領軍の基地となっていた。1952 年講和条約の発効により日本は独立したものの，日米安全保障条約によって，その多くを在日米軍基地として貸与することになった。基地の周辺には街娼が多く集まり赤線地区化し，とくに 1951 年の朝鮮戦争勃発後は，基地周辺での売買春が急増していく。占領期には声を上げにくかったもの

の，独立後には，基地売買春を批判する世論も起き，基地を抱える地域社会で問題化し，国会でも議論されるようになる。定期的に開催される日米政府間の合同委員会にも風紀対策分科委員会がつくられ，売買春問題が話題になった。

● 売春防止法制定へ

「売春防止法」が成立したのは 1956（昭和 31）年のことであるが，政府が法案に着手したのは，占領期のことであった。1947 年にGHQ は，占領軍ならびに日本政府の売春問題対策にもかかわらず，米軍兵士たちの性病罹患率が高止まり状態にあることを懸念して，日本政府に対してさらなる対策を要求した。これを受けて，芦田内閣は，その年 12 月に召集された第 2 回国会へ，風俗営業取締法案，性病予防法案，売春等処罰法案の 3 つの売春対策法案を提出し，このうち，「風俗営業取締法」「性病予防法」の 2 つが 1948 年成立・施行された。

風俗営業取締法は，カフェ，キャバレー，ダンスホールなど，売春以外の接客業を風俗営業店として都道府県の公安委員会による許可制にする内容だったが，赤線の特殊飲食店と呼称を変えて，事実上，性売買を容認する法律だったともいえる。また，性病予防法は，性病患者とそれをうつしたと認められる者を，医師が都道府県知事へ届け出ることを義務づけたもので，先述した占領軍の「狩り込み」を追認する内容だった。[4]

3 つの法案のうち，売春等処罰法案のみは反対が多く，審議未了となった。この法律制定の動きに危機感をもった売春業者側が，性病予防を理由に集娼地区を正当化するため，1947（昭和 22）年 10 月，全国性病予防自治会を結成し，与党自由党への積極的な働きかけをしたこと等が，背景にある。

女性たちが売春反対に積極的に取り組み始めたのは，講和条約締結後の 1951（昭和 26）年からのことであった。前借金等の契約を無効とする 1947 年 1 月 15 日勅令第 9 号が，講和後に無効になることを心配して，それを法制化するために，婦人矯風会を中心に「公娼制度復活反対協議会」（久布白落実会長）が結成され，署名運動を開始した。日本 YWCA，日本婦人有権者同盟，大学婦人協会など 80 団体が運動に参加し，1952 年 2 月，100 万名近い署名を国会に提出。これに応えて，衆参両議院で勅令第 9 号を国内法として残すことが決定された（1952 年 5 月）。

　この年 2 月，この協議会を発展的に解消し，超党派の女性議員等にも呼びかけ，「売春禁止法制定促進委員会」が発足した。委員長には久布白落実，副委員長に神近市子，植村環，事務局長に矯風会慈愛寮の福田勝がなった。翌 1953（昭和 28）年 3 月第 15 国会に，議員立法として売春等処罰法案が提出されたが審議未了。1953 年 11 月，売春禁止法制定に向けて超党派の「衆参婦人議員団」を組織。上記制定促進委員会主催で売春等処罰法制定婦人大会を 1953 年 54 年に開催し，国会陳情を行うなど，国会の内外で呼応した運動が展開された。1954 年の第 19 国会，第 21 国会で議員立法を提出するが，いずれも廃案となった。

　本格的な議論が行われたのは，1955（昭和 30）年 6 〜 8 月の第 22 国会であった。神近市子ほか 18 名の議員による売春等処罰法案が衆議院に提出され，法務委員会に業者や元従業員，売春問題の調査等にかかわってきた伊藤秀吉，神崎清等 8 名の参考人から意見を聴取，突っ込んだ議論が行われ，参議院にも送付されたが，結局衆参両院とも否決となった。しかし，この論議を受けて，内閣内にすでに設置されていた売春問題対策協議会（神近市子，藤原道子ら衆参議員に学識者，法務・厚生・労働各省の事務次官等 25 名で構成）で答申案

をまとめ，次の通常国会に政府から法案が提出されることになった。

いよいよ正念場近しということで，審議会に向けて関係諸団体の動きが活発化する。前述の売春禁止法制定促進委員会が1956（昭和31）年4月2日「売春禁止に関する要望書」を出す一方で，業者側の全国性病予防自治会は同年3月に「売春問題に関する陳情書」を提出。また接客業の従業員たちも，1953年12月に東京都女子従業員組合連合を結成し，1956年2月に「売春法に対する私達の主張」と題する陳情書を提出。3月には全国接客従業員組合連盟に拡大し，結成大会を開催した。この従業員組合は，社会党員（後に除名）で労働運動の実績をもつ岩内善作と高原浅市の呼びかけと指導の下に結成された。陳情書では，「私達は政治の貧困による被害者」であるとの認識を示し，「更生保護の伴わざる禁止一辺倒の措置」では根本的解決にならないとして，「綜合的生活保障の確立」「女子福祉法の即時制定」「純潔保護法の制定」を「陳情」した。説得的な主張に思えるが，この組合について，当時売春禁止法制定に尽力した女性議員らは，業者側が「生活権擁護というもっともらしい理由で反対運動に引き込」んだ[7]として，耳を傾けなかった。組合側の思惑はともかくとして，全国接客従業員組合連盟の結成式に全国性病予防自治会理事長が祝辞を述べるなど，業者側が従業員組合に積極的にアプローチしたことも確かであった。

● 売春防止法の特徴

売春防止法案は，1956（昭和31）年5月2日，鳩山内閣から第24国会に提出され，衆議院での全会一致を受けて，5月21日，参議院でも全会一致で可決承認された。ここで成立した売春防止法が，現在まで適用されている（2014年に一部字句修正）のだが，この法律の特徴を，4点挙げておきたい。

1つは，この法律が，従来5回にわたって上程された「売春処罰法」ではなく，制定推進運動が掲げた「売春禁止法」でもなく，「売春防止法」であることだ。処罰や禁止ではなく，あくまでも防止を目的としていることが，法の名称だけでなく，第1条に明記されている。そのため，法の構成は，第1章「総則」，第2章「刑事処分」，第3章「補導処分」に続いて，第4章「保護更生」が，付け加えられている。

　次に，この法律は「売春」を「対償を受け，又は受ける約束で，不特定の相手方と性交すること」(第2条)と定義し，「売春が人としての尊厳を害し，性道徳に反し」(第1条)と明言し，「売春の対償」の上前をはねたり (第8条)，「前貸」をしたり (第9条)，「売春をさせる」契約 (第10条) をしたりすることを禁じたことである。これらの条文によって，前出の公娼廃止勅令 (勅令第9号。139頁参照) は廃止され，明治期以来続けられてきた廃娼運動が，ようやく実を結んだといえよう。

　第3に指摘したいのは，この法律が「何人も，売春をし，又はその相手方となつてはならない」(第3条) としつつも，刑事処分の対象としては，「公衆の目にふれるような方法で」売春を勧誘したり，客待ちした者 (第5条)，および「売春を周旋」ないし「困惑」や「脅迫」によって「売春」を強要した者 (第6，7条)，すなわち，性を「売る」側だけが罰せられ，「買う」側は免除されるという，「片罰制」を採用したことである。これについては批判も多く，参議院でこの法律が可決成立した直後に，日本社会党を代表して藤原道子議員は，需要と供給の原則によって，買う者があるから売る者が出てくるのであって，男性が，女性を玩弄物として見る考え方に根源があるのだから，「両罰主義をとり，相手方も罰することと」すべきだったと，法案の不備を述べた。

最後に「保護更生」の条文を挙げておきたい。この法律では，「性行又は環境に照して売春を行うおそれのある女子」を「要保護女子」として「保護更生」させるために，都道府県に「婦人相談所」を設置することを定めた。「婦人相談所」は，「婦人相談員」をおいて，「要保護女子」の相談に応じ，「必要な調査並びに医学的，心理学的及び職能的判定や指導を行い」，一時保護するための施設である（第34・35条）。法の趣旨からすれば，「売春」が禁止されることで，職を失った女性たちを業者から保護し，自立した生活ができるように，さまざまな相談に応じサポートするための機関として，「婦人相談所」が新設されることになったわけである。

　参議院の可決直後に藤原道子に続いて発言した日本共産党の須藤五郎議員は，厚生省の婦人保護更生関係の全費用はわずか6500万円にすぎないが，110機購入を予定されているF86ジェット戦闘機は1機1億6000万円で，婦人保護費の2倍半にも達すると，婦人保護費の少なさを指摘した。確かにこれでは全国20万と推定された接客婦を救うには，あまりにもお粗末な予算措置だった。[8]

　このように，いろいろ不備はあるものの，1956（昭和31）年5月21日に売春防止法は成立した。江戸時代の廓から，明治期以来の貸座敷，戦時期植民地の慰安所，戦後の赤線地区と続いてきた，前借金や暴力で女性を拘束して性的サービスを強要する，世界に類を見ない人身売買的な公娼制度が，ようやく終止符を打つことになったわけである。この法律の施行期日は，保護更生が1957年4月1日，罰則は58年4月1日となった。

高橋喜久江さんと矯風会

2014（平成26）年5月1日に，矯風会館に高橋さんをお訪ねした。昔「売買春問題ととりくむ会」事務局で働いたことのある，ゆのまえ知子さんとご一緒だった。

高橋さんは，1957（昭和32）年以来，財団法人日本基督教婦人矯風会（以後，矯風会と記す）のメンバー（後に会長）として，また「売買春問題ととりくむ会」事務局長等として，50年以上にわたって，売買春問題に取り組んでこられた，息の長い活動家だ。1992年には，女性の地位向上や女性問題解決のために，先駆的仕事をされた方に贈られる「東京女性財団賞」を受賞されている。

矯風会に就職するまで

高橋さんは，1933（昭和8）年東京生まれだが，戦時疎開のまま，鳥取で高校まで過ごした後，お茶の水女子大学入学時に帰京。1957年にお茶の水女子大学を卒業後，私立高校の非常勤講師をしながら，スタートしたばかりのお茶の水女子大学専攻科で学んだ。

高橋さんが専攻科を出た1950年代には，女性が4年制大学や専攻科を修了しても，非常勤的な仕事しか得られなかったが，とにかくフルタイムの職に就きたいと奔走されたという。たまたまご両親がクリスチャンだったことや，母上の津田塾時代の友人福田勝さんが矯風会関係者だったことなどから，「矯風会本部で若い人を探しているから，行ってごらんなさい」と言われ，迷わず本部に出かけ，久布白落実さんの面接を受け，「じゃあ，春からおいで」ということになったのだそうだ。

4月1日就職の日に，久布白さんと次のようなやりとりがあったという。「何でここに就職するのか」と聞かれ，高橋さんは「結婚前に社会見聞を広めておきたい」と答えたところ，「ふーん，エックスペアリエンスかね」と言われたそうだ。このエピソードは，私にはお2人の性格が表れているようで，興味深くお聞きした。

久布白さんは，徳富蘇峰・蘆花兄弟の姪であり，父の大久保真次郎も夫の久布白直勝も牧師で，自身も幼児洗礼を受け，アメリカのオークランドの太平洋神学校予科に入学した生粋のキリスト者。伝道のため渡米した両親の後を追って 1903（明治 36）年に渡米。10 年後に帰国した後，1916 年から矯風会の総幹事，1921 年には副会頭になり，廃娼運動，婦人参政権獲得運動のリーダーとして活躍した，日本キリスト教界ならびに婦人解放運動の重鎮である。

　24 歳で高橋さんが就職した 1957（昭和 32）年は，前年に国会を通過した売春防止法が施行された年で，社会的に話題になっていたので，高橋さんは多少とも，この問題に関心をおもちであったはずだ。そのうえ，当時，久布白さんはすでに 74 歳で，矯風会の大御所的な存在であった。その久布白さんの質問に，何のてらいもなく，社会勉強のためにここに就職しますと答えた高橋さんの正直さも微笑ましいし，茶化すように英語で応じた久布白さんも，なかなかの人物だと思える。

　この数日後に，高橋さんは，矯風会の先輩の福田勝らに吉原に連れて行かれ，売春防止法に反対する側の幇間たちとも会ったという。高橋さんにとっては，衝撃的な出発だったのではないだろうか。私たちの世代から見ると，売買春反対一筋の人と見えていた高橋さんにも，こういう時期がおありだったのだということを知って，むしろ，私は親近感を抱いた。

　高橋さんは，「久布白落実と出会えたこと，久布白をはじめとして，ここで活動している人たちを好きになったことが，私の人生を決めた」と言われる。実は，今回ご一緒したゆのまえさんは，「売買春問題ととりくむ会」に 2 年間勤務されたが，ここでの活動を通じて，多くの薫陶を受けたという。たぶん，久布白さんや福田さん，そして高橋さん等々が示される，弱い立場の女性たちに対する息長く献身的な支援の姿勢が，他の人々の心を動かすのだろうと想像する。

　高橋さんは，就職後，結婚し 2 人の子どもが生まれるが，職場の近くに住居をもてたことや，保育園のお迎えなど，何かの折には母上が駆けつけてくれたことなど，仕事をもつ女性としては恵まれた生活だったと回顧された。このような，生活者としての思い出話をお聞きできたのも，私にとっては意外な発見だった。

矯風会の歴史

　高橋さんが終生の活動の拠点とされてきた矯風会は，1886（明治19）年に，矢島楫子会頭の下に東京婦人矯風会として出発し，世界キリスト教婦人矯風会にも登録され，1893年に，「日本基督教婦人矯風会」として全国組織化した（1986年に「日本キリスト教婦人矯風会」に改名）。矯風会というと，廃娼運動のイメージのみが強いが，一夫一婦制の建白，女性の政治的権利獲得のための治安警察法改正運動，母性保護法制定運動等々，その時々のフェミニズムの課題に対応した幅広い運動に，取り組んできた。平塚らいてう，市川房枝らによる新婦人協会が結成された翌1920年に世界婦人参政権協会に，矯風会の久布白落実が日本人としてただ1人加入し，翌1921年には日本婦人参政権協会を設立。1924年に市川が婦人参政権獲得期成同盟会を結成した際には，この協会も構成団体に。久布白が総務理事となり，以後長期にわたって，市川らと行動を共にしたことは，意外に知られていないが，記憶に値しよう。

　矯風会は，1894（明治27）年，東京都新宿の大久保百人町に1600坪の土地を求め，そこに「慈愛館」を建設し，足尾鉱毒問題地域の女性・少女や，吉原遊郭を脱出した女性などを受け入れた。当時の大久保百人町は，まだ「田舎だった」と言われるが，この土地を有していることが，現在に至るまで，矯風会の活動の物質的な基盤となっているようだ。

　敗戦後，新憲法が発布され，民法が改正され，参政権や一夫一婦制度が実現した後，矯風会は，売春禁止法制定促進委員会を組織し，超党派の女性国会議員と連動して，公娼制度の廃止と婦人保護事業の確立を定めた売春防止法の制定に尽力した。1956年に売春防止法が成立した後は，すでに設立していた社会福祉法人慈愛会を拠点に，売春防止法に基づく婦人保護事業を展開する一方で，防止法が期待に反して，売る側だけを罰する「片罰制」だったことに反対して，買う側も罰する「両罰制」に改正する運動を開始し，毎年繰り返し，議員たちへの働きかけを続けてきた。

　矯風会の活動については，大正期の伊藤野枝以来，「傲慢・偏狭な慈善事業」「キリスト教的道徳主義」などの批判が向けられ，1990年

代以降にも，娼婦に「醜業婦」としてのスティグマを刻印したとして指弾されてきた。しかし，矯風会の120年以上にわたる息長い活動によって救われた女性が数多くいたことも事実だ。伊藤野枝らの反感もわかるし，性産業従事者への差別意識に対する批判も理解できるものの，一方で，弱い立場の女性を援助してきたキリスト者たちの献身的な努力に対する敬意を抜きにして，後の世代が一方的に断罪することには，私は抵抗感を覚えざるをえない。

GAL（gender and law）より。

Column

1　吉見義明『買春する帝国——日本軍「慰安婦」問題の基底』岩波書店，2019，229～30頁。

2　平井和子『日本占領とジェンダー——米軍・売買春と日本女性たち』有志舎，2014，77頁。

3　平井前掲書，73，74頁。

4　平井前掲書，148頁

5　久布白落実（1882～1972）の生い立ちや私生活，社会活動は，自伝『廃娼ひとすじ』（中央公論社，1973。後に中公文庫，1981）に詳しい。久布白の葬儀に際しては，矯風会関係者以外に，山高しげり売春対策国民協会理事，市川房枝婦選会館理事長，植村環日本YWCA名誉会長，櫛田ふき日本婦人団体連合会会長，藤原道子日本社会党参議院議員，小笠原貞子日本共産党参議院議員など，各界から超党派の人たちが，弔辞を寄せており，久布白の活動や交流の幅の広さがうかがえる（『婦人新報』No.867「久布白落実追悼号」参照）。

6　福田勝（1904～2001）は，女子英学塾（現・津田塾大学）卒業後，秋田県，千葉県で高等女学校教諭を務めた後，1947（昭和22）年から64年まで，矯風会の婦人ホーム「慈愛寮」寮長（後に理事長）。この間に，久布白落実を助け，売春禁止法制定促進委員会事務局長等を務めた（折井美耶子編『女ひとりわが道を行く——福田勝の生涯』ドメス出版，2005）。

7　市川房枝編集／解説『日本婦人問題資料集成 第1巻＝人権』ドメス出版，1977，67頁。

8　『読売新聞』1956年5月21日。

II−6　婦人運動と婦人問題学習

◎ 婦人団体続々誕生——解散の息吹

　敗戦後まもない1945（昭和20）年11月に市川房枝が「新日本婦人同盟」（1950年11月に「日本婦人有権者同盟」に改称）を設立したことは，II−1で述べた。翌46年3月には，GHQ女性情報担当官ウィードの示唆で，加藤シヅエ，佐多稲子，宮本百合子，松岡洋子らによって「婦人民主クラブ」がつくられる。47年には，山川菊栄や石井雪枝（1909〜89），平林たい子（1905〜72）らによる「民主婦人協会」（後に「民主婦人連盟」と改称）が，48年には，奥むめおによって「主婦連合会」と，新しい婦人団体が次々に産声を上げた。また，婦人矯風会，YWCAなど，戦前以来の団体も活動を再開していった。いずれも，戦前以来の活動家たちによって担われたものではあったが，敗戦後の解放の息吹の中で，「イエ」制度的慣習の打破と民主的で平和な日本建設をめざす活気に溢れていた。労働運動も活発化し，労働組合婦人部を中心に職場の男女差別の撤廃や母性保護をめざす運動も盛んになった（II−2参照）。

◎ 「婦人の日」をめぐって

　1948（昭和23）年，国会で新しい祝日法が検討される過程で，女性関連の祝日をつくることも話題になった。参議院文化委員会の意見聴取会が2月に開催され，女性で呼ばれたのは，山川菊栄婦人少

年局長1人であった。「母の日として子どもの日と一緒にする」なら賛成するとの男性たちの意見に、山川は、「母も母でない女もこめて婦人解放を促進する日にしたい」と抗し、婦人がはじめて参政権を行使した4月10日を「婦人の日」とすることを提案した。[1]

この提案に呼応して、民主自由党婦人部、日本社会党婦人部、民主婦人協会、婦人矯風会、日教組婦人部、労働組合総同盟婦人部等11婦人団体により「婦人の日協議会」が結成され、会長に新日本婦人同盟の藤田たきが推され、1948（昭和23）年4月10日に婦人の日大会を開催。大会では、「婦人解放について」「勤労婦人問題」の討議を行い、「婦人の日」を祝日化するためのアピールをした。

一方、共産党婦人部、産別婦人部、婦人民主クラブを中心とする「民主婦人協議会」は、「国際婦人デー」として知られた3月8日を「婦人の日」にすべきだと主張し、同年3月に国際婦人デー大会を開催した。[2]だが結局、「国民の祝日に関する法律」には、子どもの日は入ったものの、「婦人の日」は入らなかった。

翌1949（昭和24）年には、3月8日に民主婦人協議会主催の国際婦人デー大会が開かれたが、同時に4月10日には、これらの団体も含めて右から左まで約40団体3000名が参加して、第2回婦人の日大会が盛大に開催された。両方の参加団体がまとまって「婦人団体協議会」として存続されることになった。この年、労働省婦人少年局でも、4月10〜16日までの1週間を「婦人週間」として、「婦人の地位向上促進週間」の行事を計画。以後、毎年実施することになった。[3]

◉ 「婦人月間」の設定とその後

このように、1949（昭和24）年には、婦人運動の大同団が成立したかにみえたが、翌1950年には「婦人の日」のスローガンや運動

形態をめぐって対立が生じ，7月には婦人団体協議会は無期休会となった。しかし，1950年6月の朝鮮戦争勃発を受けて，8月に警察予備隊（後の自衛隊）の設置，そして翌1951年にはサンフランシスコ講和条約と日米安全保障条約が調印されるという事態の下で，戦争への危機感から平和運動が盛んになり，多くの女性たちや婦人団体が，その一翼を担った。1952年7月に，戦後日本人ではじめてソ連・中国を訪問して帰国した高良とみを歓迎する集会で，統一的な組織結成が提唱され，1953年4月に日本婦人団体連合会（婦団連。会長・平塚らいてう，副会長・高良とみ）が結成された。

　さらに，より広い婦人団体を結集して婦人団体の統一行動の場として設定されたのが，1954（昭和29）年に始まった「婦人月間」と「中央婦人集会」である。すでに1952年に発足していた総評婦人協議会の呼びかけに応じて，婦団連，婦人民主クラブ，婦人矯風会などが集まり，3月8日から4月16日までの40日間を婦人月間として，戦争反対，男女差別待遇の撤廃等のスローガンを掲げ，4月3日に「婦人たちの要求の統一と行動の連帯」をめざして，中央婦人集会を開催した。

　この婦人月間は，国際婦人デー中央大会（婦団連中心）と「はたらく婦人の中央集会」（Ⅱ-2参照）を2大行事として毎年続けられ，1959（昭和34）年の第6回では，年間を通して活動するために，総評に事務局を常設し実行委員会をおくことになった。実行委員長は山本まき子（1920～98）（総評），副委員長は櫛田ふき（1899～2001）（婦団連）と，本橋愛子（中立労連）である。だが，1963年の第10回婦人月間を区切りとして，この実行委員会は発展的に解消し，国際婦人デー中央大会と「はたらく婦人の中央集会」は，それぞれの特徴を活かすため，別々の実行委員会を設けることになる。

● 母親大会の高揚と分裂

　第1回「婦人月間」行事の始まる直前の1954（昭和29）年3月1日，アメリカが太平洋ビキニ環礁で水爆実験，マグロ漁をしていた第五福竜丸の乗組員全員が「死の灰」を浴び，死者も出るという事件が起きた。4月3日の中央婦人集会では，この問題を大きく取り上げ，原水爆禁止署名運動への取組みが決議された。この署名運動は，婦人月間参加団体のみならず，全国各地に広がり，原水爆禁止運動として大きな流れになっていく。

　この年11月，ベルリンで開かれた国際民主婦人連盟[4]の執行局会議に，日本から参加した高田なほ子が，婦団連会長の平塚らいてうが起草した，原水爆禁止を要望する「全世界の婦人にあてた日本婦人の訴え」を提出した。この訴えを受け止めて，翌1955（昭和30）年2月にジュネーブで開催された国際民主婦人連盟評議員会で，「原子戦争から子どもを守る」ために，7月にスイスのローザンヌで「世界母親大会」を開くことが決定された。

　この評議員会に参加した羽仁説子，丸岡秀子（1903～90），鶴見和子（1918～2006）らの報告を受けて，総評傘下の日教組婦人部，国労婦人部，婦団連，婦人民主クラブ，子どもを守る会など60余団体で準備会を発足させ，世界母親大会への代表派遣と，日本母親大会開催の準備にとりかかった。準備会参加の各団体の地方支部が中心となって，手拭や扇子の販売，カンパの呼びかけ等を通じて，各地域の女性たちを巻き込みつつ，母親大会開催への機運を盛り上げていった。

　こうして，第1回日本母親大会が1955（昭和30）年6月7日から3日間，東京で開催された。この大会は，主催者の予想を超える多数の参加者と熱気にあふれた画期的な集会であった。定員1200名の豊島公会堂に全国から2000人の母親たちがつめかけ，椅子席が

足りずゴザやムシロを敷きつめるほどの盛会で，はじめて握るマイクの前で，生活の貧しさや職場での圧迫，基地の恐怖など，それぞれが抱える現実を切々と訴える声が続いた。最後に水爆禁止と世界平和のために全世界の母親と団結することを宣言し，世界母親大会に，河崎なつを団長とする 14 人を送り出すことを決定し，大会は幕を閉じた。

　翌 1956（昭和 31）年 8 月に開催された第 2 回大会には 4000 人が参加し，「生命を生み出す母親は，生命を育て，生命を守る権利をもっています」のスローガンも出された。この後も毎年開催され，第 4 回（1958 年）以降は参加者 1 万人を超えるなど，地域に根ざした母親たちの運動として定着していくことになる。

　母親大会は戦後日本の女性運動を代表するほど大衆的な広がりと盛り上がりをみせたが，その原動力となったのは，「平和」「子どもを守る」「母親」というキーワードであった。中央大会や地方大会で，何度か助言者の役割を務めた田中寿美子（1909〜95）は，母親大会が国際的連関の中で発足していることに言及しつつ，他方でこの運動を「ひどく日本的」でもあると指摘した。「"子供のために"という呼びかけほど，日本婦人に抵抗なしに入りこんでゆくものはない。それは保守派の婦人をも超党派につつむことのできる合言葉である。それは日本の伝統的な，保守的な母性感情に訴えるものであり，西欧の，個人の権利の発達した社会に自主性をのばしてきた婦人たちにはもはやあまり訴える力をなくしているものかもしれないのである」。田中は，こうした日本的事情を指摘したうえで，「母親運動の主体は母親であるべきだ」と主張した。なぜなら，労組や政党が，「革命的なスローガンをもちこみ，上から指導しようとすれば」，運動自体が支持を失い崩壊しかねないことを危惧したからである。だが残念ながら，田中の危惧は的中した。行政や保守系婦

人団体が，やがて母親大会を「アカ」だとして排斥したことに加えて，1960年代になると，大会の運営にかかわってきた革新諸婦人団体の間で，共産党との関係をめぐって対立が激化する。

●55年体制下の婦人運動

母親大会が始まった1955（昭和30）年は，独立後の日本の政治構造の1つの画期となる年だった。保守系の政党が合同して自由民主党が成立する一方で，左右に分かれていた社会党が合同し日本社会党となり，2大政党を軸とする，いわゆる「55年体制」が幕を開けた。日米安保体制を進める保守勢力と，日本国憲法体制の定着を旗印とする革新勢力の対立・抗争による「政治の季節」が続いたが，1960年の日米新安保条約成立と三池闘争の敗北によって，革新勢力の敗北が決定的になった。この事態の打開をめざして，とくに革新諸政党は女性の組織化に乗り出した。

1962（昭和37）年には，4月に「日本婦人会議」，10月に「新日本婦人の会」が相次いで発足したが，両者の政党との関係は，かなり異なっている。すなわち，新日本婦人の会は当初から現在まで共産党と密接な関係にある。一方，日本婦人会議は，社会党を支持する女性組織をつくるという党大会の決定に基づいて準備されたものではあったが，結成大会では，党決定に反して，「自主的な女性の大衆組織」としての位置づけと，「社会党を支持するか否か」の決定権は会員自身がもつことが承認され，独立した団体としての道を選択したのであった。

1965（昭和40）年に原水禁運動が，「いかなる国の核実験にも反対する」社会党系の「原水爆禁止日本国民会議」（原水禁）と，「社会主義国の核実験は防衛的なもの」と是認する共産党系の「原水爆禁止日本協議会」（原水協）に分裂したが，この分裂は母親大会にも

連動し，大会運営の主導権を共産党系が握るようになり，非共産党系の婦人組織がしだいに母親大会から離れていくことになる。

ついに1966（昭和41）年第12回大会に，日本婦人会議，総評，日教組などが母親大会への参加を見合わせた。数年に及ぶ混乱状態を正常化することをめざして，母親大会事務局，新日本婦人の会，総評婦人対策部，日本婦人会議等の代表10人による懇談会が，1966〜67年にかけて数度にわたって開かれ，統一見解がまとめられたが，その取扱いをめぐって意見が対立。総評は第13回大会で母親大会に復帰したが，その後，各単産の自主性に任せることになる。日本婦人会議は第15回（1969年）に，母親大会へ不参加の声明を出した。

当初から母親大会連絡会の一員だった婦人民主クラブも，1969（昭和44）年に連絡会を脱退した。婦人民主クラブは，共産党系会員とそれ以外の会員との間の長期にわたる確執を経て，1970年に共産党系会員を除名し，婦団連からも脱退した[7]。

以上のように，1960年代の婦人運動には，共産党系対非共産党系の対立が色濃く影を落としたが，母親大会はその後も参加者を増やし，1974（昭和49）年には20周年を記念して盛大な大会が開かれた。

● 婦人問題の学習と研究

戦後の女性運動の理論的支柱となったのは，社会主義婦人論であった。女性解放は労働者階級の解放と同時に達成されるとする社会主義婦人論は，戦前にも一定の影響力をもっていたが，影響の範囲は限定的であった。だが，戦後共産党が合法化され，労働運動も盛んになるにつれ，共産党指導下で組織された女性労働者を中心に，社会主義婦人論が普及する。組織労働者だけでなく，女性解放に関

心をもつ女子学生の間で，社会主義婦人論の学習活動が盛んになった。

　そこで，テキストとして多用されたのが，エンゲルス『家族・私有財産・国家の起源』，ベーベル『婦人論』，そして井上清『日本女性史』である。『家族・私有財産・国家の起源』は，人類史の初期に，あらゆる差別がなく人々が平等に暮らしていた原始共産制の時代があったと想定し，そこから階級差別や女性差別が生じてきた仕組みと歴史を，大づかみに定式化して説明した本である。同書の骨子を以下に簡単にまとめてみる。原始共産制時代の両性関係は，地域や時期，民族によって一様ではないが，婚姻の形態がどのようであれ，この時代には，子どもを産んだ母親ははっきりしているが，子どもの父親が誰かは明確ではなかったから，家族的な共同体は，母系でつながっていた。この母系制ないし母権制は，私有財産の発生によって，父権制へと大きく転換することになる。

　農耕牧畜の発達によって余剰の富が形成されると，土地や家畜を財産として私有する人々が出てくるが，当時の家族内分業では，食糧の調達とそれに必要な労働手段の調達は夫の仕事であったから，その所有も夫に属していた。自分の有する私有財産を実子に継承させたい男性たちは，母系ではなく父系相続を望む。さらに，自分の子どもの母親である女性を自分の支配下におき，他の男性と関係をもつことを禁ずることになる。父権制と妻にのみ貞操を強いる一夫一婦制の成立である。母系制から父権制への移行には，長い年月がかかり，ヨーロッパにおいてもっとも典型的な形で父権制が成立したのは，ギリシャのアテナイだった。父権制の成立は，女性の世界史的な敗北を意味する。

　私有財産の形成は，男女間のみならず，男性間での富の格差をもたらす。富める者は貧しい者を支配し，自分たちの財産と特権を維

持するための仕組み（奴隷制→農奴制→資本制）をつくり，それを制度的に保障する「国家」をつくりだす。このように，女性差別と階級差別の根源は私有財産制にあるのだから，差別を撤廃し，すべての人々の平等を達成するためには，私有財産制を廃止し共産制に基づく新たな社会システムをつくりだすことが不可欠である。資本家階級によって搾取されている労働者階級が立ち上がり，資本主義体制を打破しなければ，階級差別も女性差別も解消されない。

　ベーベルの『婦人論』は，ギリシャ神話や宗教改革者の言説分析などを通して，エンゲルスの定式を，よりわかりやすく説明した書である。とくに，同書の3分の2は，現代に関する統計データに基づいて詳述されている。またドイツ社会民主党の構想する社会主義社会における，家事・育児の社会化などが，具体的に示されている。

　井上清の『日本女性史』[8]は，エンゲルスの定式を日本に適用した作品で，記紀，万葉集の記述中に母系氏族制を見出し，奈良時代に奴隷制と家父長制の成立を見，封建性時代を経て，明治維新から太平洋戦争までの女性の歴史を通史的にまとめたものである。

　これらの書物を通じて，1950〜60年代の日本では，社会主義婦人論が定着していった。学習会からさらに進んで，婦人問題に関する研究を志すグループもあちこちに誕生した。ここでは比較的規模も大きく長期間続いた，「婦人労働問題研究会」(1991年から女性労働問題研究会) と「婦人問題懇話会」(1984年から日本婦人問題懇話会)の2つを紹介しておく。

　前者は，1950 (昭和25) 年に嶋津千利世 (1914〜2000) を囲む数人の私的研究会として出発したが，嶋津の群馬大学教授定年退職後の1982年，規約をもち会誌を発行し，公開セミナーを開催する学術団体となり，その後も会員を拡充し (1990年代後半以降，会員は200名以上に)，現在に至っている。嶋津は『戦後の綿紡績工場』

（1953 年）の著作もある，戦後婦人労働問題研究の草分けであった。前述したように社会主義婦人論は，階級闘争による資本主義体制の打破に解決策を求める以上，階級闘争の担い手としての女性労働者への期待は大きい。女性として，労働者として二重に搾取されている女性労働者の差別や抑圧の実情を把握し，それらと闘う方途を示すことは，社会主義婦人運動にとって，焦眉の課題とみなされたことは，想像に難くない。嶋津以外の女性労働問題研究者が育つ前の1950 年代から 70 年代頃までの時期には，会員は労組役員等の女性労働者が中心だったので，女性たちの職場の実情を調べ，闘いの仕方を検討することが主たる活動だったようだ。

「婦人問題懇話会」（以下，婦問懇）は，山川菊栄が田中寿美子らとともに，1962（昭和 37）年 4 月に創設した婦人問題研究の団体である。この会は，「婦人労働」「家庭婦人」「女性史・婦人論」「社会福祉」「農村婦人」など，女性にかかわる諸問題を，分科会に分かれて調査・研究し，公開の講演会・シンポジウムを開催し，その成果を「会報」に掲載した。

婦人問題の研究と活動が未分化で，政党ごとに系列化していた当時にあって，婦問懇が，会の目的を研究活動に絞り，「政治活動は個人の自由にまかせ」（「趣意書」）たことは，特筆に値する。また，女性たちが生活の中で直面する諸問題を幅広く取り上げて調査・研究し，解決の途を具体的な社会的・政治的課題として提示したことも，他に例を見ない特徴であった。たとえば，「会報」の特集テーマには，「主婦の就職」（1966 年），「女子の職業継続か中断か」（67年），「誰のための家庭か」（68 年），「高度経済成長社会と婦人」（69年），「現代の婦人解放」（ウーマン・リブ論，71 年）など，アクチュアルな問題提起が並んでいる。婦問懇からは，樋口恵子，駒野陽子らの論客が輩出したほか，主婦から議員や大学講師，組合等の活動家

になるなど，この会をバネに「育った」会員は多い。

　紹介した 2 つの研究団体は，それぞれ性格が異なるものの，1950 〜 60 年代の他の婦人団体と異なり，70 年代以降の新しいフェミニズムや女性学へとつながるものであった。

注

1　山川菊栄「四月十日を婦人の日に」『婦人有権者』第 3 巻第 3 号，1948 年 3 月，市川房枝編集 / 解説『日本婦人問題資料集成 第 2 巻 = 政治』ドメス出版，1977，659 頁。

2　市川房枝「婦人の日大会」『婦人参政権二十周年記念婦人参政権関係資料』1965，市川前掲注 1，791 頁。

3　市川房枝「第二回婦人の日大会と婦人週間」『婦人参政権二十周年記念婦人参政権関係資料』1965，市川編前掲注 1，795 頁。なお 2001 年度から，毎年 6 月 23 〜 29 日が男女共同参画週間となった。

4　国際民主婦人連盟は，英語名 Women's International Democratic Federation（WIDF）。1945 年 12 月に発足。1948 年のブダペスト会議で，「戦争から子どもを守ろう」と決議。日本からも 53 年コペンハーゲン大会にはじめて参加し，平塚らいてうが副会長に就任。その後も，日本から何人か役員を出している。

5　世界母親大会に参加したギリシャの詩人ペリディスが大会のために書いた詩の題からとった（林光『母親がかわれば社会がかわる——河崎なつ伝』草土文化，1974，120 頁）。

6　田中寿美子「日本における母親運動の歴史と役割」『思想』第 439 号，1961 年 1 月。丸岡秀子編集 / 解説『日本婦人問題資料集成 第 9 巻 = 思潮（下）』ドメス出版，1981，174 〜 85 頁。なお 1955 年に世界母親大会が開かれたものの，翌年以後も母親大会を続けたのは，日本だけであった。

7　これを不服とする会員たちは，その後「婦人民主クラブ再建連絡会」をつくって対抗した。

8　井上清『日本女性史』三一書房，1953。

II-7　主婦論争と主婦の学習活動

◉ 主婦論争とは？

『婦人公論』1955（昭和30）年2月号は，「働く婦人に捧げる特集号」と銘打ち，巻頭に石垣綾子[1]の「主婦という第二職業論」を掲載した。石垣論文は，「女は主婦になるという第二の職業が，いつでも頭のなかにあるから，第一の職業である職場から逃げごしになっている」として，「男性と対等の地位と待遇を要求するならば，男と同じように，職場に生きぬく覚悟がなければならない」と，主婦を叱咤する「職場進出論」であった。

同誌4月号は「主婦に捧げる特集号」を組み，清水慶子[2]「主婦の時代は始まった」，坂西志保[3]「『主婦第二職業論』の盲点」などを掲載。清水論文は，消費者運動，原水禁運動等々，戦後の社会運動において主婦たちが果たしてきた役割の大きさを指摘し，職業人として忙しい男たちや職業婦人と違い，「自由で精力的な活動のできる主婦」こそ，日本を「平和と幸福を守る方向へ」進める推進力となるという「主婦活動論」を展開した。後者は，題名どおり石垣説に真っ向から反論した作品で，「家を切り盛りし，子どもを育て，社会的責任を果たす」という「主婦の重大な任務」が，もっと評価されるべきだという，「主婦役割重視論」を唱えた。

この後，主婦のあり方をめぐって，4～5年にわたって『婦人公論』誌上で展開された論争が「第1次主婦論争」である。

実はこの論争は，編集部が「主婦第二職業論」という刺激的な題名の執筆を，石垣に依頼したことから始まり，読者の反応をみながら，職場進出論と主婦擁護論を適宜バランスよく掲載し，「特集・前進する女性たちの発言」（1955年10月号）では，戦前以来のフェ

ミニストとして有名な平塚らいてうの「主婦解放論」をトップに，次にアメリカ留学から帰国後労働省を退職し，評論家として華々しくデビューした田中寿美子の「主婦論争とアメリカ」を掲載。もう議論も出尽くしたと思われた 1959 年 6 月には，「妻無用論」という挑発的な題の梅棹忠夫論文[4]を掲載するなど，周到な誌面編集によって，論争は大きく盛り上がった。すでに全国各地に支部をもっていた愛読者による読者会で，この論争は頻繁に取り上げられ，その結果は同誌「グループ欄」に紹介されただけでなく，新聞等他のメディアでも話題となった。もちろん，『婦人公論』の発行部数は伸び，女性オピニオン誌としての位置はゆるぎないものになった。[5,6]

　この主婦論争がほぼ終焉した 1960（昭和 35）年，『朝日ジャーナル』（4 月 10 日号）に磯野富士子[7]が「婦人解放論の混迷」を発表し，主婦が行う家事労働に賃金が支払われないことに疑問を投げかけ，「第 2 次主婦論争」が始まった。水田珠枝の主婦年金制[8]など，磯野の問題提起にまともに応えた提案もなくはなかった。だが数人のマルクス経済学者たちが，資本主義社会においては，市場の外で行われる主婦の家事労働は使用価値を生んでも交換価値は生まないから，賃金は生じないのだという，当時のマルクス主義の公式的見解を繰り返したのみで，磯野による，家事労働の無償性を何とか打破したいとの理論的格闘は，ほとんど無視され，議論は 1 年で立ち消えになった。[9]

◉ 主婦論争の背景

　編集部によって仕掛けられた論争だったとはいえ，第 1 次主婦論争は，多くの読者たちの心を揺さぶり，戦後女性思想史上最大の論争と呼ばれるほど，大きな反響を呼び起こした。

　主婦論争が開始された 1955（昭和 30）年は，敗戦後 10 年が経

ち，日本は念願の独立と経済復興をなし遂げ，政府と産業界が音頭をとって，経済成長が急速に開始された時期であり，人々の間で，生活や人生について思いをめぐらすゆとりが出てきた時代であった。なかでも若い女性たちには，Ⅱ-6で詳述したような活動的な女性労働者の仲間入りをすべきか，それともⅡ-8で紹介するような，「主婦」として新しいマイホームの主催者となるべきかという選択肢を前に，自分の人生設計へのヒントを求める機運が高まっていた。だから，主婦論争を自分事として，真剣に受け止める読者は多かったに違いない。

中尾香によれば（165頁注5参照），主婦論争の経過の中で，さすがに坂西らの「主婦役割重視論」は支持されなかった。だが，石垣らの「職場進出論」には反感や戸惑いの反応も多くあり，読者からもっとも支持された意見は，清水，平塚らの「主婦活動論」であった。主婦論争が始まったのが1955（昭和30）年であることを考えれば，読者の反応は，納得がいく。

1955年は日本社会の地殻変動の出発点としてしばしば言及されるが，この年から一挙に日本が豊かな社会に変貌したわけでもないし，女性に対する性別役割期待や家庭生活の内実が急変したわけでもなかった。女性の労働力人口の推移（図2）を見ると，1955年の労働力率は56.7％と高く，家族従業者と専業主婦が29.4％，29.9％と，それぞれ約3割を占め，雇用者17.3％の倍近くとなっている。[10]婦人労働者は，まだまだ少数派であった。また高度経済成長過程で，核家族世帯の割合が増加し，3世代同居等の「その他の親族世帯」が急減したと一般にはいわれてきたが，落合恵美子が作成した「家族類型別世帯数の推移」（図3）によれば，確かに「その他の親族世帯」の比率は減ったものの，実数は，1955年から2005年まで，50年間ほとんど変化していない。[11]一方で，Ⅱ-8で詳述するように，高度

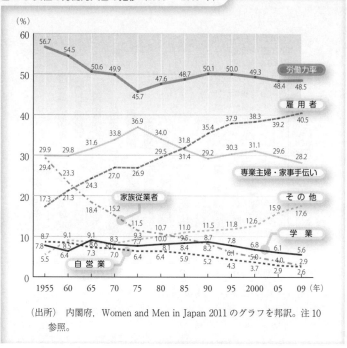

図 2 ● 女性の労働力人口の推移（1955 ～ 2009 年）

（出所）　内閣府，Women and Men in Japan 2011 のグラフを邦訳。注 10
　　　　参照。

経済成長によって，家庭電化製品が急速に普及し，日本人の家庭生
活は大きく変化することになるが，1955 年段階で電気掃除機や電
気冷蔵庫を実際に所有していたのは，ごく限られた上流層だけで，
多くの家庭にとっては「高嶺の花」にすぎなかったという事情もあ
る。[12]

　「主婦という第二職業論」で石垣は，昔の主婦と違って家事の重
荷から解き放たれたはずなのに，いまだに家庭の雑事に無駄に追い
回されているとは，「主婦の心はふやけている」と痛烈な批判の言
葉を投げかけた。だが，1950 年代当時の状況では，3 世代家族に嫁

図3 ● 家族類型別世帯数の推移

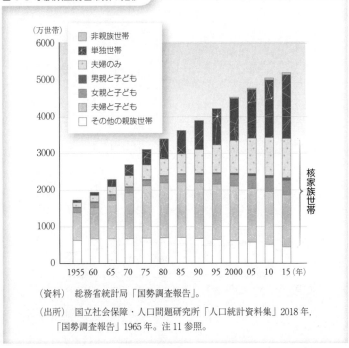

（資料）　総務省統計局「国勢調査報告」。

（出所）　国立社会保障・人口問題研究所「人口統計資料集」2018年，
　　　　「国勢調査報告」1965年。注11参照。

いだ「嫁」はもちろん，舅姑との同居をきょうだい家族に任せることのできた核家族の主婦でも，炊事，洗濯，掃除等の家事をこなすことは，それなりの時間と力量を必要とした。家事に毎日追いまくられている主婦たちにとって，「主婦の心はふやけている」などと言われることはまったく心外だったに違いない。厳然とした男女差別の壁に日々憤慨しつつ，家に帰れば，家事・育児が待っている女性労働者たちの姿も，特別に強い意欲や専門性をもつ人以外には，ロールモデルになりにくかったであろう。

　石垣らの早すぎる問題提起と，主婦たちが直面している現実との

ズレの中で，多くの女性たちは，むしろ「主婦」というアイデンティティに吸い込まれていったといえよう。

● 学習する主婦の時代

では，当時の女性たちは主婦であることのアイデンティティに完全に満足したのかといえば，そうではない。主婦論争と同じ 1955（昭和 30）年に始まった原水禁運動や母親大会は，草の根の主婦たちに支えられた。『朝日新聞』ひととき欄の投稿者による「草の実会」が発足したのも，同じ 55 年のこと。この頃から，主婦であることを活かして，社会活動に参加する主婦たちが続出し始めた。

主婦たちが始めた社会活動の中で，もっともハードルが低く，誰でも参加できた活動が，PTA 活動や社会教育学習であった。日本では，戦前から，学校教育課程とは別に，青少年や成人向けの教育機会を提供する社会教育の歴史があったが，戦後 1949（昭和 24）年に「社会教育法」が制定され，市町村に公民館等の社会教育施設を設置し，「講座の開設及び討論会，講習会，講演会，展示会その他の集会の開催」（第 5 条第 6 項）等を行うことが明文化された。[13]

PTA も公民館等の講座も，参加者の大半は主婦たちであった。会合や講座の開催時間が，多くは平日の午前に集中していたから，昼間仕事をもっている男性も女性も参加できない仕組みになっていた。これはもちろん，主催者側が主婦をターゲットに設定したからであるが，また同時に参加する主婦側の，子どもが学校から帰る前には，家に戻りたいとの要望の結果でもあった。

今では信じられないかもしれないが，当時，日常の買い物や冠婚葬祭以外に，主婦が家を出て外出することは，「子どものため」「家族のため」という理由づけがないかぎり，非常に難しかった。農家や商家等，家業で忙しい人や 3 世代同居で舅姑のいる家庭はもちろ

ん，核家族の主婦であっても，自分のためにお金を支出し，外出することには暗黙の心理的規制が働いた。

　だから，「子どものため」等の口実があり，しかも無料で参加できるPTAや公的機関による学習・講座は，比較的参加しやすいイベントであった。主婦が参加する講座の多くが，料理実習など性別役割に関係する実用的なものや，茶道・華道・書道などの趣味関連が多かったのもうなずける。そうであったにせよ，主婦が自分の意思で講座に参加し，家族や近隣以外の女性たちと出会い，新たな友人や仲間をもつ機会ができたことは，主婦の自立の一歩といえよう。

　1955（昭和30）年当時すでに，1万5000を超える文部省委嘱による婦人学級が開設され，170万人以上の受講者がいたが，その後，さらに増加していった。当時文部省のめざした婦人学級は，経済成長に伴う社会変化に対応して，「社会生活への適応と婦人の特性の伸長[15]」であったから，子どもの教育，家庭の生活設計等，女性の性別役割を推進するための講座が多かったことは事実である。とはいえ，1960年代後半頃には，東京の三多摩地区などでは，「婦人問題学習」や「女性史学習」のプログラムを提供し，子どものためでも家庭のためでもなく，受講者である主婦自身の「学び」を促す公民館もいくつか出始める。連続講座の終了後に，自主サークルをつくって，学習活動を続けるグループも各地に出てくる。

　東京の国立市（当時は町）立公民館は1965（昭和40）年に託児つき「若いミセスの教室」を開設した。それまである程度子どもの手が離れた，昼間の時間に余裕のある主婦をターゲットに講座を組んできたが，子育て中の若い母親こそ勉強もしたいし，仲間も欲しいのではないかということで，開設したという。国立市の先例をモデルにして，託児つき講座が全国的に広がっていくのは，1970年代以後のことである。

こうして見てくると主婦論争は，出発点はともかくとして，自分は「主婦」になるべきか否か，「主婦」であることの意味とは何かを，現実に主婦である人もない人も含めて，女性たちに自問させるきっかけになったといえるかもしれない。

1　石垣綾子（1903～96）：1926年に渡米し，長くアメリカで生活。夫で日系移民の画家石垣栄太郎と共に，1951年帰国。著書，翻訳書多数。

2　清水慶子（1906～91）：日本子供を守る会常任理事。夫は清水幾太郎（社会学者・学習院大学教授）。

3　坂西志保（1891～1976）：1922年にアメリカ留学し，博士号取得。1941年帰国。戦後は，外務省，参議院等の専門委員。日本ユネスコ国内委員，放送番組向上委員会委員長など歴任。

4　梅棹忠夫（1920～95）：生態学者，民族学者，情報学者，国立民族学博物館名誉教授など。

5　この第1次主婦論争については，多くの解釈や評価がなされてきたが，従来の研究とはまったく違うメディア論の視点から，誌面と読者の声を丁寧に分析した中尾香『〈進歩的主婦〉を生きる――戦後『婦人公論』のエスノグラフィー』（作品社，2009）が，現時点の研究としてはもっとも妥当だと思われるので，本書では中尾の分析に依りつつ，私の解釈を若干加えてある。

6　『婦人公論』の発行部数は，1953年に18万部だったが，57年に26万部，63年には40万部の大台に達する。

7　磯野富士子（1918～2008）：モンゴル研究家，評論家。夫の磯野誠一との共著『家族制度――淳風美俗を中心として』岩波新書，1958。

8　水田珠枝（1929～）：名古屋経済大学名誉教授。『女性解放思想史』筑摩書房，1979など。

9　1980年代には，イタリアのフェミニスト，マリアローザ・ダラ・コスタが，「家事労働に賃金を」との戦略的スローガンを掲げ（伊田久美子・伊藤公雄訳『家事労働に賃金を』インパクト出版会，1986），1990年代には，非市場経済としての，無償労働に着目するフェミニズム経済学が登場し，95年の北京会議で，アンペイド・ワークを経済的に測定し，評価する動きが出てくる。磯野

による問題提起は，こうして，国際的に実を結ぶことになる。

10　井上輝子『新・女性学への招待』有斐閣，2011，75 頁参照（内閣府データより作成）。

11　落合恵美子『21 世紀家族へ（第 4 版）』有斐閣，2019，78 頁。

12　ちなみに，石垣，坂西ら，主婦論争の主役たちが長らく生活していたアメリカでは，1920 〜 40 年代に電化製品が普及し始め，第二次世界大戦後には，「見苦しくない」生活をしている家庭のほとんどが，自動車に加えて，真空掃除機，電気洗濯機，冷蔵庫を所有していた（ルース・シュウォーツ・コーワン／高橋雄浩訳『お母さんは忙しくなるばかり――家事労働とテクノロジーの社会史』法政大学出版局，2010）。

13　当初文部省に設置された社会教育局が，1988（昭和 63）年に「生涯学習局」（現・文部科学省生涯学習政策局）に改称した頃から，「生涯学習」という呼称が普及した。

14　千野陽一「戦後婦人教育の展開」羽仁説子・小川利夫編『婦人の学習・教育』亜紀書房，1970，209 頁。

15　千野注 14 前掲論文，216 〜 17 頁。

Ⅱ-8　恋愛結婚とマイホーム主義

● ミッチー・ブームと女性週刊誌の隆盛

1959（昭和 34）年 4 月 10 日，明仁皇太子と正田美智子（現・上皇夫妻）の結婚式が行われた。国民の多くは，この結婚を歓迎した。皇族や元公家の出身ではなく，「民間」出身者がはじめて皇太子妃になったこと，また 2 人が恋愛を通じて相手を選択したとされたこと（たとえ，周囲による演出の結果だったとしても）が，歓迎の理由であった。たとえ「人間宣言」をしたにせよ，戦犯を免れたにせよ，裕仁天皇には，先の戦争の影が常に付きまとっていた。それに対して，明仁皇太子と正田美智子の結婚は，従来とは異なる新しい天皇

制の到来を期待させるものだった。

　これに先立つ 1958（昭和 33）年 11 月 27 日の婚約発表から 1959年 4 月 10 日成婚までの 3 カ月余りの間，国中がこの話題でもちきりだったといってよい。とくに話題を提供したのは，『週刊女性』（1957 年創刊），『女性自身』（58 年創刊），『週刊明星』（58 年創刊）など，当時誕生したばかりの女性週刊誌・芸能週刊誌であった。正田家の家系や，軽井沢でのテニスがきっかけという婚約のプロセスを微に入り細に入り調べ上げ，さらには美智子さんのプロポーションやファッションを逐一報道することで，とくに若い女性たちの興味と関心は高まり，4 月 10 日の成婚パレードで，頂点に達した。この熱狂は，ミッチー・ブームと呼ばれた。

　ミッチー・ブームとともに，女性週刊誌も隆盛する。結婚式が終わった後も，美智子妃や，皇太子の妹清宮（1960 年に結婚し島津貴子に）のファッションや，1960 年の浩宮（現・天皇）の誕生など，皇室関係者のファッションや家庭生活の話題が次々と報じられ，皇室ニュースは，女性週刊誌に欠くことのできない要素となった。1963年に『ヤングレディ』と『女性セブン』が創刊され，1960 年代に女性週刊誌は全盛期を迎える。

● 恋愛結婚推進メディアとしての女性週刊誌

　女性週刊誌の隆盛は，皇室ネタだけが原因ではもちろんない。むしろ，恋愛結婚へのあこがれと，それを成就するためのガイダンスこそが，女性週刊誌の主眼であり，そのための誘導剤として皇室ネタが使われたといってもよいかもしれない。

　「イエ」制度の下では，結婚は当事者たちの意思や好みよりも「イエ」の都合が優先され，見合い結婚が主流であった。だが，「婚姻は両性の合意のみに基」づくとの規定をもつ新憲法の下では，結

婚相手の選択は,「イエ」よりも「本人」中心の恋愛結婚に移行する
るのが, 当然のなりゆきであった。戦後, 恋愛結婚の比率は増加し
たものの, 恋愛結婚が見合い結婚を上回るのは, 1960 年代になっ
てからのことであった。[1] 法律が変わっても, 人々の意識や慣習が直
ちに変化するわけではないからだ。恋愛結婚を正統なものとみなす
価値観のレベルでの変革が必要だった。

　皇太子夫妻の婚約と結婚の物語は, 恋愛結婚が正統な結婚形態と
して, 社会的に承認される大きな契機になった。[2] この後, 1970 年
代頃までの間, 女性週刊誌は, 恋愛のチャンスに恵まれるための化
粧やファッション, 結婚相手の探し方, 手相, 骨相, 占星術等を動
員して, 相手の男性が結婚相手として適当かどうかを見分けるさま
ざまな判別法, 男性との交際法, 婚約から結婚に至るまでのさまざ
まな段階におけるマニュアルを, 具体的に手を替え品を替え提示し,
「結婚入門書」の観を呈する。

◉ OL 層の出現

　女性週刊誌の隆盛を支えたのは, 産業構造の転換と技術革新に
伴って大量に出現した, 女性事務員たちであった。オートメーショ
ン技術の導入による大量生産は, 事務部門や販売部門を膨張させた
が, 多くの企業は, 営業・セールスを男子に, 事務仕事を女子に割
り当てた。総務省「労働力調査」によれば, 1960 (昭和 35) 年にす
でに 170 万人を数えた女性事務労働者は 10 年後の 1970 年には 339
万人とほぼ倍増し, 事務職全体の半数近くを占めるに至る。[3]

　戦後の教育改革で, 中学校までの義務教育はもちろん, 高等学校
以上にも男女とも進学できるようになった。1950 (昭和 25) 年の高
校進学率は, 男子 48.0% に対し女子 36.7% と差はあったが, 1950
年代〜 60 年代にかけて男女とも高校進学率が急上昇し, 75 年には

男子91.0%，女子93%にまで上がった。[4] 高校出（後には短大出）の女子が，「家」のためでもなく，前借金付の年季奉公でもなく，自分の意思で働き始めたのである。しかも，会社の管理下にある寄宿舎に寝泊まりするのではなく，自宅からオフィスに通勤する女性事務員は，都会的な颯爽とした，新しい女性勤労者のイメージを醸し出した。

この新しいタイプの女性事務員は当初，ビジネスガール（BG）と呼ばれたが，英語圏ではBGは bar girl の略称でバーのホステスをさすらしいことがわかり，これはまずいということになった。東京オリンピックを翌年に控えた1963（昭和38）年『女性自身』がBGに代わる呼び名を誌上で募集した結果，「オフィス・レディ」が当選。略語としてOLが使用されるようになった。今では古ぼけたイメージさえするが，当時，OLという言葉は，新鮮な響きとイメージを女性事務員に付与したのである。

● マイホームの担い手としての主婦の登場

就学や就職のために都市に人が集まり，核家族世帯をもつ人たちが増加したが，世帯数の増加に見合うだけの住宅数が不足し，都市では多くの世帯が住宅難に見舞われた。政府は日本住宅公団（現在の都市再生機構）を設立し，主として大都市近郊を開発して，当時としては大規模な集合住宅を建設した。1956（昭和31）年，日本住宅公団は初の入居者募集を開始するが，何十倍という人気だったという。

団地の建設で何が変わったかといえば，何よりもまず，職場と住まいをつなぐ公共交通機関の整備，駅から住宅までの道路の舗装，さらに電気，ガス，上下水道の整備等，都市近郊のインフラの整備である。

次に，生活の洋式化である。団地の1世帯当たりのブロックは規格化されており，夫婦と子ども2人の2DKタイプが多かった。このDK（ダイニングキッチン）というのは，いかにも新鮮な香りがした。DKは，台所と食堂を兼ねた板張りの部屋だったから，従来のちゃぶ台に代わって，食卓テーブルに椅子という洋式生活が想定されていた。トイレもまた，汲み取り式から水洗式に代わった。

こうして団地は，それまでの民間アパートより，ワンランク上の新しい生活の場として，一種のステイタスシンボルとなっていく。「団地族」という新語がつくられ，多くの都市生活者の憧れとなったのは，1958（昭和33）年のことだった。

公団に続いて，大小の民間のデベロッパー，さらには大手電鉄会社によるニュータウンづくりなど，大都市周辺を中心に農地や山林を開発し，新興住宅地の建設が急速に進む。

女性週刊誌が誕生し急成長した時代は，テレビでホームドラマが誕生し，普及した時代でもあった。「アイ・ラブ・ルーシー」（NHK，1957～60），「パパは何でも知っている」（日本テレビ，1958～59），「うちのママは世界一」（フジテレビ，1959～60）などのアメリカのシチュエーション・コメディが，アメリカの中流階級の豊かな生活への憧れを乗せて，人気を博した。

これらの番組をモデルに，日本のテレビでもホームドラマが制作される。第1号は，1958（昭和33）年にNHKが開始した「バス通り裏」で，1963年まで放送された。日本テレビの「ママちょっと来て」（1959～63），TBSの「咲子さんちょっと」（1961～63）などが続いた。

当時は，家庭用耐久消費財の生産と消費が急速に拡大した時代でもあった（図4）。電気冷蔵庫，電気洗濯機，テレビの「三種の神器」など，家庭電化製品が次々に普及し，人々の暮らしは目に見えて豊

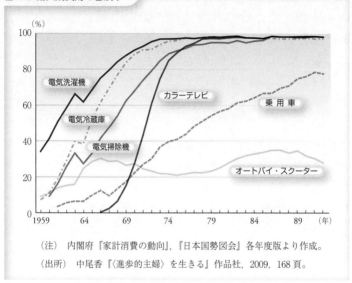

図4 ● 耐久消費財の普及率

```
(%)
100

 80    電気洗濯機
                        カラーテレビ              乗 用 車
 60
       電気冷蔵庫
 40
       電気掃除機
                                              オートバイ・スクーター
 20

  0
  1959    64    69    74    79    84    89  (年)
```

(注) 内閣府『家計消費の動向』,『日本国勢図会』各年度版より作成。

(出所) 中尾香『〈進歩的主婦〉を生きる』作品社, 2009, 168 頁。

かになっていった。テレビはそれ自体が「三種の神器」の1つとして，家族のステイタスシンボルの機能を果たすと同時に，ホームドラマや耐久消費財や食料品のCM等の放送を通じて，「豊かで明るい」「理想の家庭像」の普及を促した。

　戦前の「家」制度の下では，結婚はすでに存続している「家」に新規メンバーが加入することを意味したが，戦後の新しい家族制度の下では，結婚した若い男女は，家事や家庭経営の仕方を自分たちの意思と好みに応じて，自由に編み上げることが可能になった。都市化の進行に伴う核家族化現象に加えて，経済成長による「豊かな社会」到来の見通しが現実化する中で，それを創り出し支えていくものとしての家庭が，しだいに人々の主要な関心事となっていった。当時実施された世論調査は，1950年代から60年代にかけて，「社

会」や「正義」「仕事」に代わって「家庭」に「生きがい」をもつ人々が激増したことを示している。「家族の団欒」「片すみの幸福」を合言葉に，建物としての「マイホーム」の建設と，家庭像としての「マイホーム」の創出がともにめざされたのであった。

「マイホーム」創出の主人公は，いうまでもなく主婦たちであった。産業化の進展につれて，小規模な農家，商店，家内工場の経営は困難になり，雇用されて働く労働者，勤労者が増加する。既婚女性の就労にまだ多くの抵抗があったこの時期に，「会社男」と「専業主婦」による片働き家庭が簇生する。家業に追われることなく，家事と育児に専念でき，家風にとらわれることなく，自らの家庭を構築できる主婦たちは，「マイホーム」の担い手として，輝ける存在だった。

この主婦たちに新しい家庭のモデルを示したのが，テレビのホームドラマだったわけだが，家事・育児や家庭経営に関する具体的で実用的な情報を提供したのは婦人雑誌であった。住宅公団が建設した「団地」を通じての，ダイニングキッチンや水洗トイレの普及と，西洋式食生活の普及，次々に登場する家庭電化製品をはじめとする家事用品やインスタント食品等，経済が成長するに伴って，1950年代から60年代にかけて，日本社会の生活水準は急速に上昇し，生活様式は欧米化していく。『主婦の友』をはじめとする婦人雑誌は，これらの変化に対応するための，家事や育児のノウハウや，家計簿のつけ方，新商品の紹介まで，家庭生活に必要な実用的な情報を毎号掲載して，家庭を営む主婦層の期待に応えた。[5]

恋愛結婚を夢見る若い未婚の女性たち，結婚後は，マイホームの担い手として家事と育児に専念する主婦たち。これが，1950〜60年代のメディアが描いた女性像であり，多くの女性たちのロールモデルともなった。家庭生活の場面での男性の姿がメディアであまり

見られないのは，男性たちが高度経済成長を支える「企業戦士」として，「モーレツ社員」ぶりを発揮していたからである。企業社会での地位と業績が男性の主要な評価基準とされていたから，多くの男性にとって，家族のために働くことが生きがいではあっても，在宅時間は短く，家庭生活の具体的場面で，稼ぎ手以上の役割を果たすことは難しかった。

1961（昭和36）年に税金の配偶者控除制度が発足し，「夫は会社員として稼ぎ，妻は家庭で家事・育児に専念する」という性別役割分業型家庭が，政府によって制度的にも優遇されることになった。この性別役割分業型家庭モデルが，「標準家庭」として，21世紀の現在まで，日本の家庭イメージと女性の生き方を規定することになるのである。

注

1　井上輝子・江原由美子編『女性のデータブック』有斐閣，1991，10〜11頁。

2　皇太子成婚報道が，恋愛結婚イデオロギーの正統化を補強する機能を果たしたと指摘したのは，井上輝子「マイホーム主義のシンボルとしての皇室」『思想の科学』1978年6月号（井上輝子『女性学とその周辺』勁草書房，1980に，「マイホーム主義・そのシンボルとしての皇室」と題して再録）である。また，石田あゆう『ミッチー・ブーム』文春新書，2006は，女性週刊誌が「皇室報道メディアとなっていった」過程を詳しく分析している。

3　この中には，II-2で言及したような，キーパンチャーなど，身体を酷使して病気になる事務員の数も含まれているし，逆に事務職以外の専門職等でオフィス勤めの女性がいたことも確かだが，女性事務員の数は，当時の女性雇用者の一応の目安にはなる。

4　文部省「学校基本調査」による。

5　井上輝子「マスコミがつくりだす女性・結婚・家庭」（『女性学とその周辺』勁草書房，1980，124〜25頁）は，主婦向け雑誌の実用記事が，単なる実用的な「生活の知恵」の伝達を超えて，読者に準拠すべき家庭像を呈示する機能を果たしたことを具体的に示している。

『新装増補 山川菊栄集 評論篇』全9巻・別巻1，岩波書店，2011

『日本婦人問題資料集成』全10巻，ドメス出版，1976〜1981

浅倉むつ子・萩原久美子・神尾真知子・井上久美枝・連合総合生活開発研究所編
　著『労働運動を切り拓く――女性たちによる闘いの軌跡』旬報社，2018

天野正子・桜井厚『モノと女の戦後史』有信堂，1992（→平凡社ライブラリー）

石田あゆう『ミッチー・ブーム』文春新書，2006

伊藤セツ『山川菊栄研究――過去を読み 未来を拓く』ドメス出版，2018

伊藤雅子『子どもからの自立――おとなの女が学ぶということ』未来社，1975

伊藤康子『戦後日本女性史』大月書店，1974

井上輝子『女性学とその周辺』勁草書房，1980

井上輝子・江原由美子『女性のデータブック 第4版』有斐閣，2005

井上輝子『新・女性学への招待――変わる／変わらない 女の一生』有斐閣，
　2011

上野千鶴子編『主婦論争を読む（I・II）』勁草書房，1982

上村千賀子『女性解放をめぐる占領政策』勁草書房，2007

大羽綾子『男女雇用機会均等法前史――戦後婦人労働史ノート』未来社，1988

大林道子『助産婦の戦後』勁草書房，1989

落合恵美子『21世紀家族へ――家族の戦後体制の見かた・超えかた 第4版』有
　斐閣，2019

兼松佐知子『閉じた履歴書――新宿・性を売る女たちの30年』朝日新聞社，
　1987

川島武宜『イデオロギーとしての家族制度』岩波書店，1957

小島宏・廣嶋清志編『人口政策の比較史』日本経済評論社，2019

ゴードン，ベアテ・シロタ著／平岡磨紀子（構成・文）『1945年のクリスマス
　――日本国憲法に「男女平等」を書いた女性の自伝』柏書房，1995

シュウォーツ・コーワン，ルース著／高橋雄造訳『お母さんは忙しくなるばか
　り――家事労働とテクノロジーの社会史』法政大学出版会，原著1983，邦訳
　2010

女性労働問題研究会編『女性労働―― 20世紀から21世紀へ』青木書店，2002

菅原和子『市川房枝と婦人参政権運動――模索と葛藤の政治史』世織書房，2002

鈴木裕子『女たちの戦後労働運動史』未来社, 1994

全国婦人の集い実行委員会『男女の平等をめざして自立・連帯・行動——全国婦人の集い28年のあゆみ』協同社, 1991

ゼンセン同盟編『耀き——ゼンセン女性運動史：寄宿舎民主化から男女平等雇用へ』ゼンセン同盟, 1996

高橋喜久江『売買春問題にとりくむ——性搾取と日本社会』明石書店, 2004

ダラ・コスタ, マリアローザ／伊田久美子・伊藤公雄訳『家事労働に賃金を』インパクト出版会, 1986

塚原久美『中絶技術とリプロダクティヴ・ライツ——フェミニスト倫理の視点から』勁草書房, 2014

辻村みよ子『女性と人権——歴史と理論から学ぶ』日本評論社, 1997

坪井秀人編『ジェンダーと生政治——戦後政治を読みかえる』臨川書店, 2019

東海ジェンダー研究所編『資料集 名古屋における共同保育所運動—— 1960年代〜1970年代を中心に』日本評論社, 2016

豊田真穂『占領下の女性労働改革——保護と労働をめぐって』勁草書房, 2007

中尾香『〈進歩的主婦〉を生きる——戦後『婦人公論』のエスノグラフィー』作品社, 2009

中里見博『憲法24条＋9条——なぜ男女平等がねらわれるのか』かもがわブックレット, 2005

中村政則編『技術革新と女子労働』国際連合大学発行, 東京大学出版会発売, 1985

西清子編著『占領下の日本婦人政策——その歴史と証言』ドメス出版, 1985

西川祐子編『戦後という地政学』東京大学出版会, 2006

日本母親大会十年史編纂委員会編『母親運動十年のあゆみ』母親大会連絡会, 1966

日本婦人会議『大地に花を——日本婦人会議三十年のあゆみ』1992

日本労働組合総評議会婦人対策部編『総評婦人25年の歴史』日本労働組合総評議会, 労働教育センター, 1976

ノーグレン, ティアナ著／岩本美砂子監訳『中絶と避妊の政治学——戦後日本のリプロダクション政策』青木書店, 2008

橋本宏子『戦後保育所づくり運動史』熊本学園大学付属社会福祉研究所, 2006

働く母の会編『働いて 輝いて——次世代へつなぐ働く母たちの50年』ドメス出版, 2005

羽仁説子・小川利夫編『婦人の学習・教育』現代婦人問題講座 第5巻，亜紀書房，1970

林光『母親がかわれば社会がかわる――河崎なつ伝』草土文化，1974

平井和子『日本占領とジェンダー――米軍・売買春と日本女性たち』有志舎，2014

藤目ゆき『性の歴史学――公娼制度・堕胎罪体制から売春防止法・優生保護法体制へ』不二出版，1997

婦人民主クラブ編『しなやかな女たち――婦人民主クラブ50年の歩み』婦人民主クラブ，1996

吉見義明『買春する帝国――日本軍「慰安婦」問題の基底』岩波書店，2019

米田佐代子編集・解説『母さんに花を――山家和子と母親運動』ドメス出版，1981

米田佐代子・大日方純夫・山科三郎編著『ジェンダー視点から戦後史を読む』大月書店，2009

我妻栄編著『戦後における民法改正の経過』日本評論社，1956

Part 2

日本のフェミニズム

その 2
1970 〜

Part 2

断　章

2021 年夏

1

2 人のフェミニスト

山川菊栄と田中寿美子

2

ウーマン・リブの
思想と行動

3

私とフェミニズム

懇話会から女性学へ

断　章

●

2021 年　夏

✳ 編集注
||||||||||||||||||||||

✳　「プロローグ」に示したように，著者は，現代までの日本のフェミニ
ズム 150 年を書き下ろすはずだったのだが，第Ⅲ章以下を書き続ける
ことができなくなった。そこで Part 2 は異例な構成をとらざるをえな
かった。

　亡くなる 2 週間前に病院のベッドで書いた「断章—— 2021 年夏」
を冒頭に置いた。そして，著者が生涯大切にし続けてきたテーマに沿っ
て，論文・エッセイを中心に構成した。収録文献に関しては，毎日病
院に通った，井上の子，雅子・康彦を通して，一点一点，井上の意思
を確認した。

✳✳　収録論文などの表記全般については，原則として典拠とした原文
に従った。

執筆の趣旨

　ここ数年，振り返りの仕事が多く，本気で取り組んだ。たぶん，自分の寿命を予感したのだろう。それらは WAN ブックトーク『婦問懇会報』，『*Handbook of Feminism in Japanese*』中の「アカデミア」(賀谷恵美子と共同執筆)，和光 GF 関連活動史「GF 通信」(1995 ～ 2020)，山川菊栄記念会集大成「いま，山川菊栄が新しい！」(2021 年 7 月 12 日刊行) などである。

　それらがすべて完了した後で自分の個人としてやりたい，やるべき仕事に取り組みたいと思った (残念ながら時間切れだが)。

自分の仕事 (本書『日本のフェミニズム ――150 年の人と思想』) をやる気になったきっかけ

　2018 年メキシコで行われた会議で，日本のフェミニズム史を報告　→日本のフェミ史全体をどう説明するか試行錯誤したが，フェミニズムの課題の全領域をマップ化することを考えた。

　明治以来，現代までの各テーマの流れをわかりやすくまとめる，テーマ同士の関連を整理するチャート化を思いつく。タテを時代順にして，ヨコ (テーマ間) との関係を一目でわかるように考えた →(10 ～ 11 頁の**表1**を参照)。

　この構想をつくる過程で，これは私にしかできない仕事だと自覚。とくに以下の 2 点に気がついた。

① 田中寿美子さんたちとの研究会 (1974 年，菅谷直子，原田清子，島田とみ子，駒野陽子と井上) 以来，女性史に多少頭をつっこんでいるが，これが私の原点であった。

② リブの伴走者としてかかわってきた (いろいろな出来事を中から

見ている。伝聞で語る人が多すぎる）。

　始めてみると，女性史研究は，あまりにも偏りがありすぎ，バランスを欠き，意外な事実が発掘されていないことを発見した。

　2017年の引越しで所蔵本の4分の3以上廃棄したこと，コロナ禍で大学図書館がなかなか使えず，Amazonなどで本を再購入して調べただけでも，今までの研究がずさんであることに驚いた。

　とくに戦後史，高度経済成長が日本社会を全面的に変えたことの意味がとらえきれていない。今まで書かれていたものを全面的に見直して書き換え，第Ⅱ章が何とかできたが，時間をとられた。

　第Ⅲ章で私でないと書けない，書きたいことがいくつかある。たとえば，次のようなことである。

❶ ウーマン・リブの評価

　ウーマン・リブは若い女の「思いの爆発」→これが起爆剤となったし，重要であることは確かだが，リブはこれだけではなかった。

　斉藤正美（「『ウーマンリブとメディア』『リブと女性学』の断絶を再考する──1970年秋『朝日新聞』都内版のリブ報道を起点として」〔『女性学年報』第24号〕）によれば，政治運動とみなされるとメディアはまじめに取り上げ，当事者の声も載せるが，政治運動とみなされず，個人的欲望の爆発とみなされると，まじめに取り上げられない。

　→リブの実態を，メディアはまじめに取り上げず，ちゃかすのみ。当事者の声は取り上げられなかった。実際のリブは20代だけでなく，30代，40代の人も多く参加していた。自称「中年リブ」と言っていた。

　1970.11.14ティーチイン。私は28歳，樋口恵子さんが司会。たぶん60代の菅谷直子さんのセックス発言などが話題。「ウルフ

の会」の榎美沙子，秋山洋子が最若手だったと思う。

リブ合宿（1971年8月）も参加者は中年が多かった　→参加者で『女の思想』(佐伯洋子編・産報)を出版したが，全共闘の中核派による暴力被害（合宿で発言，名前忘れたが）を訴えた人以外は皆20代後半〜30代だった。未婚の母，離婚などの体験を抱えての合宿で仲間になり体験記をまとめたのだが，私は「ベストセラー物語」を掲載　→ベストセラーをねらったが売れず。

その後，リブ温泉合宿（三木草子，舟本恵美ら中心）が始まり，2021年は50周年記念文集やTシャツをつくって大合宿のはずが，コロナで関東勢は参加できなかった。

1973年ごろになると問題別のテーマを掲げた運動が始まり，井上は蓮見さん問題（外交官機密文書漏洩事件）の分科会を主催した。

松井やよりさんとは合宿でWomen's Studies (WS)の話を聞いたころから仲が良かった。懇話会で同じ分科会に属していたことから渋谷の松井マンションでよく集まる。

『新しい地平』(発行人：富山妙子，編集人：三宅義子)などその他，いろいろなリブの動きがあり，その中で，1975年（74年準備会），市川房枝，田中寿美子の声かけ，吉武輝子，樋口恵子が中心になって「国際婦人年をきっかけとして行動を起こす女たちの会」を設立。大人のリブの会　→盛んな活動に私はお腹が大きく，この準備会以後，活動から撤退した。

要するに大人のリブが実際には多様な活動をしたが，メディアは

リブとして位置づけなかったのである。行動する会は 1975 年に
NHK に意見書要望書を渡した。その中には NHK の女性アナウン
サーがいつも天気予報とアシスタント役ばかりであることへの批判
が含まれていた。またハウス食品の「私作る人，僕食べる人」のC
M批判でようやく行動する会が注目を浴びるようになった（たぶん
市川らがかかわったせい?）。

　リブのフェイズが変わったと言われるのはなぜか?

　国際女性年で，女性差別撤廃条約が政治問題としても取り上げら
れたのがきっかけである。1970 年代半ば，参議院での市川（男女
共同参画），田中（労働・外務など）が連携質問，2 人は政府より国連
の動きをよく知っていて，見事な質問。

　女性差別撤廃条約の署名をめぐっては市川房枝の全国女性団体へ
の働きかけで，政府が署名決定をしたのは，世界会議が開始翌日で，
署名式には何とか間に合った。高橋展子大使（デンマーク），赤松良
子国連大使の喜びは，赤松良子の『志は高く』などにも詳しい。そ
してその署名で一挙にリブの評価が変わった。→政治問題化したの
である。

❷ 市川房枝とウーマン・リブ

　市川はリブの意義を認め，国会でも諸団体の統合でも，若い人へ
の働きかけ（「家庭科の男女共修をすすめる会」）でも熱心。田中と共に
日本の政策変化等をけん引。

　たとえば 70 年代まだ 30 代半ばの井上を講師に呼んでくれるな
ど，若い人に好意的だった。

　私の話はブルジョア婦人論，社会主義婦人論，ウーマン・リブの
三大話だったが，市川さんはよく話を聞いてくれた。お得意のお茶
葉寿司をふるまってくれ上機嫌でおしゃべり。その後も，何度か呼

ばれた。

市川がリブに否定的とみられやすいのは，市川の思想団体，政治団体への考え方にあると思う。市川さんはリブ系グループを政治的枠組みでは認めなかったのである。だが，政治的枠組み以外ではリブを認めていた。『日本婦人問題資料集成』の「政治」ではリブに触れていないが，その他の巻では，たとえば井上の名前が出ている。

国連婦人年の行事が，政府の主催で天皇・皇后出席の下，開かれたが，リブ系は拒否。反対デモもあった。そんな中で市川は一応出席した。だがもう一方で，民間による国連女性の日を組織。田中もその委員長。その後，「国際女性の日」の決議を募る連絡会を組織。市川の秘書の山口みつ子さんが全体を仕切り，節目で政府に提言。日本の NOW（National Organization for Women）？　そのとき，市川流のしっかりした組織以外は入れてもらえなかった。

たとえば，日本婦人問題懇話会は，それまで，代表などをおかないオープンな組織だったが，急遽，山川菊栄を代表にし，名前も「日本婦人問題懇話会」と仰々しく，事務局も定めた。

だが，「行動する女たちの会」は，はずされた。リブ系では，「家庭科共修の会」「あごら」などは認められた。市川の政治運動論は，固かった。

❸ 中ピ連について

他国と違って，日本では，生殖に関する自己決定権，ピルの解禁が遅れた。

中ピ連（中絶禁止法に反対しピル解禁を要求する女性解放連合）はリブではないと断定されて，評価されてこなかった。

私は中ピ連の決起集会に参加もしたし，しばらく一緒に活動。ピルの副作用がどうであれ，女性の権利としての選択肢は必要との立

場であった。代表の榎美沙子さんは，ピルや女性の身体について専門知識があった。確か3回連続で女性のからだについて講習会（代々木のセンターにかなり人が来た）を開いた。私も3日間参加。豪華講師陣で充実。これだけの講師を集められる榎さんはすごい。

こうした女性の身体の講演は内容的にも充実していたが話題にならなかった。私は榎さんから高齢初産の注意点を聞いたり，タンポンの使い方を教わったりした。

中ピ連の活動はもっと評価されてよいが，当時，中ピ連はリブ扱いされず，私の中ピ連について書いた文章がなぜ？と批判され，私は以後発言せず。

なぜ中ピ連は嫌われたのか？

私が榎さんと会ったのは，何と懇話会の菅谷さんの紹介。「リブ関係でしっかりした人がいるから，井上さん，会っておいたら？」と言われてその日のうちに彼女のマンションへ。

当時ではおしゃれなセキュリティつきマンション。電気つきポット。私生活については，今お金がないので，菓子関係の翻訳などしていますとのこと。このおしゃれさとプライベートなライフスタイルは，当時のリブからは嫌われただろう。

この夜，ウルフの会の集まりがここであったので，そのまま私も残る。そこで，松井さんたちとも出会い，大学院生で，アメリカのリブの文献紹介をしているという秋山洋子さんが安保で一緒だった〇〇さんと判明。お互い名字が変わっていたので納得。この時点で，私はウルフの会には入り込むべきではないと判断。すでにここで居場所を得ている秋山さんの場を侵すべきではない，と考えた。

たしかに榎さんは感じが良くなかった。あるとき，今度一緒にテレビに出てほしいと言われてつき合った。私の役割は何かなと考えながら服など選んで参加。でも彼女一人で話しっぱなして，私の役

割はまるでなし。

その後，ピルをめぐって，ウルフの会は分裂。だが実際には，榎と秋山の対立だった。他のメンバーはそれほど熱心にかかわっていない。

秋山さんの『リブ私史ノート』で，榎批判がリブ内では定着した。製薬会社からの試供品の提供など，ふつうにありそうなこと。それほど榎さんを疑っても？　しかし榎攻撃が強くなり，おつき合いもなくなった。

1974年，田中寿美子さんに誘われてアメリカ旅行。そのとき，榎さんから電話あり。エヴリン・リードさん（全米アボーション協会代表）宛に，ピル問題のパンフを届けてほしいとのこと。当日，飛行場に若い人が届けにきた。

ニューヨークの小さな部屋でリードさんと昼食。あまりのまずいメニューに驚く。田中さんとリードさんは熱心に歓談，私は英語がわからず全然内容に加われず。

帰国後，田中さんはリードさんのことを，懇話会会報等で紹介。ちょうどリードさんの本（『性の神話──女性解放の諸問題』）の翻訳も出る。私の疑問は，榎さんがリードさんになぜアプローチしたのか，彼女が全米中絶協会の代表だったからだけなのか。第4インターとの関係か？　邦訳者は大原紀美子さんと三宅義子さん（なぜ邦訳したのか？　三宅さんが生きているうちに聞きたかった）。

榎さん宅に行ったとき，ピンクヘル以外にもヘルメットあり，世界的団体との関係も多岐だったのかもしれない。

(2021.7.22　病院のベッドで)

1

2人のフェミニスト

山川菊栄 と 田中寿美子

A 不屈のフェミニスト山川菊栄
——山川菊栄の生涯と思想

『いま，山川菊栄が新しい！』（山川菊栄記念会，2021 年）より。

◎ 生い立ちと思想形成

菊栄は，1890（明治23）年，父森田竜之介・母千世の次女として，東京麹町で生まれた。父は松江藩の足軽の出身で，苦学してフランス語を学び，陸軍省の通訳になった。後に食肉開拓技術のパイオニアとして，いくつかの事業に手を出し海外旅行もしていたが，家庭では影の薄い存在だった。母方の青山家は，水戸藩の儒学者の家系で，母千世は，東京女子師範学校（現・お茶の水女子大学）の一期生で，首席で入学した才媛。事業で留守がちな父に代わって，母が家庭の切り盛りや子どもたちの教育を担った。

菊栄は，番町小学校から東京府立第二高等女学校（現・竹早高校）に入り，1907（明治40）年に卒業。家族が祖父青山延寿の家の敷地内に住んでおり，読書好きの兄や姉の影響もあり，菊栄は子どもの頃から本や雑誌・新聞に囲まれていた。娘には新聞も小説も読ませない家庭が多かった当時にあって，菊栄は稀にみる恵まれた教育環境で育ったといえる。

その後，与謝野夫妻，馬場孤蝶，生田長江らが講師を務める閨秀文学会などに通った後，姉が学んでいた女子英学塾（現・津田塾大学）に入学し，1912（明治45）年に卒業。入学試験の「抱負」という題の作文に，「婦人解放のために働く」と書いて問題になったというエピソードもあり，学生の社会問題への関心を警戒する教員たちへの失望はあったが，ここで身につけた英語力がその後の菊栄の

活躍の原動力となった。

この頃，救世軍の山室軍平らに連れられて，クリスマスの朝，紡績工場に出かけた際，寒々とした講堂に集められた夜勤明けの女工たちの姿に，悲惨な労働実態を直感するとともに，講師たちの，労働は神聖であるから神に感謝せよとの話に，二重の衝撃を受けたという。宗教家の偽善を感じて，菊栄の関心は，次第に社会主義へと向かっていく。

◧ 廃娼論争から山川均との結婚まで

英学塾を卒業した後，菊栄は翻訳のアルバイトで家計を助けつつ，各種講演会に参加し，国内外の文献を多読し，社会問題への関心と理解を深めていった。

1915（大正 4）年，伊藤野枝が『青鞜』に，婦人矯風会等の公娼制廃止運動への批判文を掲載した。菊栄（当時は母方の青山姓を名乗っていた）は直ちに『青鞜』（1916 年 1 月号，3 月号）に反論を投稿。菊栄は，貴婦人たちの慈善事業への野枝の反発には一定の共感を示しつつ，公娼廃止運動自体には賛意を表明する。日本の公娼制度は「奴隷営業の保護政策」であり，ただ鑑札だけの諸外国と比べて特に問題だと指摘した。その後，野枝との間で数回にわたって論争した菊栄は，諸外国の統計データを駆使して，私娼よりも公娼が問題であるとし，「売淫の発生が経済問題と，婦人の屈従を強いる教育と，その拘束との結果であることが判然としている以上，これが根絶は経済革命と婦人解放とによるほかない」と結論付けたのである。

菊栄は，自分の生活圏にもいくつか遊郭があることを知っており，実際に友人の案内で「洲崎の遊郭をこっそり見学した」こともあり，「おしろいの娘の顔は，生きながらの獄門，さらし首のようでした」と記している（『おんな二代の記』）。菊栄にとって，他人事とは思え

なかったからこその反論だっただろう。この廃娼論争が、菊栄の論壇デビューであった。

　野枝との論争中の 1916 年 2 月に、平民講演会に参加したところ、翌日の紀元節に備えた予備検束に菊栄も引っかかり、留置場に連行された。その時たまたま隣にいた山川均と知り合った。数か月後に均の依頼に応じて、菊栄は『新社会』に「公私娼問題」を寄せる。その後、菊栄と均は急速に関係を深めていくことになる。

　山川均は、1880 年岡山県の倉敷に生まれ、同志社を経て上京。不敬罪、治安警察法違反などで、すでに 3 回入獄し、いわば札付きの社会主義者であった。入獄中に独学で外国語をマスターし、『資本論』を始め、マルクス主義文献に精通していたことでも知られる。

　この年 11 月 3 日（菊栄の 26 歳の誕生日）に、二人は結婚した。しかし、翌月には、菊栄の肺結核と妊娠が確認され、菊栄は鎌倉に転地療養のため、別居生活となる。1917 年 9 月、長男振作を出産。東京大森の借家に移り、均と久々の同居生活に入る。結婚後、1958 年に均が亡くなるまでの 41 年間、菊栄と均は、当時としては珍しく、互いを尊重し合う対等な夫婦関係を営むことになる。

■ 母性保護論争

　1918 年、スペイン風邪が流行する中で、日本の女性解放論争史上最大ともいえる母性保護論争が論壇を賑わした。発端は、当時すでに歌人としてのみならず評論家としても地歩を固めていた与謝野晶子が『婦人公論』（1918 年 3 月号）に発表した「女子の徹底した独立」であった。晶子は、当時の論壇で盛んに紹介されていた欧米の母性保護運動を「依頼主義」だと批判し、男も女も、自分たちの労働によって、子どもを育てられるだけの経済力を持てるまでは結婚すべきでないと主張した。

これに正面から反論したのが，平塚らいてうであった。らいてう
は，女性は母になることによって社会的存在になるとし，母を保護
することは，その女性のためだけでなく，その子どもを通じて社会
全体の幸福のために必要だと主張。この後，晶子とらいてうの間で，
経済的自立と母性保護のどちらを重視するかをめぐる論争が，数度
にわたって繰り広げられた。

　この二人の先輩たちの論争に割って入ったのが，27歳の山川菊
栄であった。菊栄は，二人の論争を世界のフェミニズム思想史と関
連づけて，晶子を「日本のメリー・ウォルストンクラフト」，らい
てうを「日本のエレン・ケイ」と呼び，それぞれ，18世紀末の欧
州に生まれ19世紀に世界の大勢となった「女権運動」，及び19世
紀前半に北欧で始まった「母権運動」の日本版と位置付けた。

　そして，「婦人の経済的独立」と「母性の保護」のどちらも必要
であるが，それらが実現したとしても，「婦人問題の根本的解決」
にはならないとし，その根本的解決とは，婦人問題を引き起こす
「経済関係その物の改変」しかないと主張する。菊栄は，女権主義
も母権主義も，女性の置かれた抑圧状況を真に改善できるものでは
なく，資本主義体制の打破こそが，根本的解決への唯一の道である
と，社会主義者としての自己表明をしたのであった。菊栄は闘病中
の身で，1歳の振作の育児に追われつつの執筆であったが，菊栄の
見事な整理によって，晶子とらいてうの論争は一応の決着をみたと
いえる。

◙ 菊栄のセクシュアリティ論──「自主的母性」論・性暴力批判等

　菊栄の30代（1920年代）は，菊栄の生涯の中で最も自由闊達，か
つ縦横無尽に，欧米諸国の思想や運動を吸収しつつ，日本社会に生
きる女性としての生活感覚に裏打ちされた，自身の思想を彫琢した

時期である。菊栄の関心は多様なテーマに向けられたが，この項では，性と生殖に関する2つの論考を紹介する。

1つは，自主的母性論（今でいうリプロダクティブ・ヘルス／ライツ）の主張である。産児調節（産児制限）について，菊栄は1920年代だけで20点もの論考を発表しているが，菊栄の論点が最も集約的に表現されている「婦人解放と産児調節問題」(1921)を，取り上げたい。

この論考で，菊栄はアメリカで産児制限運動を始めていたマーガレット・サンガーの書物を詳しく紹介した後，次のように，女性の自己決定権を明言する。「われわれは子を生むという最も貴重な，最も深刻な経験をさえ，自己のためにせずに，他人のために，〔伏字：国家のために，支配階級のために〕強いられてきた。今や世界の婦人は『自主的母性』の標語の下に，母となるべきや否や，また母となるべき時，子供の数，およびすべていかなる条件の下に母となるべきかを自己の意思によって決定しようとしている」。当時は社会主義者の間でも，産児制限に否定的な意見が多かったが，菊栄は，たとえ社会主義社会が実現したとしても，避妊に関する女性の自己決定権は保障される必要があると主張したのであった。

1922年3月，マーガレット・サンガーが来日し，日本でも産児制限運動が一挙に盛り上がった。菊栄は，同年5月に石本恵吉・静枝夫妻（静枝は後に加藤シヅエ）の呼びかけによる日本産児調節研究会の発足に参加し，1925年に山本宣治が創刊した月刊誌『産児調節評論』（後に『性と社会』と改題）に寄稿するなど，産児制限運動に積極的に関わった。

次に注目したいのは，性暴力に関する論考「性的犯罪とその責任」(1928)である。この作品は，ある名家の令嬢が性的暴行を受け絞殺された事件をとり上げ，もし彼女が蘇生したと仮定した場合，

彼女はその不慮の災難のために，社会的に葬り去られる恐れはなかったであろうか。加害者は刑を受ければその罪を帳消しにされるのに対し，被害者の方は，法律的には勿論罰せられないが，「精神的死刑」に処せられ「一生呪われる」。「この不可解な矛盾がなぜ起きるかといえば，それはひとえに「『男女の価値基準の相異』すなわち『男女の地位の相異』に基づいている」と論じ，さらに「日本では日常茶飯事となっている婦人同乗客に対する『悪戯』や，婦人通行者に対する侮辱的嘲弄的な言辞は，いわゆる『暴行』と共通の性質をもっている」と続ける。

つまり痴漢やセクシュアル・ハラスメントが，強姦等の性暴力と地続きであり，その根底に「婦人は，単なる性的玩弄物であって，男子と等しく尊敬されるべきでない」との社会的位置づけの差があることを指摘したのである。

なお，菊栄はセクシュアリティ論について，同性愛の社会主義者として知られるカーペンターの『中性論』の抄訳を雑誌『番紅花』（サフラン）1914 年 5，6，7 号に掲載し，『恋愛論』を 1921 年に邦訳出版したことを付け加えておきたい。

◉ 国際的社会主義婦人運動に呼応して

1917 年にロシア革命が勃発し，世界で初めて社会主義を標榜する国家が成立した。この快挙は，世界各国の社会主義者たちに感動を持って受け止められた。第 1 次世界大戦で瓦解した第 2 インターナショナルの後身として，コミンテルン（第 3 インターナショナル）が，1919 年 3 月，ロシア共産党の呼びかけに応じて創設された。コミンテルンは，出発当初から，社会主義運動に女性を引き入れる必要性に着目しており，1920 年に女性書記局長に就任したクラーラ・ツェトキンの指導下で，機関紙『共産主義女性インターナショ

ナル』などを通じて，女性政策を具体的に打ち出していった。また1921年6月に開催された「第2回国際共産主義婦人会議」(28か国から82名参加)では，「国際女性デーをロシアの革命を記念して3月8日に統一」することが決定された。

　菊栄は，この頃のコミンテルンの女性政策に積極的に関心を示し，多少遅れがちではあるものの，ほぼ正確に情報を把握し，雑誌等で紹介した。そして，周囲の若い女性たちに働きかけ，国際的な社会主義女性運動に呼応する試みを指導した（伊藤セツ「国際的視野に立つ社会主義女性論の論客としての山川菊栄」『いま，山川菊栄が新しい！』山川菊栄記念会，2021年，参照）。

　1921（大正10）年4月，第2回メーデーを前にして，堺真柄（堺利彦の娘，後に近藤姓），九津見房子らによって，日本初の社会主義婦人団体「赤瀾会」が結成された。赤瀾会という名称は，英語で言うとレッド・ウェイブズ・ソサエティ。「瀾」という字はさざ波という意味で「社会主義運動の流れに小さなさざ波くらいは起こすことができるのではないか」（近藤真柄）との気持だったという。「私達は私達の兄弟姉妹を窮乏と無智と隷属とに沈淪（ちんりん）せしめたる一切の圧政に対して断乎として宣戦を布告する」との綱領を掲げ，5月1日のメーデーに参加した。菊栄は，伊藤野枝と共に顧問格で参加し，メーデーで撒かれたビラ「婦人に檄す」を書いた。だが，警察の弾圧を受け，この会は8か月足らずで自然解散する。

　翌1922年，赤瀾会の堺真柄らに菊栄周辺で社会主義を学んでいた女子大生らが加わって「八日会」がつくられ，ロシア飢饉救済の女性運動を支えた。八日会の名称が，「国際婦人デー」を念頭においたものであることは明らかだろう。菊栄は，1923年3月にいくつかの新聞や雑誌に「国際婦人デー」を精力的に紹介し，日本初の「国際婦人デー」演説会を開催した。準備を担ったのは，八日会で

あった。同じ3月に菊栄は、社会主義婦人論の名著、ベーベル『婦人論』を日本で初めて完訳出版した（伊藤・前掲参照）。

　この年9月に発災した関東大震災後の混乱に紛れて、大杉栄、伊藤野枝を始め、数多くの社会主義活動家が、官憲によって惨殺されるという衝撃的な事件が起きた。この中で、婦人矯風会や羽仁もと子らの呼びかけに応じて、菊栄も「東京連合婦人会」の結成に参加する。それまで対立していた市民主義的女性運動と社会主義的女性運動は大同団結して、震災後の救援活動に当たったのである。

◙ 婦人の特殊要求と婦人部論争

　普通選挙法が成立した1925年、来るべき選挙に備えて合法的な無産政党の結成をめざして、政治研究会が発足した。この行動綱領の中に、女性に関する項目がほとんど入っていなかったことを問題視して、菊栄は「婦人の特殊要求」を突き付け、綱領に追加することを求めた。

　菊栄の提案した「婦人の特殊要求」は、①戸主制度の撤廃　②女子を無能力者とする一切の法律の撤廃、婚姻および離婚における男女の権利義務を同等にすること　③すべての教育機関および職業に対する女子ならびに植民地民族の権利を内地男子と同等にすること　④民族および性別を問わず標準生活賃金の実施　⑤業務を問わず、男女および植民地民族に共通の賃金および俸給の原則を確立すること　⑥乳児をもつ労働婦人のために休憩室を提供し、3時間ごとに30分以上の授乳時間を与えること　⑦結婚、妊娠、分娩のために婦人を解雇することの禁止　⑧公娼制度の全廃　の8項目であった。性差別のみならず植民地民族への差別の撤廃を求めている点が注目される。

　菊栄の提案に対して、政治研究会本部の幹部たちは、公娼廃止の

1項のみ保留としたが、他の7項目は、「小ブルジョア的要求」であり、「非マルクス主義的、反階級的」として否定した。しばらくして、同じ幹部たちが突然意見を180度転換して全面的に承認することになったが。その後、この「婦人の特殊要求」は、婦人労働運動の要求として引き継がれていくことになる。

同じ1925年5月に、日本労働組合評議会〔略称、評議会〕が結成され、菊栄の理論的影響下にあった丹野セツ、山内みな、九津見房子ら女性活動家の大半が、ここに加入した。評議会が10月に「全国婦人部協議会」を開催するに際して、菊栄は組織部長の依頼を受け「婦人部テーゼ」の草案を執筆した。「婦人部テーゼ」は、①婦人労働者に対する我らの方針　②運動の方法　③婦人部の目的とその性質　の3部構成で、日本の労働運動が男子のみを中心に進められてきたことを批判し、女子労働者の階級意識の向上と組織化のために、婦人部が果たすべき役割や活動方法等をまとめたものである。

この草案は、評議会婦人部並びに中央委員会で無修正で承認されたが、翌1926年の評議会大会で、婦人部の設置自体の可否が議論され〔婦人部論争〕、「婦人部テーゼ」は棚上げになった末、結局1927年の大会で採択された。

菊栄による、政党綱領への「婦人の特殊要求」追加、並びに「婦人部テーゼ」は、男性主導で進められてきた労働運動、無産運動に対する女性の視点からの異議申し立てであり、労働運動、無産運動における男女平等要求であった。男性指導者からは内容を理解されないまま、全面否定ないし全面賛成へと二転三転が繰り返された上、女性活動家たちの多くも、男性指導者の判断に追随したのであった。こうした経緯の後、やがて菊栄は労働運動、無産運動の第一線から撤退することになる。

◼ 戦時下の生活

1931 年の「満州事変」に始まり 1945 年の敗戦に至る 15 年間は，日本の歴史上初めて経験する，国民全体を戦争に巻き込む総力戦の時代であった。この時期，フェミニズムの運動は影を潜め，軍部と政府主導による戦時政策が，有無を言わさず進行した。とはいえ，『婦人公論』の「内外時評」ないし「女性時評」欄を 1929 年 1 月〜38 年 12 月まで毎月担当し，1935 年 9 月〜41 年 6 月まで『読売新聞』に，「女の立場から」「婦人寸評」「婦人随想」等をほぼ毎週寄稿するなど，菊栄の執筆活動は旺盛だった。

ただし，1936 年頃までとそれ以後とでは，取り上げるテーマや書きぶりに変化が見られる。1930 年代半ば頃までに取り上げたテーマは，20 年代の延長上にあった。満州事変や軍縮問題から，捨て子問題や良妻賢母主義まで，多岐にわたるテーマを大所高所から論じており，婦人運動の動向についても何度か論じている。しかし，政治運動や言論活動は次第に制限されていき，特に 1937 年の日中戦争突入，国民精神総動員運動開始以後は，戦時体制が強化され，国民の生活も思想も厳しく統制されていった。

菊栄の夫山川均は言論活動が困難になる日が来ることを予感して，文筆以外でも生活できるようにうずらの飼育を始めていたが，1936 年に夫妻は神奈川県村岡村（現在の藤沢市弥勒寺）に転居し，湘南うずら園を開業。しばらくは経営も順調にいったが，37 年 12 月，均が人民戦線事件で検挙されたため，うずら園の仕事に加えて，病気のため拘置所と病院を出たり入ったりする均の世話など，すべてが菊栄の肩にのしかかった。結局 38 年夏にうずら園を廃業し，食糧自給をめざして，空いた土地を畑にして野菜作りに励むことになる。なお，均は 39 年に保釈となり弥勒寺の自宅に戻ったが，特高による監視を受け続けた。

こうした生活の中でも菊栄は執筆活動を続けたが，その社会批判の鋭さは衰えるどころか，農村での日常生活に根ざした具体性に富むだけに，より説得性をもつものになっていく。たとえば，中国大陸での戦線が拡大する中で，国民の消費規制が話題になり始めた37年に書かれた「消費規制と婦人」では，「一週一度肉なしデーはいかが」という勧告に対し，これは毎日肉を欠かさぬ階級へは適切な忠告であろうが，ある程度以下の階級に対しては，「一週一度肉ありデーはいかが」といって，無料で肉を配給する日も提唱してほしいと，皮肉交じりに主張した。

　若い時代には，鳥瞰的な視点から社会批判をする理論家として名を馳せた菊栄だが，中年期に入ったこの頃から，生活者の視点，小田実風にいえば「虫瞰的」な視点からの発言が増していく。背景に，夫均の勾留，特高の監視，原稿の検閲等々による，直截な社会批判の困難な状況があったことは言うまでもないが，他方で，菊栄自身が村岡村の一住民として隣人たちと苦楽を共にする中で，いわば庶民の声を代弁する立場を選んだともいえるだろう。

　この後，菊栄の関心は人々の生活そのものへと向かい，生活誌・社会史の著作を手掛けることになる。そのきっかけとなったのは，民俗学者・柳田国男が女性叢書の一環として，『武家の女性』と『わが住む村』（いずれも 1943 年刊行）の執筆を依頼し，菊栄の背中を押したことであった。当時，国策に積極的に協力しない山川夫妻のような人々が，文筆で食べていくことはほとんど不可能であり，慣れない畑仕事でかろうじて食べていた菊栄は，後にこの 2 冊の出版で多少息をついたと回想している。

　『武家の女性』は，祖父青山延寿の残した日記や手紙等の書類と，母千世や親類の古老からの聞書きを基に，幕末水戸藩の下級武士の家庭と女性の日常を記した作品である。娘たちの手習いや裁縫教室

の話から，食べ物，きもの，住まい，遊びごとや主婦の生活などが，「です」「ます」調でほのぼのと描かれ，当時の武家の女性たちの生活が，時代を超えて目に浮かぶようだ。

『わが住む村』は，菊栄が村岡村に住み始めた頃から，ジャガイモの作り方から，黒船が来た時の様子，鎮守さまや年中行事など，村人たちを「誰でも彼でも先生に見立てて，知りたいこと，分からないことを片はしから」聞いて回った話をまとめた，オーラル・ヒストリーである。幕末から明治維新を経て急速に進行した近代化がもたらした村の生活の変化や「戦時下の農村」の実情などが，村人の言葉を交えながら綴られている。

これらの著作で，菊栄は夫均とは異なる独自の新境地を拓いたようだ。歴史家・山川菊栄の誕生である。

◨ 労働省婦人少年局長として

1945 年 8 月 15 日，戦争がようやく終わり，米軍の占領下で日本は民主化の道を歩み始めた。1946 年 11 月 3 日（偶然にも菊栄の 56 歳の誕生日）に日本国憲法が発布（施行は翌年 5 月 3 日）され，GHQ の下，戦後の諸改革が始まった。47 年 9 月 1 日，労働省が発足し，初代婦人少年局長として山川菊栄が就任した。

菊栄は，すでに第 1 次大戦後にアメリカで婦人局が出来て以来，日米開戦までの約 20 年間，資料を送ってもらっており，婦人局の仕事に通じていた。このことが，GHQ 側にとっても菊栄自身にとっても，推薦と受諾のハードルを低くしたにちがいない。日本の中央官庁初の女性局長が誕生したわけである。以後，1951 年 6 月に退任するまでの 3 年半，山川菊栄は，初代婦人少年局長として，女性・年少者労働行政の基礎づくりを担った。

菊栄は「社会運動の延長上で」局長職を引き受けたとも発言して

いるように，官僚の世界では異端視される型破りな振舞いが多かった。その典型例は，地方職員室の室長に全員，女性を採用したことである（豊田真穂「労働省婦人少年局と山川菊栄」『いま，山川菊栄が新しい！』山川菊栄記念会，2021年，参照）。

　婦人少年局が，最も力を入れた活動は，実態調査と啓発活動であった。啓発活動については，豊田報告に詳しい。調査については，調査項目や調査方法等を，GHQの担当者から具体的に学びつつ，本庁の指示の下，各地方職員室の職員たちが，製糸業や紡績産業に始まり，「売春」の実態調査まで，女性の働く現場に出かけて精力的に行なった。調査する職員たちは，使命感に燃えて，現場に何度も足を運び，使用者側の圧力等をはねのけて，出来るだけ女性の声を聞き取ることに心がけ，その結果は，膨大な調査報告書として残されている。

　また，1949年に山川局長は，政府関係機関に，男女別の統計を作るよう要請した。それまでの政府統計（労働関係を除く）には，男女別のデータがなかったが，これ以後，男女別統計（今で言うジェンダー統計）が開始されたことは特筆に値しよう。

　山川局長下で婦人少年局は，戦後の女性労働行政のみならず，広く女性行政全般に大きな足跡を残したが，山川は1951年5月31日付けで突然解任される。背景には，政治状況の急激な変化があった。すなわち，労働省が発足し山川が局長に就任した47年は，片山哲が首相を務める社会党首班内閣であったが，49年に第3次吉田茂内閣が成立。さらに1950年の朝鮮戦争頃から，GHQの対日政策も大きく転換し，レッドパージも始まる。こうした状況変化のなかで，当初は戦後民主主義の推進母体として重用された婦人少年局も山川局長も，この頃には邪魔者扱いされるようになったのである。ちなみに婦人少年局廃止案は，1949年以後政府内で何度か出されるが，

そのたびに女性たちの強い反対によって、何とか存続できたのであった。

◉ 『婦人のこえ』と婦人問題懇話会

　局長退任後の 1951 年 11 月、菊栄はイギリス政府の招きで、奥むめお、田辺繁子ら 4 人の女性と共に渡英し、約 8 か月間イギリス各地を視察旅行したのち、ユーゴスラビアやインドを回って、52 年 7 月に帰国した。菊栄にとって、初めての外遊であった。

　帰国後、菊栄が力を入れたのは、雑誌『婦人のこえ』であった。イギリス労働党婦人部機関誌 *Labour Women* をモデルに、左派社会党の女性議員たちの協力を得て、1953 年 10 月に創刊された。当初は、河崎なつ、榊原千代、藤原道子らが編集委員に名を連ねたが、実質的には、山川菊栄が主導し編集実務を担当する菅谷直子が補佐する形で、雑誌作りを進めたようだ。左派社会党からも、1955 年に右派と合同して日本社会党になった後も、資金の援助はなく、菅谷は毎回資金繰りに苦労したという。菊栄以外にも錚々たる論客が筆をとり、レベルの高い、政治・社会評論を掲載したが、読者の知識や関心とのギャップが大きく、発行部数も伸びず、1961 年 9 月、9 巻 9 号をもって廃刊となった。この間、1958 年 3 月に、菊栄の夫均が亡くなった（享年 75 歳）。

　この頃の日本は、「保守」勢力と「革新」勢力とが大きく対立する「政治の季節」であったが、1960 年 6 月の日米安保条約改定強行、並びに同年 11 月の三池闘争の敗北によって、「革新」側は大きな打撃を受けた。夫均の死、「革新」勢力の敗北、『婦人のこえ』の廃刊と続いた三つ巴の苦境を乗り越えて、菊栄が心機一転取り組んだのが、婦人問題懇話会である。

　婦人問題懇話会（以下「婦問懇」）は、1962 年 4 月に発足した婦人

問題の研究団体であり，1960〜70年代にかけて，婦人問題研究を代表する団体に発展する。ガリ版刷りから出発した「会報」が，65年から雑誌型として質量ともに拡充し（1999年58号まで刊行），会員以外にも幅広く購読されるようになる。

　婦問懇の特色は，会の目的を「婦人の地位の向上を図るに必要な調査研究をすること」に絞り，「政治活動は個人の自由にまかせ，直接の行動目標の外におかれる」としたことである（「趣意書」）。女性学の学会・研究会が多数存在する現在からみれば当たり前に思えるが，婦人問題の研究と活動が未分化で，政党ごとに系列化していた当時としては，また戦前以来の婦人組織の歴史を見ても，これは他に例を見ない，新鮮で画期的な方針であった。

　だが，婦問懇は政治と無縁でも，政治に無関心であったわけでもない。むしろ，女性たちが生活の中で直面する諸問題をとり上げて調査・研究し，解決の途を具体的な社会的・政治的課題として提示した。「会報」の特集テーマには，「主婦の就職」（1966年），「女子の職業継続か中断か」（67年），「誰のための家庭か」（68年），「高度経済成長社会と婦人」（69年），「現代の婦人解放」（ウーマン・リブ論，71年），「男女の賃金格差」（74年），「性別役割分業をめぐって」（76年），「家事労働の評価について」（78年）など，先進的な問題提起が並んでいる。会員間での論争も多く，例えば，「保護」と「平等」をめぐる重藤都と赤松良子の論争は，すでに72年に掲載されている。このように婦問懇が，従来の論壇や政治運動が無視してきた婦人問題を，政治的課題として提起していったことの意義は大きい。

　婦問懇の発足時に菊栄は70歳。後を継いで実質的にこの会を牽引した田中寿美子（労働省から評論家を経て参議院議員）と菅谷直子は共に，1909年生まれで52歳だった。菊栄は，発足後数年間は分科会に参加し，腰痛がひどく外出できなくなった後も，1978年ま

で計 34 本の原稿を「会報」に寄稿した。婦問懇からは，樋口恵子，駒野陽子らの論客が輩出したほか，主婦から議員や大学講師，組合等の活動家になるなど，この会をバネに「育った」会員は多い。婦問懇関連資料は，https://sites.google.com/site/fumonkon/ で参照可能。

🔲 晩　年

　1958 年に均を失った後の人生を，菊栄は弥勒寺の家で岡部雅子（つねこ）と暮らした。雅子は，振作の妻美代の姪で，女学生の頃から山川家と行き来があり，均・菊栄夫妻に尊敬と親しみを感じていた。均亡き後の菊栄の独り暮らしを心配する振作たちに対して，当時 27 歳の雅子自ら同居を提案したという。長男家族が老親の世話をするという，家制度の慣習を是としない菊栄も賛成し，以後，二人の共同生活は，1980 年に菊栄が没するまでの 23 年間続けられた。

　雅子の回想によれば，菊栄は変形性脊髄分離に起因する腰痛に悩まされながらも，組合等からの講演依頼に応じたり，婦問懇の会合に出かけたりしていたが，67 年には歩行不自由のため，一人での外出は困難になった。とはいえ，執筆活動は精力的に続け，また来客を迎えるのを楽しみにしたという。

　75 歳を超えてから菊栄が没頭したのは，『山川均全集』の編集と，『覚書　幕末の水戸藩』の執筆である。前者は，1966 年 6 月に菊栄・振作共編で勁草書房から第 1 回配本し，順調に巻を重ねたが，70 年代以後出版のペースが落ち，80 年に菊栄が没した後は振作が，90 年の振作没後は川口武彦が引き継ぎ，川口没後も何人かの手で編集が続けられ，2003 年 2 月に全 20 巻が完結した。実に 40 年以上をかけた大プロジェクトであった。

　後者は，祖父青山延寿の残した資料と母千世や古老の話などを基

1970年, 80歳

にまとめた幕末水戸藩の歴史であり，『武家の女性』の男性版ともいえる作品である。青山家は代々水戸藩に仕えた学者の家系で，延寿の父延于は彰考館（2代目藩主徳川光圀が江戸に設置し1657〜1830年まで続いた『大日本史』編纂事務所）総裁。延于の長男（延寿の兄）延光は，天保期に新設された藩校弘道館の総裁を務めるなど，水戸藩最高位の儒者に属した。延寿は延于の四男であるが，別家して弘道館の教職に就いた。

『覚書 幕末の水戸藩』は，天保期に青山延于，藤田東湖らが擁立した9代藩主徳川斉昭（烈公）の時代を中心に，斉昭没後にかけての幕末・維新期に，水戸藩を舞台に展開された激動期の人間模様を，当事者たちの書き残した記録や証言を基に綴った書である。幕末から維新前後の水戸藩は，桜田門外事件を始めとする狂信的な尊王攘夷派の直接行動と，血で血を洗う凄惨な内部抗争の連続が極致に達した藩として知られるが，青山延寿は，否応なく派閥抗争に巻き込まれつつ，同時に冷静な観察眼で，記録を残した知識人でもあった。

それ故，延寿の記録類をベースに菊栄が書いた本書からは，幕末の水戸藩におけるテロの応酬に渦巻く嫉妬や功名心，藩主の恣意的な政策に翻弄される農民たち，背景にある生活の絶対的貧困の有様等々が，具体的に浮かび上がってくる。そして，様々なベクトルをもった，個々人の意思や欲望に基づく行為の集積が，近代化という大きな歴史のうねりに流しこまれていく過程が，鮮明に描き出されている。同書は，1974年（菊栄83歳）に刊行され，翌年第2回大佛

次郎賞を受賞した。

　1980 年 11 月 2 日，90 歳の誕生日を前に，菊栄は永眠した。山川家ゆかりの倉敷の寺の山門横の白い土塀に囲まれた敷地内にある，「山川均，山川菊栄ココニネムル」と彫った金属板をはめ込んだ墓に眠っている。

B　20世紀を駆け抜けたフェミニスト田中寿美子
——生い立ちから政治家・研究家としての田中寿美子

Gender and Law（GAL）2014 年 9 月 16 日より。

1　生い立ちから評論家時代まで

◻ 日本のボーヴォワール

　田中寿美子の名を知る人は，今や本当に少ない。ある程度年配の人は，名前を聞いたことはあるが，何をした人か覚えていないと言い，若い人は，名前さえ初耳と言う。ネットで検索しても，私が数年前に，この Gender and Law のサイトで紹介した文章くらいしかまとまった記事が見つからない。戦後の日本の女性たちの思想や運動に与えた影響力は甚大なものがあったし，社会党初の女性副委員長として，土井たか子さんや福島みずほさんなど，女性党首への道を拓いた重要な人物であるにもかかわらず，意外なほどに忘れ去られてしまっている。

　生前の田中さんに直接接し，そのお人柄や活躍ぶりを敬愛する私たちは数人で，2012 年から「田中寿美子さんの足跡をたどる会」を立ち上げ，資料集めや，聴き取り調査をし，2014 年中に，その成果を冊子にまとめる準備をしているところだ。この調査で発見したことを含めて，田中さんの足跡を，この場を借りて，簡単に紹介したい。

　田中寿美子は，1909（明治 42）年に生まれ，1995 年に享年 85 で亡くなった。1908 年に生まれ，1986 年に 78 歳で死去したシモーヌ・ド・ボーヴォワールと同時代を生きた，20 世紀を駆け抜けたフェ

ミニストの一人といえる。田中の「生涯の友」といわれる松永伍一が，田中の議員引退時に，「日本のボーヴォワールに」と題する詩を詠ったのは，あながち持ち上げすぎというわけでもないだろう。ボーヴォワールよりわずか1年後の生まれで，青年期以来社会主義をめざす運動にコミットする一方で，女性差別の根源を求めて思想的，理論的な模索を続けたことなど，田中の人生航路は，ボーヴォワールのそれと重なる点が多い。おしゃれに気を配るフェミニストだった点でも，二人は共通していたと思うのは，私だけだろうか。

　けれども，同じく20世紀初頭に生を享けたとはいえ，フランスと日本では，女性をとりまく状況は大きく違っており，特に日本の「家」制度の支配下で結婚し子育てをした田中は，ボーヴォワールほどには自由な人生を歩むことができなかったことも確かだ。

◐ 生い立ち

　田中寿美子は，父西島良爾・母千代の三女として生まれた。一女，次女が早世のため，長女的役割を果たしたという。父母とも，伊豆の出身だが，父の仕事の関係で，神戸で生まれた。父は上海で学び，中国語に堪能だったため，裁判所の通訳官を務める傍ら，日中両文の新聞や雑誌の編集をし，日華親善に尽くした人だったが，寿美子が14歳（高等女学校2年）の時に亡くなった。

　母はクリスチャンで，二人の兄と寿美子，妹，弟二人の6人きょうだい全員が洗礼を受けたといわれる。父の急逝後，母の決断で，一家は東京に転居し，寿美子は，私立小石川高等女学校に転入した。母子世帯になったため，生活は貧しく，大学生の兄たちは家庭教師のアルバイト，寿美子は母の内職を手伝い，家計を助けた。ただ，貧しくても文化的な環境だったようで，二人の弟たちが，貸本屋で借りてきた探偵小説やロシア小説などを，声をあげて読んでくれた

り，一緒に映画を見に行ったりしたという。二人の兄は後に，それ
ぞれ新聞記者，弟たちは劇団の演出家，俳優になった。

◉ 津田英学塾

　寿美子は，1927年に津田英学塾（現在の津田塾大学）に入学し，
奨学金やアルバイトで学費を工面し，1931年に卒業する。寿美子
が津田で学んだということは，その後の将来に大きな意味を持った。
一つには，ここで身につけた英語力が，その後の人生の折々に訪れ
た危機を救ったこと。翻訳や英語の家庭教師，学校教師をすること
で，寿美子はたびたびの経済的困難を乗り切ることができたし，後
述するパラシュート事件や労働省勤務等で，寿美子を蘇らせたのは，
その英会話力だった。翻訳家・児童文学者の村岡花子もそうだが，
戦前戦後の日本で，社会的活動を続けることのできた女性たちには，
英語力を武器にした人が多い。よほどの幸運がなければ海外渡航が
できなかった時代に，学校を卒業しただけで直ちに通用する英語力
を習得させた，ミッション系女学校の英語教育のレベルの高さには
あらためて驚嘆する。

　英語力に加えて，津田人脈の広がりも，特に戦後の寿美子の活躍
を支えたように思われる。疎開先の熊本から出てきたばかりの未経
験の寿美子が労働省に職を得ることができたのは，当時婦人少年局
長だった津田の先輩山川菊栄の推薦によるものだし，婦人課長に抜
擢された後には，山川を継いだ，同じく津田の恩師藤田たきに何か
と世話になっている。

　それだけではなく，津田塾時代に，藤田たきに誘われて，婦人参
政権運動に参加し，市川房枝らと知り合うなど，社会問題に目覚め
たことがきっかけで，寿美子は社会主義に関心を持ち始め，キリス
ト教に疑問を持ち始めたという。津田塾で学んだ経験は，寿美子の

その後の人生を，大きく左右したといえよう。

◙ 思想結婚

　津田塾卒業後，寿美子は東京政治経済研究所に助手として就職し，そこで，田中稔男と知り合う。田中稔男からマルクス主義の手ほどきを受け，数か月のうちに結婚。家族の反対を恐れ，家出同然で稔男の下に走った。結婚がばれて，二人とも研究所を追われ失業。寿美子が病院の事務員をしたり，家庭教師や翻訳で家計を支えた。古本屋で本を売って，「お米の1升買い」をしたり，電燈代が払えずロウソクで徹夜でガリ切りをするという貧乏生活の中で，夫婦で図書館に通い，マルクス・エンゲルス全集を読んだり，『資本論』の学習会をするなど，勉強を続けた。

　寿美子は後に，この頃を振り返って，「貧しかったが未来の社会変革を期待していたので，つらいとは感じなかった」と述べている。一方で，自分たちの結婚を，相手の人格や性質に魅かれた恋愛というよりは，社会主義という思想に導かれた「思想結婚」だったとも述懐する。

◙ 厳しい戦時下生活とパラシュート事件

　1935年に長女眞子を出産し，38年に長男英一，43年に次女道子，44年に三女邦子を産むが，英一を3歳で亡くす。戦争が始まり，生活がますます苦しくなる中で，稔男がボルネオの製鉄所に赴任。寿美子は1944年，娘たちを連れて，熊本県の田中の実家で姑と暮らすことになった。戦時下の物資不足の上に，「葉隠乙女」を任ずる姑との確執に苦しむ，つらい日々であった。1945年の敗戦後まもなく，寿美子がこの厳しい境遇から抜け出すきっかけとなったのが，パラシュート事件であった。

8月15日の無条件降伏後に各地で略奪事件が起きたが，寿美子の住む寒村も例外ではなかった。たまたま海軍航空隊の格納庫においてあったパラシュートをばらして，本絹の布や紐が村中に配られた。ところが，9月になって，進駐軍が接収に来て，格納庫にパラシュートがないことがわかり，村長を人質にとって，村中にあるパラシュートを返還せよと要求される大事件になった。この時，進駐軍に詫びを入れる交渉の通訳として，寿美子に白羽の矢が当たった。寿美子の英語力と交渉力によって，なんとか難事を切り抜け，お咎めなく終わったことで，一躍寿美子は，「村の恩人」となったという（「パラシュート事件——日本軍武装解除のエピソード」『パラシュートと母系制』ドメス出版, 1986年, 9-24頁）。寿美子35歳の出来事であった。津田で鍛えた英語力が，身を救ったわけだ。

◙ 労働省婦人少年局時代

　1946年5月に稔男が復員し，翌47年戦後第2回の衆議院選挙に，福岡県3区で社会党から立候補し当選する。その年の秋に，寿美子は3人の娘を連れて東京に戻った。そして，たまたま婦人問題資料を見せてもらうために，山川菊栄婦人少年局長を訪ねたところ，渉外担当の嘱託として働けということになった。田中にとっては「政府の役人になるなんて戦前には夢にも考えられないことだった」が，津田の先輩山川から，GHQへの文書の翻訳という打ってつけの仕事を与えられ，官僚としての第一歩を踏み出したのである。その後，本雇の事務官となり，1950年には高級公務員試験に合格し，労働省婦人少年局婦人課長に就任する。とんとん拍子の出世であった。

　田中寿美子の婦人課長就任は，ビッグニュースだったようで，『アサヒグラフ』（1950年9月13日号）は，表紙に田中寿美子の顔写真を載せ，「グラフの顔」欄に藤田たきの推薦文を掲載している。

労働省時代の田中は，農村の生活実態調査に出かけたり，基地売春，赤線地域の調査をしたり，婦人団体の女性たちと会合するなど，山積する「婦人問題」に取り組んだ。

◉ 留学後，評論家として活躍

しかし，田中寿美子は，生涯官僚で終わるつもりはなく，婦人問題研究に方向転換を図ろうとしたようで，1954 年 44 歳の夏，労働省を休職し，妹の片柳定子一家に娘たちを預けて，ハーバード大学夏季国際セミナーに参加し，引き続きブリンマー大学特別研究生として社会学・文化人類学を学んだ。大学から奨学金をもらい大学院寄宿舎に入り，図書館と寄宿舎を往復する毎日だったという。ここで，マーガレット・ミードの *"Male and Female"*（後に，加藤秀俊と共訳で『男性と女性』を出版，東京創元社，1961 年）に出会ったり，アメリカ・インディアンの中で母系制の伝統をもつイロクオイ族の文献等を読み漁った。

しかし，家庭の事情もあり，留学をわずか 1 年足らずで切り上げ，1955 年 6 月には帰国。労働省を退職し，著述・講演など，社会評論活動に入った。主として『婦人公論』を舞台に，日本の婦人問題，婦人運動について，また諸外国の女性の歴史や現状について，精力的に論考を発表する。折からの主婦論争でも，アメリカでの主婦回帰傾向を是とする坂西志保への反論「主婦論争とアメリカ」を書き，一石を投じた。『若い女性の生きかた』（社会思想研究会出版部，1959 年），『二人のための人生論』（大和書房，1968 年）などの単行本も次々に出版。いずれも，自身や娘たちの結婚や仕事の具体例を紹介しつつ，自立と平等を求める若い女性たちをエンカレッジする内容で，感動する読者も多かった。

1961 年にカイロで開催された第 1 回アジア・アフリカ婦人会議

で基調報告するなど，国際的にも活躍している。またソビエトや中国を訪問して，社会主義国の家族のあり方に触れ，『新しい家庭の創造——ソビエトの婦人と生活』（岩波新書，1964 年）を著したりもした。母親大会の助言者を長く引き受けるなど，いわゆる婦人問題から平和問題まで，幅広い評論・講演活動をして，田中寿美子は一躍「時代の寵児」となった。

2　政治活動

◎ 社会党参議院議員になる

　寿美子は，すでに留学から帰国した 1955 年に社会党に入党していたが，長らく評論活動に従事し，夫稔男の選挙運動を手伝う程度で，政治活動にそれほど熱心だったわけではない。だが，1965 年に社会党より参議院全国区に出馬し，当選する。

　労働組合出身ではなく，特定の地盤があるわけでもない寿美子が，選挙で当選するのは，並大抵のことではなかった。党のほうから全専売労組，動力車労組などを割り当てられたものの，全国区で当選するためには，そうした労組の票だけでは到底足りない。そこで，友人や秘書が中心になって，一般市民を組織する「田中寿美子を励ます会」を急遽立ち上げた。事務局長は先述の松永伍一が引き受け，水上勉，杉村春子，千田是也，深尾須磨子などの文化人が協力した。最近では，選挙の候補者に「励ます会」はつきものだが，当時，労組以外の一般市民を組織する「励ます会」は珍しかったという。

　評論家時代の知名度に加えて，幅広い市民層の支援を得るという新しい方式のおかげで，田中寿美子は 85 万余票を獲得し全国区 4 位で当選，社会党では 1 位という，本人も周りも，びっくりの結果だった。寿美子の秘書たちに聞くと，当時は絶叫調の演説が多かっ

たのに対し，寿美子の演説は，淡々とした話し方で，それがかえって新鮮だったという。美しい寿美子に憧れて，高校生が選挙ポスターを盗んだというエピソードもある。週刊誌も，「若さと美貌の80万票」と話題にしたという。実はこのとき，寿美子はすでに55歳だったが。

◉ 議員活動

　田中寿美子はその後，1971年に参議院全国区選挙で当選（2期目）し，1977年にも参議院全国区選挙で当選（3期目）。通算18年間，議員生活を送った。国会での初質問は，1965年12月27日の予算委員会で，物価の値上げ問題についての質問だったが，国立療養所の食事を実際に議場に持ち込み，患者の食事がいかに貧しいものであるかを示した。当日の新聞は，佐藤栄作総理大臣，福田赳夫大蔵大臣，藤山愛一郎国務大臣などが，持ち込まれた食事をのぞき込んでいる姿を写し，大きな話題になるほど，鮮烈なデビューであった。

　その後，1968年に，社会党国民生活局長に就任し，公害追放・食品総点検運動を進め，政府に先んじて，『住民の公害白書』（社会新報，1969年）を刊行したことも，特筆に値する。今から振り返ると，当時は社会党の黄金時代ともいうべき時代で，第1野党である社会党議員の質問や要求に，各省庁の官僚たちも真摯に応じ，互いに連携をとりながら，公害の調査や対策を進めた様子が覗える。国会議録を読むと，政府の答弁も，議員の質問に対して，少なくとも今よりは真剣に対応しており，それなりにかみ合った議論の応酬があったようだ。

　田中寿美子は1970年に念願の社会党婦人局長に就任して以来，フェミニストとしての立場を正面に出して，活躍するようになる。田中が特に力点を置いて取り組んだのは，売春問題，国連婦人の十

年推進，雇用における男女平等，高齢者福祉の問題であった。

　ここで詳しく論ずる余裕はないが，1978 年に国連婦人の十年推進議員連盟を結成し，事務局長として，女性差別撤廃条約批准および，国籍法の改正，国際人権規約における男女平等保障の推進に貢献したこと，また 1978 年 5 月に他党に先駆けて，社会党から「雇用における男女の平等取扱いに関する法案」を提出して以来，1983 年まで 5 回にわたって，同法案に改正を加えて議員立法案を提出し，男女雇用機会均等法制定のための地ならしをしたことは，田中寿美子の大きな功績と言えよう。

◉ 日本婦人会議議長として

　1961 年，田中寿美子は，松岡洋子，羽仁説子，深尾須磨子らと日本婦人会議を結成し，8 人の初代議長の一人となる。その後 1975 年の日本婦人会議第 13 回大会で議長を辞任し，顧問になるまでの 15 年間，田中は，日本婦人会議の代表として，日本の女性運動を牽引した。とりわけ，1970 年に社会党婦人局長に就任して以後は，社会党婦人局と日本婦人会議を両輪として，男女平等政策の推進ならびに，近隣諸国の女性たちとの連帯に努力した。

　日本婦人会議は，元来社会党の党大会で発議されて発足した組織ではあるが，初代議長団の顔ぶれからもわかるように，当初は，超党派的な，幅広い女性の運動組織をめざして結成された。だが，社会党側からの期待と婦人会議構成員たちの多様な思惑との間の葛藤もあり，婦人会議は長い間，路線問題をめぐって議論を繰り返した。婦人会議議長として田中寿美子がめざしたのは，社会党の下請け機関ではなく，あくまでも社会党から独立した機関として，地域で独自に活動しながら，その上で社会党に協力するという，かなり綱渡り的な道だったようだ。

とはいえ，田中寿美子は，婦人会議議長として，かなり精力的に活動している。特に1966年，中国婦女連合会の招待で文革さなかに日本婦人会議代表団代表として訪中し，社会党から顰蹙をかったという。1967年には，「忍草母の会」と「三里塚婦人行動隊」の交流集会を取り持ち，1972年には，日本婦人会議沖縄婦人問題調査団団長として沖縄を訪問。また同年，初の社会党婦人活動家として，朝鮮民主主義人民共和国を訪問して，近隣諸国の女性たちとの友好を深めるなど，八面六臂の活躍をしている。

◙ 社会党副委員長に

1980年2月10日開催の第44回社会党党大会で，田中寿美子が，社会党の副委員長になることが決定した。社会党だけでなく，日本の大政党で女性が幹部職に就くのは，初めてのことで，各メディアも「快挙」として大きく取り上げた。

田中寿美子が副委員長に就任したいきさつは，国際婦人年を経て，女性が政治の場で平等な発言権を得なくては何も始まらないと考える，有力な女性党員たちがはかって秘かに奔走し，当時の飛鳥田一雄委員長に直訴したとのエピソードがある。だが，女性副委員長の誕生は，党の外側では歓迎されたものの，社会党の男性党員たちには，簡単には受け入れられなかったようだ。男の領域だと思っていた政治の世界で，女性が発言すること自体に抵抗を示す男性党員が多かったと，当時を知る女性党員の多くが証言している。

とはいえ，田中寿美子の社会党内での発言力は大きく，すでに1975年頃から，党の女性政策を牽引していた。田中の周囲には，参議院議員の金子みつ，党本部の渡辺道子，河野嘉子，東京都本部の重藤都，婦人会議議長の山下正子，事務局長の清水澄子，総評婦人部長山野和子らが集まり，党の女性政策について，検討を重ね，

女性差別撤廃条約批准に向けての政策づくりや，雇用平等法案策定等，社会党の女性政策として推進していったという。

　しかし，個別的・具体的な要求や政策だけでは不十分であり，体系的な女性政策が必要だということで，1980 年に田中寿美子が副委員長になったのを機に，社会党は，「婦人のための 85 の政策」という冊子を刊行した。女性の直面する諸問題を統計データで示し，85 年をめざして，多方面から対応しようという内容で，他党に先駆けての，体系的な女性政策の提示であった。この時期の田中は，社会党のフェミニズムを党の内外に示す象徴的な存在であったといえよう。

◘ 市川房枝との連携プレイ

　議員時代，田中寿美子は，フェミニズムの視点からの政策や運動にかかわって，市川房枝と行動を共にすることが多かった。議員会館の部屋が一緒のフロアーだったこともあり，年中行き来していたという。市川房枝宛てに田中寿美子が出したハガキがいくつか残っているが，それらを見ると，田中が議員になる以前の 1950 年代から，二人は親交があったことがわかる。また，市川と田中の仲の良さについては，当時周辺にいた人たちの多くの証言がある。

　市川は無所属で田中は社会党という会派の違いを超えて，参議院で，売春対策，国連婦人年等，女性に関わる政策について，二人は連携プレイをしている。議会以外の女性活動においても，二人は，しばしば共同歩調をとった。たとえば，1972 年の「沖縄の売春問題ととりくむ会」の発足に当たって，市川房枝，山高しげり，藤原道子の 3 氏が代表委員として名前を連ねているが，5 月 12 日の発足集会には，田中寿美子が主催者代表としてあいさつした。その後この会は，婦人矯風会を中心とする 34 団体から成る売春対策国民

協議会と合流し，1975年に「売春問題ととりくむ会」（1986年から「売買春問題ととりくむ会」）となる。この代表委員も上記3氏だったが，藤原道子の没後，田中寿美子が引き継いだと，両組織の事務局長を務めてきた高橋喜久江は，証言している。

　1975年に発足した「国際婦人年をきっかけとして行動を起こす女たちの会」を呼びかけたのも，あまり知られていないようだが，実は市川房枝と田中寿美子であった。1974年秋の準備会は市川が拠点とする婦選会館で開かれたし，75年9月に同会が，27項目からなる「要望書と質問状」を携えて，NHK会長を訪ねた際にも，吉武輝子らと並んで，市川房枝，田中寿美子も同行している。後に二人はそれぞれ，同会から距離を置くようになったが，樋口恵子，吉武輝子，中島通子らに，この会の設立を呼び掛けたのは，市川・田中のコンビであったことは，記憶に値しよう。

　市川房枝と田中寿美子は共に，戦前ないし敗戦直後から日本のフェミニズム運動に身を投じてきた人たちであるが，国際感覚に富んでおり，海外での新しい動向に敏感な人たちであった。二人とも，1970年代に，それぞれアメリカやヨーロッパを旅行し，新しいフェミニズムの運動を自分の目で見てきて，好意的に報告をまとめている。たぶん，二人とも，日本での運動の停滞に疑問を感じていたこともあったのかもしれない。

　私は，二人が，日本における第一波フェミニズムと第二波フェミニズムをつなぐ役割を果たしたと考える。1893年生まれの市川房枝を姉貴分，田中寿美子を16歳年下の妹分として，二人は，国会の内外で互いに連携しながら，1970年代から80年代にかけての，日本の女性運動をフェミニストの先輩として牽引し，女性差別撤廃条約の署名と批准，およびその後の女性政策と女性運動の活性化につなげたのではないかと推測する。

3 研究活動——フェミニズムの理論的根拠を求めて

　田中寿美子の後半生を，議員としての政治活動だけで語るのはもったいない。彼女のもう一つの側面として，研究活動にも触れたい。実は私自身，直接田中と接したのは，こちらの方面での活動を通じてなので，私自身の思い出を混じえながら，田中の研究活動を紹介したい。

◉ 社会主義婦人論への疑問と文化人類学への関心

　1で触れたように，田中寿美子の前半生，特に1945年の敗戦までは，夫稔男に導かれて社会主義活動家としての人生だった。戦前から戦後にかけて，女性史・女性論に取り組んだ女性たちのほとんどが，社会主義婦人論をベースに，物事を考え，運動にコミットしてきた。田中寿美子も，その一人であり，原始共産制から古代奴隷制，封建社会，そして資本主義社会へと，生産力の発展を原動力として人類史は推移し，その過程で，階級社会と女性差別が同時に発生したとする史的唯物論に基づく歴史観を前提として，階級社会を廃絶し，社会主義ないし共産主義社会の実現と共に男女差別も解消すると考えてきた。

　田中寿美子は，この社会主義婦人論を基に，フェミニズムの思想と運動にコミットしてきた。ところが，戦後，ボーヴォワールの『第二の性』（生島遼一訳，人文書院，1966年）などを読んだり，生物人類学者アシュレー・モンタギューの『女性，この優れたるもの』（法政大学出版局，1954年）を翻訳したりする中で，社会主義婦人論の公式に疑問を持ち始めたようだ。1954年にアメリカのブリンマー大学に留学し，本格的に文化人類学を学んだことで，いよいよその思いが強くなったようだ。

（以下，文化人類学者としての側面は略）

◉ 婦人問題懇話会

　婦人問題懇話会は，安保闘争の敗北後，1962年山川菊栄が周囲に呼びかけてつくった，婦人問題の研究団体である。「民主主義と平和，人権擁護の現行憲法」の存在が危うくなりつつあるとの危機意識から，女性の地位向上を期して，幅広い女性たちの研究交流をめざす組織であった。田中寿美子は創立メンバーの一人であっただけでなく，私が入会した1971年当時には，高齢のため外出を控えて会合に出て来られなくなっていた山川菊栄に代わって，事実上のリーダーとなっていた。大学院に籍をおいていたものの，大学闘争の結果，学内での居場所も就職の見通しも失っていた当時の私にとって，婦人問題懇話会は，唯一の避難所であり，研究活動の拠点ともなった。

　田中寿美子はすでに国会議員として活躍中であったが，婦人問題懇話会の正規の活動だけでなく，私的な研究グループをつくり，後輩たちに共同研究の場をつくってくれた。こうした研究会活動を通じて，貴島操子，赤松良子，樋口恵子らによる『ビジネス・マダム——共かせぎ百科』（田中寿美子編，読売新聞社，1963年），『近代日本の女性像——明日を生きるために』（田中寿美子編，社会思想社，1968年）などが出版されていた。

　こうした先輩たちの後を受け私が関わったのは，明治から現代に至る女性たちの思想と運動をたどる女性史研究会であり，その後続けた占領期の女性政策についての研究会であった。どちらも，田中さんが婦人問題懇話会の中の数人に声をかけることから始まり，1か月か2か月に1回くらいの間隔で，田中さんのお宅に集まった。各自が調べてきたことを発表し，討論した後は，いつも田中さん

の手料理をごちそうになり，おしゃべりに花が咲いた。夏には北軽井沢の田中さんの別荘で，2～3泊して，集中討議をした。「戦前派，戦中派，戦後派」（『女性解放の思想と行動』〔田中寿美子編，時事通信社，1975年〕のまえがきの中の田中寿美子の表現）という，いろいろな世代の女性たちが一緒に旅行し料理し会話する，今風に言えば女子会は，大いに盛り上がった。この研究会を通じて，先輩たちの経験をうかがったり，料理のコツを教わったのは，私にとってはとても楽しい思い出だ。

　女性史研究会が，いつから始まったかは定かでないが，1975年の国際女性年に出版しようということで，その前年から時事通信社に交渉し，具体的な出版計画を立てた。なぜか6人のメンバー中で一番若い私が目次のたたき台を出し，それぞれ分担して執筆することになった。書名も，当時丸山眞男に執心していた私が，『現代政治の思想と行動』にあやかって『女性解放の思想と行動』と提案し，他の方々の賛同を得た。

　この本の刊行に当たって，若い私の提案にすぐに賛成してくださったことのほかに，田中寿美子に感嘆したことがある。それは，田中寿美子が，議員活動の合間を縫って，ご自分で一部の章を執筆されただけでなく，全員の文章を読み，編集作業を実際になさったことだ。各担当者の文章に多少手を入れたり，全体の構成を考えて，たとえば私が書いた文章の一部を，他の方の章に移したり，田中流のバランス感覚で，全体が統一されている。

後で，以前に同じく田中寿美子の編集本に関わった先輩方に聞いたところでは，どの本も，同様の成り行きで出来上がったようだ。若い人たちの意見に耳を傾けつつ，最後はご自分流の解釈と考えで，まとめ直すというのが，どうも田中さんの本づくりの流儀だったようだ。

　女性史研究の内容自体は，その後の研究の進展によって，修正されるべき部分も多いと思われるが，「戦後編」の最後に収録された執筆者6人（私以外は，全員すでに鬼籍に入っておいでだが）の座談会は，それ自体，戦前から戦後にかけての女性の人生経験の記録として，今読んでも価値ある記録だと私は思っている。この本の刊行後に始まった占領史研究は，何年か聴き取り調査など，資料を蓄積したものの，田中寿美子のケガをきっかけとする療養生活等によって，まとめ上げることができないままになってしまったが，田中が，議員活動と並行して，いくつも研究会を組織し，少なくとも3冊の本を編集・上梓されたことは，記録に値しよう。

　研究会を主宰することを辞めた後も，田中寿美子は『婦人問題懇話会会報』に，「『国連婦人の十年』のとりくみへの視点と性差別撤廃条約の問題点」(No.32, 1980年)，「性差別撤廃条約をめぐる今後のとりくみかた」(No.33, 1981年)，「婦人少年局時代の山川菊栄先生」(No.34, 1981年)，「男女雇用平等法制定をめぐる国会，政府の動き」(No.37, 1982年)，「アジア太平洋地域における人権と売春問題について」(No.39, 1983年)，「障害をもつ老人のリハビリの場をつくれ」(No.41, 1984年) など，1980年代前半までは，時宜に応じた原稿を寄せている。

　こうした研究会活動や，文章による発信に触発された女性たちは数多い。2000年に開催された婦人問題懇話会閉会パーティで，樋口恵子は，こうした仲間たちを称して，「婦問懇育ち」と名付けた

が，田中寿美子の果たした功績の一つに，このような後進たちを育てたことがある。田中寿美子は，社会主義婦人論をベースとするフェミニズム運動から出発しつつ，1960 年代以後の新しいフェミニズムにも積極的な関心を示し，若い研究者や活動家たちを育てたという意味で，第一波フェミニズムと第二波フェミニズムを架橋した人であったといえよう。

2

ウーマン・リブの思想と行動

A 「60年安保闘争，東大闘争からリブへ」を語る

本稿は，女たちの現在を問う会編『全共闘からリブへ　1968.1-1975.12（銃後史ノート戦後篇〈8〉）』（インパクト出版会，1996年，38〜70頁）に収められた座談会「東大闘争からリブ，そして女性学，フェミニズム」での井上輝子の発言を編集したものである。座談会は1995年12月19日，1996年1月29日に東京で行われた。司会は加納実紀代・太田恭子。井上以外の参加者は秋山洋子，池田祥子である。（敬称略）

　＊　本文中の＊は，省略した箇所。

1　東大闘争と女性

◉ 学生運動とのかかわり

私も60年入学ですが，安保のあとの挫折感はすごく大きかった。大学に入って運動にかかわってみたら，高校時代に考えていたのとは違って，いきなり政治の論理にまきこまれて，国家権力に対抗するためには暴力も必要だというわけでしょう。とまどったけれど逆に新しい可能性も感じて，ともかく全力投球でかかわった。安保闘争で革命が起こるとは思っていなかったけど，でも何かが変わると思っていた。ところが自然承認のあと，潮が引くように平常にもどってしまって何も変わらない。すごい挫折感でしたね。

6・15には国会通用門へのデモの中で，すぐ後ろでスクラムくんでた友人が逃げ遅れて，棍棒で殴られてケガをしたので救急車に同乗したとき，病院で女子学生が死んだらしいとの情報を得ました。この女子学生というのはあとで樺さんとわかったんだけど。翌日駒

場で開かれた集会で，仏文の助教授だった平井啓之さんが女にスクラム組ませるとは男は一体なにやってたんだってどなったのね。その問題がいまだにひっかかってるんだけど。確かに女たちのスクラムは弱いところがあった。たとえば私はケガをしないで逃げおおせたのに，二列後の友人がケガをしたのは，彼女たちの列が女だけでスクラムを組んでいてほどけやすかったことに一因があった。だからスクラムの組み方は工夫しなくちゃいけないなと思ったのね。もちろん一方では裁縫の下手な私がなんで女だという理由で旗を縫わされなくちゃいけないのという気持ちもあったけど。でもとにかく運動を組む時に，女と男の違いを無視してはできないなあと思ったわけ。

＊

私が嫌だったのは私生活を全部捧げなければいけないことね。私は高校時代からサークル運動をやっていて自分のプチブル性を切らなくてはと努力してきたんだけど，ここへきて少しは手芸もしてみたい，オシャレもしてみたいと思っても，運動のために我慢しなければならないという感じがあった。やりたいことはやりたいと思いましたね。

◻ 女性問題への関心

男女差別は気になっていたから，学生運動やりながら婦人問題研究会に入ってたのね。ベーベルの『婦人論』とか井上清の『日本女性史』を読むとかそんな程度だけど。そしたら，男たちにいまなぜ女性差別なんていう副次的な問題やるのか，といわれた。

＊

私は女であることに加えて，学生運動で名前がちょっと出ちゃったりしたので，最初から就職は悲観的だったんです。だけど，大学

院に入るのは家族や女友だちからもずいぶん反対されました。女が大学院に行っても先の見通しはないというのね。そのころ私は結婚を考えていたんだけど，結婚するなら大学院やめろ，やめて彼のために稼いだ方がいいのじゃないかと教授にも反対された。

*

結婚することで親の家から出られるということは確かに意識したわね。私は旧姓も平凡だったからとくに苗字に愛着はなかった。サルトルとボーヴォワールの関係が理想のように言われていたけど，別居結婚は考えなかったですね。一緒に住んだほうが安上がりだから。

*

（辺<ruby>輝<rt>ほとり</rt></ruby>子というペンネームについて問われて）

ええ，やはり自分の全部を井上にしてしまうことに抵抗があったのね。

◻ 東大闘争始まる

私が関心を持つようになったのは，処分問題あたりからですね。ただ関心以上のものではなくて，もう一つ乗れなかった。世代的に若い学部の人たちが中心だったし，私個人としては，せっかく何年間かは静かにしていて，運動とは無縁の「安全な人」というイメージをつくりあげてきたところで，それを壊したくないという気持ちが強かった。でも全共闘派か反全共闘派かどっちかを選べといわれたらそれはもう決まってた。

私のいた新聞研の大学院の自治会は11人で，採決するといつも4対3対2対2か，あるいは5対3対1対2なのね。民青系が4か5で，私たちはいつも3なの。あとは保留と棄権ね。民青がいちばん多いんだけど過半数はとれない。だから何も決まらないから私た

ちはいつも3人で行動して授業ボイコットしたり，新聞研究所の助手たちが出した『東大紛争の記録』を批判する意見書を出すとかね。

女性ということでいえば，「女子院生の会」というのがあったのね。超党派の親睦団体のような会で，保育所問題とか就職差別のこととかやっていたんだけど，闘争が始まってからそれが民青と全共闘派に分裂して空中分解しちゃった。

＊

（所美都子の話になって）

私は，所さんとはシモーヌ・ヴェイユの研究会を通じて知り合っていました。66〜67年頃から新聞研の香内三郎先生を中心に研究会ができて，ヴェイユの作品を読んでいた。サルトルとボーヴォワールを日本に呼んだ仕掛人の森和さんとか，フランス史の吉田八重子さんとか，色々な人たちが集まっておしゃべりをし合って，なかなか楽しい会でしたね。所さんは病気がちだったからそんなには来なかったけれど。所さんがトマノミミエの名前で『思想の科学』に論文「女はどうありたいか」を出した時，みんなで感想を言い合ったことを思い出します。私は当時，婦人問題研究ではなく，「女論」をやりたいといい始めていて，後の女性学のようなものを手探りしていたんだけど，今から思えば，少なくとも私にとっては，この研究会はリブや女性学を生み出す下地を用意したものかもしれないわね。

◉ 解き放った暴力

暴力肯定はもう60年安保直後から出ているでしょ。60年夏にはもうゲバ棒が登場している。その流れの上に武器が高度化して，ヘルメットかぶるようになったということだと思う。ただ私は，バリケードもゲバ棒も象徴なんだと思ってた。それ自体暴力装置という

よりは，こちらの意思表示とか心意気を示す象徴なんだと。

＊

　私は1・18，19は，機動隊が入るということは前日に知らされていたから，テレビがどう報道するか見届けることが私の役割だと思って，朝早く起きて2日間ろくに食事もせずにメモをとりながらテレビをみてた。そのとき女子が何人いるかとかそういう発想はなかったわ。どのセクトがどう配置されているかということは気になったけど。

◉ 女性にとっての東大闘争

　ただ，私は当時，就職がかかっていたから，理念と現実の乖離をどうするかということではすごく悩んだ。

＊

（全共闘がこれまでの政治力学の否定の上に登場したという評価について問われて）

　たしかにノンセクト・ラジカルといったわけだし，初期にはそういう姿勢はあったのでしょう。ただ政治の論理という点では当時私は全共闘がやってることに安保闘争のときとあまり質的ちがいを感じなかったわね。

＊

　自分の学問する姿勢という意味では全共闘から大きなインパクトを受けたという気はする。女性問題をテーマとして選ぶようになったのは，学会での流行や評価または社会的必要性の観点からではなく，自分にとって切実な問題をやろうということだったから，その点では私個人にとってはリブにつながるものは大いにあった。

2 リブが提起したもの

● リブとの出会い

私は子ども産まないってがんばってたの。そのころは「生まれる」ではなくて、主体的に「産む」べきだと考えてた。それから私は結婚してから一生懸命いい妻やってたのね。オーバードクターやりながら、料理・洗濯・整理整頓、中産階級の主婦だった母がやってたようにしなくちゃと思い込んで。あるときそれがバカバカしくなってね、何やってるんだろうとグズグズ悩んでいたとき、70年11月14日に千駄ヶ谷区民会館で開かれた「性差別への告発」集会の案内を見つけたの。それで、これだという感じで。

● 田中美津という存在

自分にできないことをやってくれる人で、そういう才能のある人っていう感じでね。

*

彼女のリブって一面的でなくって、いろんなものを包み込む力を持ってたでしょ。例えば、口紅で媚びるのもマルクスで媚びるのも、男に対する媚びとしては同じだっていうような発言は、私にはすごくピンと響くものがあった。それぞれの人が自分のやりたいことをやりたいようにやっていけばいいんで、口紅つけたい人はやってみる、それで自分が媚びてるというそのことに自分なりにこだわってみる、それが大事っていうのかな、自己肯定っていうのかしら、そこのところがよくわかったっていうか、私はちょっとほっとしたっていうのがあるのね。

*

（田中美津が要となって運動を続けていくことができたのは、日常的実務

的な面で現実的な仕事をしっかりやっていけたからではないかという発言を受けて)

そうね，リブの共同体つくっていっしょに暮らしてても，やっぱり個人の時間ていうのをどうやって確保するかみたいなことを真剣に考えてたでしょ。

*

(コレクティブとか共同生活をするということについて問われて)

でも私は当時はあんまり思わなかった。むしろ最近老後は女同士で暮らしたいっていう思いが強いけど。その当時は夫との関係をどうするかっていうことの方が問題だった。

◘ 中ピ連のこと

私は千駄ヶ谷の集まりのあと，婦人問題懇話会に入ったんだけど，その会の菅谷直子さんに勧められたのね。テレビの座談会で榎さんが理路整然とした話をしていたからぜひ会ってみるといいって。榎さんは徹底した合理主義者で，たしかに目的のためには手段を選ばないというところがあったわね。ただそのころ私は，中絶禁止に反対するというシングルイシューで押すことも意味があると思った。だから中ピ連の設立総会には出席しているの。ピルも自分のからだを自己管理するうえで意味があると思ったし。ただ，中ピ連はマスコミの利用の仕方とか男社会にそのまま乗っかって運動を進めるところがあって，その点ではリブとはいえないかもしれない。リブは人間関係のあり方や運動の仕方そのものを問い直そうとしていたわけだから。

*

(「産む産まないは女の権利」は榎さんの言葉かと問われて)

少なくとも榎さんたちの，中ピ連をつくった理念はそれですよね。

私もあの頃中絶問題には非常にこだわっていた。やっぱり子どもを産むか産まないかっていうのはものすごく大きな問題だったわけね。一回中絶してて，その時にその問題についての対応で，夫とすごい距離を感じていたっていうのがあるのよ。

それから66年にボーヴォワールが来た時に，子どもを産まなかったことについての考えを聞かれて，その答え方があまりにそっけなかったのね。私はかえって彼女の「産まなかったこと」へのこだわりを感じた。私も産まないっていうので頑張り通すことに対してすごく揺れてたのね。そういう中で，一方では最終的には女の権利を確保しておかなかったらだめだというのがあったんだけど，他方で，もっと気楽に産むっていうことを考えてもいいんじゃないかみたいな，そういう感じっていうのは美津さんとつき合っていく中で出てきてね，両面の中で揺れ動いてたっていうことがあるんですよね。

*

（優生保護法が女の権利ではなくて，優性思想に基づいて戦後の日本の高度経済成長を支えてきたという認識や批判はリブの中にどれくらいあったのかと問われて）

そういう点では，榎さんたちの主張はアメリカ型の権利主張ということだったと思う。

*

（ピルは非常に役立つ薬である，薬に副作用はつきものだと言っちゃうという発言を受けて）

それは選択権は個人が持つべきだ，国に持たされたんじゃ困るっていうことでしょう。

◉ リブとは何か

　それまで婦人解放っていう一種の政治目標に対してすごくパターン化された運動方式があったわけだけど，そういうのは，自分の感覚とか日常経験から浮いてるって感じてたのね。それに対して，自分の欲望とか現実を大事にして，それを主張していく，そこから全てが始まるっていうことを肯定できた運動であったという点が，すごく新鮮な感じがした。それから自分の中で，女はこうでなくちゃいけないということがあって，夫や男性の友人との関係の中で女の役割っていつもあったでしょ。いわゆる性別役割分業というよりはもうちょっと深いところにある，女として期待されている行動様式っていうのを全部守ってきたっていうところがあったのね。それをそうじゃなくていいんだ，そういうことを全部一回崩していいんだっていう，それをリブは打ち出したっていう気がして。で，そこから見てみると，男社会の思想とか，政治のしくみとか組織とかっていうのに，今まで違和感を持ってきた自分というのは，遅れてるわけでも間違っているわけでもなくて，それ自体肯定していいんじゃないかって思えたことが，私にとっては共感できたとこなんですよ。

*

（女の職場とか，男なみ社会進出批判が柱として出てきた。「エリート女」としての批判を感じたことがあったかという問いに）

　それはすごく感じましたよ。企業とか，大学とか日本のエスタブリッシュメントの中に身を置くっていうことに対してね，そこからはみ出して生きていくのがリブの正しい生き方だみたいなのがあったでしょ。でも私はやっぱり中でやってくしかないって思ってたから。大学院からやっとのことで助手になった頃で，毎月４万なにがしをもらってうれしかったっていう時期だから，エリート女って言

われるとやっぱりギクッていう感じでさ（笑），でもそういったってしょうがないじゃないっていうのがありましたよね。

＊

（田中美津には，アジアの視点があるのに，彼女が提起していた従軍慰安婦問題などを大きな問題にできなかったことについて）

残念ながら，当時はまだ自分の問題として考えられなかったわね。

◙ 既成女性運動とリブ

やっぱり破壊的というイメージがあったでしょうね。それまでの女性解放運動はあくまでも副次的な運動だったと思うのね。階級闘争がいちばん基本的な運動であって，それに対して女性解放運動も必要だからおやりなさいということで，主要な政治課題というのは別にあるっていうふうにいつも位置づけられてきたわけでしょ。それに対してリブ運動は女性が主体となって運動ができたということで非常に新しい運動だったと思う。思想的にも近代の市民社会の価値観を前提にしてきた運動に対して，リブ運動はそれ自体にいろいろノーを言ったということがあるし。

＊

（政党色のない市川房枝などの女性運動家はリブに好意的だった。70年代半ばからリブの発想がだんだんしみ通っていき，とんでもないことだと思われてきたリブの発想が次第に共通認識になっていった，という発言を受けて）

それに52団体っていう大連合が出来たわけでしょう。その中に統合されてきたということがあるんじゃない。

＊

（リブの発想が伝統的女性運動に浸透し，一つの大きな潮流になっていると見てよいのかと問われて）

ただそれはリブの結果なのか，国際女性年という外圧の結果なのか。

*

(国際女性年はアメリカのリブがあったから国連も動いたのではという発言に続けて)

　それはそうよ。だから日本のリブが直接浸透したのかと言われると，やっぱり国連があり，日本政府があり，自治体からっていう，行政の上からの流れの中でお墨付が得られたっていうことも大きいような気もするんですけどね。

■ リブは終わった？

　73，4年くらいになると，問題別にテーマを掲げた運動が始まった。私は蓮見さん事件にはかなり関わったんだけれども，他にK子さん事件があったり，家庭科共修問題があったり，キーセン観光の問題とか。そんな中で，わりに伝統的な婦人運動団体の人たちとリブの人たちがいっしょに仕事を始めたと思うんですよ。運動の融合化が始まって，それでこの国際女性年に向けて，みんなが同じ方向を向いて動き始めたっていう感じがしました。

*

(国際女性年で，体制に回収されたとか，薄まったとかいう見方はと，問われて)

　性差別をなくす，特に性別役割分業を変えなくちゃいけないということが正当な要求だと人々に認められたっていう点では，「国連女性の10年」は功績があったと思います。だけど確かに行政の中での行動計画づくりとか，女性センターづくりといったところに運動が回収されていったっていうか，そこにエネルギーを吸い取られていったということは否定できない。あちこちで計画づくり，建物

づくりが始まって，そこにみんなが，私を含めて一種改良主義的な
運動の中に巻き込まれていったっていうことは否定できないと思う。

＊

（リブをやった人が国際女性年以降の活動の中で降りちゃった？）

　私はもう女性学を始めていたので，それを具体化する形として，
行政と関わらざるを得なかったわけですけれど。

＊

（性別役割分業という言葉について）

　美津さんの，「おじいさんは柴刈りに，おばあさんは洗濯に行っ
てしまう私」という，それは役割分業を言ってると思うわね。

＊

（「性別役割分業」が言葉として整理されだしたのは，アメリカのリブ運
動から女性学が出て理論づくりを始めてからではないか，という発言に
続いて）

　やっぱり国際女性年かな。差別撤廃条約にはかなりはっきり出て
るでしょ。私たちは，性役割っていう言い方はずっとしてきました。
でも性別役割分業って言ったとたんに，かつての婦人運動の中で
の「女性も仕事を」っていう女の経済的自立を現実化する運動と近
いものになってきたのよね。セックスロールって言ってたときには，
もっともろもろの男女の関係が入ってたのよ。性別役割分業ってい
うとイメージが限定されてしまうけれど，行政はそこに収斂してっ
たでしょう。あとになって，セックスロールじゃなくてジェンダー
ロールだっていうことでね，性役割じゃなくて性別役割だとかいろ
んな訳語が出てきて，訳語自体が混乱してて，確定はしてないんだ
けど。やっぱり70年代後半にその言葉が定着したんでしょうね。

（「3　女性学とフェミニズムの現在」以下略）

B　ウーマン・リブの思想

「ウーマン・リブの思想」『女性学とその周辺』(勁草書房，1980年，194～214頁）より。初出は，田中寿美子編『女性解放の思想と行動 戦後編』時事通信社，1975年。

1　「女」意識の変革

ウーマン・リブとは

「ウーマン・リブ――男性天国に上陸」(10月4日)，「男の論理を告発する――ウーマン・リブの弁」(10月6日)，「本場のウーマン・リブ 意識革命がネライ」(10月8日)，「ウーマン・リブ――オレたちにもいわせてくれ」(10月10日)。

これらはいずれも1970年10月の『朝日新聞』の見出しである。この年の夏以来，アメリカで発生し，アメリカ全土を席巻した新しい女性解放運動を，『朝日新聞』は「ウーマン・リブ」と呼んで紹介し，日本にも同様の運動が誕生しつつあることを報じたのである。『朝日新聞』によれば，「家族制度，一夫一婦制，出産，職業など，女性にかかわる問題を根元的に洗い直そうとしている」問題関心の面で，また，「現在の婦人運動が老齢化しているなかで，リブ派は10代後半から30代まで，中心は20代前半という若さを持っている」。担い手層の若がえりの面で，ウーマン・リブは従来の婦人運動とは区別される新しい運動なのである。以来，「ウーマン・リブ」の活動は数年にわたって，日本のマスコミをにぎわすことになる。

「ウーマン・リブ」とは，いうまでもなく「女性解放」を意味す

る women's liberation の略称 women's lib. である。アメリカでは，いまでは new feminism（新女権主義）の用語が普及していると聞くが，ここではいちおう日本のマスコミの命名に従って，アメリカの運動に触発されて，1970 年以降，日本にも広がった新しい女性解放運動を「ウーマン・リブ」と呼んでおきたい。

◖ 戦後婦人解放運動とウーマン・リブ

　発生後わずか 1 年足らずのうちに，マスコミの流行語となった「ウーマン・リブ」。とりたてていうほどの組織をもたないウーマン・リブが，無視できない運動として異常なまでにマスコミの注目を集めた理由は，それが従来の女性解放運動とまったく思想や運動形態を異にする点にあろう。ウーマン・リブは，何よりもまず，運動者自身の内なる「女」意識変革をめざす，一種の意識革命をめざす点で，従来の婦人運動と大きく異なっている。

　本来，婦人解放運動の目的は，単なる社会制度の変革にとどまらず，運動者自身の内面変革も含まれていたはずであり，また事実，女性の社会的活動自体が道徳的非難の対象とされた戦前社会にあっては，婦人解放運動に参加することは社会への反逆を意味した。そうした時代の婦人運動は当然のこととして運動者の意識変革を経過しないでは成立しえなかったにちがいない。

　だが，戦後にいたり，法律的には一応の男女平等が達成され，少なくとも表面上は，女性の権利要求を非難する声は影をひそめている。婦人解放運動に参加することは，逸脱であるどころか，むしろ「正当」な行為であり，場合によっては「進歩的」と賞賛される行為ですらある。こうした事態の中で，戦後の婦人解放運動は組合を通じての労働条件改善運動や保育所開設運動などの制度変革に重点がおかれてきた。制度をになう個々人の日々の実践によってのみ制

度は維持され変革されるのだという，制度をつくるものとしての発想はいつしか忘れられ，いわゆる「物とり主義」的傾向が現出したこともまた否定できない。こうした戦後婦人解放運動と自己とを断ち切る意味で，ウーマン・リブは，みずから「婦人」ではなく「女」を自称し，また制度変革よりむしろ意識変革を，第一の運動課題として設定する。そして，戦後民主主義の形骸化に対する告発として全共闘運動の後産として，リブ運動が誕生した理由もまたここにある。

◨ 新左翼運動とウーマン・リブ

だが，全共闘運動ないし新左翼運動自体も，決して女性が主体的にかかわれる運動ではなかった。

> 想えば女は新左翼内部においてもメスとして存在してきた。カッティング，スッティングに始まり，「革命家」ぶった男の活動資金稼ぎ，さらには家事，育児，洗濯など氷山の見えない部分にあたる重い日常性のほとんどを，暗黙の暴力をもって押しつけられてきたのだ。それとわかる暴力ばかりが暴力ではない。「じゃあ，トロツキーのなあ，これを展開してみろ」とか，「プロレタリアとしての意識性」などということばに脅されて，いやでも壁の花として，黙々と下働きせざるをえなかった（田中美津『いのちの女たちへ』）。

「革命」運動に参加すること自体が，「男に好まれる女でありたい意識」の結果であり，その意識構造においては，新左翼も旧左翼も，そして運動に参加しない大多数の女たちも変わるところはない。こうした認識がリブ運動の出発点には存在した。リブ運動が明確な組織やリーダーグループをもたず，数人前後の小集団に分かれて，自己のライフ・ヒストリーを中心に，男女差別の実態や自己の「女」

意識を告白，ないし告発し合うことを主たる運動方法とする理由は，ひとえにリブ運動が，従来の婦人解放運動とも，また新左翼運動とも自己を区別し，女としての意識変革を主眼とする点にある。そして，ティーチ・インやリブ合宿といったリブの集合が，しばしば自己紹介と「グチのこぼし合い」に終始するのは，こうした小集団における相互告発の拡大版と考えてよいだろう。

◗ 「女らしさ」の否定

　ここでいう意識変革とは，女らしいことばづかい，女らしい動作，「女性的」で従順な性格，「適齢期」の結婚など，女性であるが故に，親や社会から期待され要求されるあらゆる文化的事象に疑いの目を向け，ステレオタイプ化した女性像にとらわれない行動様式や人生コースを選択することを意味する。リブのメンバーが，「ガキ」「メシ」などといった，中流の女性文化からはほど遠い距離にあることばを好んで用いたり，あるいは化粧やブラジャーを拒否する者も出現したのは，こうした「女らしさ」に対する拒絶反応の一例である。

　女性文化の中核をなす，女性に対する社会的役割期待は，結婚して，妻として，母として，主婦として，家事・育児に専念することであろう。「女は家庭に入るべきもの」という前提の下で，家庭におけるしつけから，学校を通じての女子教育，さらには，マスコミのイデオロギー操作までがなされているわけで，女性たちは，幼児期以来「よいお嫁さん」になることを周囲から期待されつづける。こうした社会化が強力に遂行される結果，女性たちは，この「理想的女性」像をみずから内面化し，「よいお嫁さん」になることは，他からの強制という以上に大多数の若い女性にとってみずからの内なる願望，人生目標とさえなっている。

　もちろん，すべての女性が実際に結婚し，主婦になるわけではな

い。だが，独身女性を，「結婚しない女」ではなく，「未婚」すなわち「いずれは結婚すべきなのに，まだ結婚していない女」ないしは「結婚できない女」とみなす社会においては，独身女性の多くは既婚女性以上に，結婚願望の支配下にあるといえる。また，従来の婦人解放運動が推奨してきた「共稼ぎ」の女性たちも，その多くは「共稼ぎさせてもらっている」という後めたさ故に，むしろ専業主婦以上に 120 パーセント，家庭責任の強迫観念の持ち主である。こうしてみると，女性の存在形態は多様であれ，具体的には専業主婦をモデルに形成される「よいお嫁さん」像は，大多数の女たちにとって，自己の行動様式を方向づける照準枠となっているのである。

このように「女らしさ」や「女の理想像」が単に支配者階級から，あるいは男性から強制されたものではなく，むしろ女性自身が一種の「共犯者」として，自己にまた他の女性に対して好んで要求する性格を有する以上，ステレオタイプの女性像からの脱却を志向しようとすれば，他への攻撃という以上に，矛先を自己の内面に向けざるを得ないわけである。ウーマン・リブ運動の主眼は，こうした女性自身の内なる「女」意識の変革にあるといえよう。

ところで 1960 年以降の高度成長の結果成立した「豊かな社会」は，膨大な中産階級を創出することによって，生活水準のいちおうの上昇と平等化をもたらした。耐久消費財が普及し，インスタント食品や冷凍食品が出回る中で，家事は軽減され，主婦の余暇時間は増大する。計画出産によって子どもの数は平均 2 人。家族員の数が少なく，しかも親類づき合いも戦前の「家」制度下におけるほどわずらわしいものではなくなった。貧困から解放され，家事や家庭内外の交際の時間的，精神的負担からも解放され，夫と子どもに囲まれたマイホームの主婦たちは，幸福そのものであるかにみえる。だが現実には，愛の不確かさと日常性の倦怠の中で，生きることの実

在感を喪失し，不安と苛立ちを訴える主婦も多い。生きがい論や身の上相談がマスコミをにぎわし，人生論やハウツウ物がベストセラーとなる。こうした，いわば「豊富の中の欠乏感」こそ，ウーマン・リブの発生をうながす社会的条件であり，リブ運動が都市型・中産階級型女性解放運動とよばれる所以でもある。

「男に媚びて存在証明を図ろうとする」点では，女の大多数を占める主婦も娼婦と「おなじ穴のむじな」であり，「解放」幻想に浸っている運動家女性もまた同様である。この認識の上に立って「男に媚びない女」「女らしさにとらわれない女」「自立した女」を模索するのが，ウーマン・リブの第1の特色といえる。

2　性の解放

◉ 女性も性欲をもった人間であるという主張

ウーマン・リブ運動が従来の婦人解放運動から区別される第2の点としては，「われわれは女の解放を性の解放として提起する」という性解放の主張があげられる。大正期における青鞜社同人による制度的結婚の拒否や，サンガー夫人の来日を機に広まった産児制限運動を除けば，戦前，戦後を通じて性の問題は，婦人解放運動の主要課題とされなかったばかりか，場合によってはタブー視さえされた。これに対してリブ運動は，発生当初から性の解放をメインテーマとしてかかげてきたのであり，この問題をぬきにしてはウーマン・リブを語ることはできない。

◉ 婚姻秩序からの解放

リブの主張する性の解放とは，何よりもまず，女も性欲をもった人間であることを女自身が自己主張することを意味するが，これは

具体的には次の3点の主張から成っている。

　まず第1点は，現在の婚姻秩序からの性の解放である。ウーマン・リブ運動の発生したアメリカ，イギリス，フランス，日本などの諸国は，いずれも一夫一婦制が制度的に確立している社会である。ここでいう一夫一婦制とは，単に一夫多妻や多夫多妻の複数婚を認めない単婚制を意味するのみならず，法律的に公認された手続きをへた一対一の男女の間でのみ，性行為を容認する法律婚であると同時に，一度結ばれた婚姻関係を破棄する場合には，多くの困難や非難を免れえない，一種の生涯婚の制度化を意味する。ここでは，「正式」な婚姻以外のあらゆる性行為，すなわち婚姻外セックスも婚姻前セックスも異端として拒否されるし，ましてそうした異端の性交の結果として子どもを産むことは，社会的非難を受けるなどの制裁対象となる。こうした一夫一婦制は元来，子どもの養育ならびに私有財産保持のために有効な制度として発生したものであり，近代社会ないし資本主義社会の秩序の一環を構成する制度といえる。

　だが，婚姻制度が性関係の限定と持続性と届出とを要求するのに対して，個々人の性欲求は無限定的であり，衝動的であり，公認された枠をはみ出して噴出する性質をもっている。性道徳が比較的ルーズで，家庭外にも性欲求の解消場を有する男性の場合はともかく，婚姻制度の拘束を厳しく受け，処女性と貞操とを要求される女性にとっては，婚姻制度は自己の性欲求の発散を抑圧するものとして映らざるをえない。しかも多くの場合，結婚は女性にとって正当な妻の座を保障する一方で，女性を家事労働の奴隷と化する側面をもっている。

　こうした女性と婚姻制度をめぐる事情に疑問を投げかける作業が，ウーマン・リブにおける性解放の第1の意味である。リブ派の女性たちは，いわば性欲求の側に自己をおくことによって，婚姻制度を

批判し，否定しようとする。「正式」な結婚をしない，いわゆる同棲関係，同棲にさえ結びつかない性交や出産を自覚的に実践することを通じて，彼女らは現存の婚姻秩序への反逆を試みる。そして，コレクティブと呼ばれる女性だけまたは女性と子どもによる共同生活を試み，家族とは別の新しい生活単位を模索する例さえもみられたのである。

◎ 生殖からの解放

こうした婚姻秩序からの性の解放は，性自体に即していえば，生殖からの性の解放と密接に関連している。元来，反秩序の破壊性を有する性が，結婚した男女の間という限定された関係においてではあれ，社会がその存在を公認してきた理由の最大のものは，生殖のために性が必要であることに由来する。男性優位文化の中にあってなお，女性が神秘化される場合があったり，あるいは逆に女性に対して婚姻外セックスが厳しく禁止された理由が，主として女性の母たりうる可能性ないし，性と生殖との直結にあったことはいうまでもない。避妊の知識や技術が未開発の時代にあっては，あらゆる性行為が受胎の可能性をはらんでいた故にこそ，受胎能力を有する女性が場合によっては崇拝の対象とされ，また場合によっては性行為に慎重にならざるをえなかった。

だが，近代医学の発達は，必ずしも生殖と結びつかない，性行為を楽しむことを可能にしたのであり，ここにいわゆる「快楽としての性」が登場する。こうした技術的条件を背景に，女性の側から，みずからの受胎や出産をみずからコントロールしようとする意欲が表面化したとしても不思議ではない。とくに，医学的には開発されていても，法律的にこうした医学的成果の使用が禁止されている領域に，女性たちの関心は集中し，経口避妊薬ピルの解禁や中絶禁止

法の撤廃が，リブ運動の主要課題として設定される。わが国では，欧米ほどには中絶に対する法的規制が厳しくない一方，アメリカなどでは自由化されているピルが，市販を制限されているという事情から，日本のリブ運動の焦点は，具体的には，ピル解禁および，優生保護法改正反対に収斂することになる。

こうした第2の意味，自己の肉体を自己の手でコントロールしようとする意欲は，単に性行為に関してだけでなく，広く女性の肉体一般の自己管理へと拡大される。後にみるような中ピ連を中心として，「女性のための医学講座」開設や，タンポンなど生理用品の点検が次々に進められたのみならず，護身のための合気道教室までも開かれるにいたったのである。

◉ 〝抱かれる女から抱く女へ〟

性の解放に関する第3の論点は，性行為そのものに関わる問題である。生殖可能性を含むが故に，必要悪として性が公認される社会にあっては，男と男，女と女といった同性間の性行為がタブーとされるのは当然のことであろう。なぜならば，異性間の性交によってのみ，生殖は可能だからである。とりわけ，女性の性欲を公然と認めない社会にあっては，女性間の同性愛としてのレズビアニズムは，男性間のそれ以上に，厳しい規制を受けたことはいうまでもない。

キリスト教的伝統の下，同性愛に対するタブーの厳しいヨーロッパ諸国やアメリカでは，同性愛者に対する社会的差別の撤廃がリブ運動の主要課題とされており，アメリカにおいては，フェミニズムはレズビアニズムと同義に解されるほどであると伝えられる。だが，性の異端に対して比較的寛容な伝統を有する故であろうか，あるいは，男性に対する嫌悪感や肉体的接触への欲望が欧米ほど濃厚でないためであろうか，日本の場合には，重点のおき方が欧米リブとは

多少異なっている。リブ評論誌『女・エロス』の創刊号に，「色情的に，芸術的に」を宣言した舟本恵美のように，同性愛やバイセックスを鼓吹する者が全然出現しなかったわけではないものの，レズビアニズムがリブ運動の主流になることはなかった。

　日本のリブが性関係のもちかたについて，強く主張したのは，「ぐるうぷ闘うおんな」のリーダー田中美津のいう「抱かれる女から抱く女へ」ということばに象徴される，性関係における女性の能動性の獲得であった。

　　　　あなたが〈おなかいっぱい〉になったことは，私がおなかいっぱいになったことではないという限界を，人間はどこまでもお互い同志持っている。しかし一方において，あなたが〈おなかいっぱい〉になったのを見て，私も〈満たされたい〉という想いが，あなたと私にはある。その思いの底には，やさしさが流れている。個体としてしか生きられない生物の哀しみを分かちあいたいという〈やさしさ〉が。コミュニケーションといわれるものの底を流れるものはこのやさしさである。相手を通じて，自らを確認したい欲求としてあるコミュニケーションのひとつの手段としてセックスがある。セックスとは，やさしさの肉体的表現に他ならない。やさしさ（心）と，やさしさの肉体的表現（セックス）これが愛なのだ！（「おんなは誰のためにも愛さない！」田中美津『いのちの女たちへ』311頁）

　このように，性行為を性器的結合にとどめず，人間と人間とのコミュニケーションの一手段と考えるリブの視点からすれば，女性がただ男性からの一方的な働きかけを「待つ」だけでは，そこに成立する性関係は女性にとってのみならず，男性にとっても十全なコミュニケーションとはなりえないのであって，性関係は当然女性にとっても主体的にかかわるべきものなのである。

性関係が社会関係の反映としての側面をもつ以上，日本のような男性優位の伝統をもつ社会においては，例外はあるにせよ，多くの性関係が，男性主導型の関係であることは否定できない事実である。交際の呼びかけから結婚のプロポーズ，さらには性行為そのものにいたるまで多くの男女関係は，いわば男性上位の色彩を帯びている。ここでは女性は，つとめて受動的であるのが良しとされ，女性が積極的に男性に対して働きかけることは，「はしたない」行為として非難の対象となる。こうした性における男性支配をくつがえし，性行為の対等な当事者として，積極的に自己を位置づけ，しかもそれを公然と表明した点で，ウーマン・リブは従来の女性解放運動と区別される。

こうしたウーマン・リブによる性解放の主張と実践は，性情報を満載するマスコミにとって格好のニュース・ソースを提供した。テレビのコマーシャルや男性週刊誌のピンナップをはじめとして，女性の「性」が強調されている現在，女性自身が性的存在としての自己を主張したことは，一面では性的人間としてのみ女性をとらえるマスコミの風潮を助長させたことは否定しがたいだろう。だがまた他面，ＣＭやピンナップが単に男性の側からする性行為の客体として，いわばながめる対象としてのみ女性を位置づけてきたのに対して，ウーマン・リブがとにもかくにも，みずからを性行為の主体として，位置づけ，自己主張をしたことの，プラス面も記憶されてしかるべきであるように思われる。

3 「女の論理」

「男の論理」「女の論理」

ウーマン・リブの第３の特徴は，いわゆる「女の論理」の主張に

ある。中世以来，女性は感情の動物であり，論理とは無縁の存在として，しばしば男性たちから嘲罵の対象とされてきた。

科学的思考や論理は，性別，年齢，人権をこえて普遍的に通用するはずであるにもかかわらず，女性は男性に比して，科学や論理から遠い距離にある存在とみなされてきた。そして実際に，従来の科学や論理の歴史が，男性中心ににになわれ，いわば男の視角から観察され選択されたデータや知識に基づいて，科学や論理が集積されてきた以上，それらが女性の実存を十分に把握し組み入れることに，必ずしも成功しなかった。

女たちは，自己の感情や欲求を，十全に表現できることばや論理を開発・発見できないままに，多少のもどかしさを感じつつも，男性的ニュアンスを含みこんだ出来合いの言語や論理に翻訳することによってしか，他者とくに男性に対して自己の感情や欲求を伝達することができなかった。そもそも言語というものが，個的側面と普遍的側面との両面をもつ以上，自己の表現したい事柄の内実と他者に伝達可能な表現形態との間には，多かれ少なかれズレが生ずるが，男性優位社会における女性あるいは白人優位社会における黒人といった，社会的に劣位におかれたいわば被支配者たちにとっては，社会的優位者ないし支配者層に比して，このズレの度合が大きいように思われる。

こうした言語，論理，科学をめぐる男女差別とも呼ぶべき情況を敏感に感じとり，既成の言語，論理，科学を「男の論理」と決めつけ，それに挑戦し，みずからの実存に根ざす新たな表現方法を模索しようと試みたのがウーマン・リブであった。

　　どうも男の物の見方，考え方というものはいってみれば整理のためのひき出しをあれこれたくさんもっていて，必要に応じてそのいくつかをあけてみるといったかんじで，ある集会で司

会者が，「みなさん，今日は本音で語ってもらいたいと思いま
　　す」と最初に念を押したら，最後までほとんどの男が沈黙に終
　　始した，という話を人づてに聞いて，あたしはさもありなんと
　　ふきだした。本音で語るということは，ひとつのものごとを取
　　り出すのに，ひき出し全部をひっくり返してみるに似ていて，
　　せっかく手際よく片づけたものを今さらぶちまける訳にはいか
　　ず，本音で語ろうとしたら，男はム……となるしかないだろう。
　　もっともこっちの方は，論理的にわかりやすく，と言われると，
　　ム……になるのだけれど。(田中美津『いのちの女たちへ』)

　これは日本のウーマン・リブの教祖ともいうべき田中美津が，
「男の論理」と「女の論理」の相違を語った文章であるが，ここに
は内容といい語り口といい，「女の論理」の特徴が象徴的に表現さ
れている。田中は，男性が物事を抽象化し，一般化し，一定の論理
的秩序だての形をとって考え，発言するのに対して，女性の思考
法，発言法が，抽象化，一般化を拒否し，あるがままの全体像をな
まの形で提出する点を指摘し，これを「整理のためのひき出しをあ
れこれたくさんもっていて，必要に応じてそのいくつかをあけてみ
る」見かたと，「ひとつのものごとを取り出すのに，ひき出し全部
をひっくり返してみる」見かたという比喩で述べている。

　ここだけでなく，田中の発言は，「女は奴隷，男は奴隷頭」，「座
して男を待つのは，アンコを忘れて，大福をつくるようなもの」と
いった比喩による表現が多い。しかも，田中の用いる比喩は，日本
の女ならば誰でも経験するような日常茶飯事から拾いあげられるこ
とが多い。しばしば主語や助詞を欠く，田中美津の発言や文章は，
決して文法的に正しいものでないけれども，聞く者，読む者の胸を
うつのは，彼女の用語法が女性の日常性に深く根ざしているからに
違いない。

女性の日常性に密着した用語法は，漢語やあるいはヨーロッパ語の翻訳形ではなく，在来の日本語，とりわけひらがな文化の伝統に親和的である。リブの女たちが，みずからを「婦人」と呼ばず，「女」ないし「おんな」と称し，リブの集会の名前が，「リブ合宿どうする集会」，「さて，来年は何をやろうか集会」，「リブの問題を一切合切論じ煮つめる大集会」など，口語による字あまり的表現を用いているのは，この意味で象徴的である。

　アメリカの運動の輸入として始まったといわれながらも，日本のリブが，アメリカの単なる翻訳や輸入にとどまらず，独自の土着的色彩を帯びているのも，こうしたリブ派の用語法と無縁ではない。そして，ここには外山滋比古のいう，日本文化の「翻訳言語的性格」への批判がこめられていることはいうまでもない。

　在来の日本語をフルに活用した比喩による表現に加えて，リブの発言に特徴的なのは，それがつねに対話的であることである。人は対話をするとき，相手と自己との個別的関係の中でことばを探すのであり，しかもこの場合，言語以外の身ぶりや表情，さらには服装さえも，コミュニケーションの重要な媒体となる。リブの集会に，何十人何百人集まろうとも，そこで語られることばの語り口は，決して多数を意識した演説調ではなく，数人の小集団で語られるのとまったく同様の会話体の表現であり，語られる内容も少しも一般化しない，個別的，具体的な事例である。集会のみならず，リブの発行したビラやパンフレットなどのミニコミ，さらには，田中の前掲書や佐伯洋子ほか『女の思想』（1972 年）など，文字化され出版された作品においても，その多くは作者の個人史や個人的問題を，話しことばで綴ったものである。たとえば，先の引用文でも，田中は「あたしは」と一人称で語り，「ある集会ではしかじかだった」と個別的，具体的事例に即して話を進めているのである。

もっとも，リブ派の女たちによる書籍出版は，必ずしも成功を収めたとはいいがたい。多分それは，「女の論理」は，文字化されることによっては，対話のもっている非言語的ないし超言語的表現を欠落させてしまう以上，伝達効果を半減させてしまったからにちがいない。

◼ レトリックとしての「女の論理」

　すでに第二次大戦中に「女の論理」と題するエッセイを発表した花田清輝は，チェーホフの戯曲を引用しつつ，女の論理は「論理(ロジック)」ではなく「修辞(レトリック)」であると記している。花田によれば，修辞の目的は説得にあり，相手に信頼(ピスティス)の念を起こさせることにあるから，それは本質的に一人称と二人称で語られ，暗喩(メタフオア)や直喩(シミリイ)がつかわれる。真理そのものを説きあかすことが目的ではなく，「ただ相手から，かの女のいうところを，もっともだとうなずいてもらうことができればそれで十分なのだ」から，女の話は対話の形式をとり，しかも打ち明け話になり，泣いたり叫んだりの「音楽的効果」に訴えることになるというのである。田中美津にその典型をみるリブ派の女たちの語り口は，まさに花田のいうレトリックを本領としているように思われる。

　花田は，パリサイ人の「論理」に対するに「修辞」をもって武器となしたイエスの例を引きつつ「修辞的であることが，イエスの美点であるとするなら，それはイエスが，あくまで修辞をもって武器と見なし，これをふるって，現実の変革のために果敢な闘争を試みたからであった」と綴っている。

　この花田の文章は，ほとんど予言的でさえあった。確かに，『女大学』に代表されるような婦徳は，朱子学的（儒学的）「論理」に照らしてみても，およそ非論理的な個々の徳目の修辞的集積でしかな

かった。そこには，抑圧の正統性を自己にいいきかせるための修辞しかなかった。だが，これを逆転して，女が自己の実存にのみ立脚して語る修辞は，いっきょに，女をめぐる既成の道徳の解体へとその矛先を向けるにいたったのである。ウーマン・リブにおける「女の論理」とは，そうした修辞であった。花田は，「今日のような転形期にのぞみ，生れながらに修辞的である女のほんとうの顔は，抽象的な意味において，かならずイエスのそれと多くの類似性をもつであろうと信ずる」と語った。いうまでもなく花田は，「転形期」ということばで具体的には第二次大戦時のことを指したわけであるが，この時期における「女の論理」の活性化を私は知らない。より正確な意味における「転形期」とは，ウーマン・リブの発生した1970年代であるように私には思われる。

◖ 現代社会の倒錯現象へのアンチテーゼとして

しばしば指摘されるように，現代社会は，近代化の諸原理が発生当初に予測しえなかったようなさまざまな倒錯現象を露呈している時代である。科学や理論を物神化し，現実の人間存在を軽視する科学者たち，ないしは全体性を志向しない瑣末主義的な「専門バカ」の輩出。職業人としての主体性に基づくのではなく，個別的な企業にとって有用な部分品たることに狂奔する「モーレツ社員」。組織目標の達成と組織効率のために，成員個々人の欲求を犠牲にする組織第一主義。

こうした近代化のもたらしたさまざまなマイナス機能がようやく顕在化し，近代合理主義への問い直しが思想界の主潮をなし始めたのは，1960年代後半の全共闘運動以降のことである。

こうした近代化の総体を再点検するという意味で「転形期」と呼べる1970年代に，ウーマン・リブは登場したのである。そして，

まさにこうした近代合理主義の倒錯現象に対する批判の視点こそを，リブ派の女たちは「女の論理」と呼んだのである。ウーマン・リブが，女性の社会的・職業的進出に関心を示さないどころか，むしろ，職業社会において男なみの活躍をしている女性たちを，自分たちとは異なる「エリート女」と決めつけさえするとき，それは，職業社会への進出をもって女性解放とみなしてきた先輩たちへの非難の声である以上に，職業社会を支える近代的「生産性の論理」への攻撃を意味していた。

　　「男文化の基準から判断される女の劣等性は，ひっくり返せばそのまま女の可能性ではないかとさえ思うのだ。男が夢中になれる出世だのエリートだのに命がけになれないことも，非能率的で非生産的であることさえも。個人の才能とがんばりにおいて，他者より強く勝ち残らねばならず，その為には非生産的な弱者を切り捨てて進歩発展する男文化の中で，そんな風な強者になり得なかったことを女の可能性として見たいのだ」。(米津知子，国際婦人デーに向けてのビラより)

パリサイ人がそのきわめて精緻な律法にもかかわらず，イエスの存在を抹殺できなかったように，ウーマン・リブの「女の論理」は抽象化と一般化とを拒否するその非論理性にもかかわらず（あるいは非論理のゆえに），近代社会ないし現社会体制に対する鋭い批判の武器を提供する。「生産性の論理」を真向うから批判する以上，ウーマン・リブの「女の論理」が，物をつくり出し，維持するための武器になりえないことはもちろんであり，またその主眼が意識変革にある以上，ウーマン・リブ運動がたとえば政治運動のごとき，目にみえる運動成果をあげることは困難である。リブ運動は，早晩，種々の具体的達成目標と組織とを有する運動にとって代わられざるをえない性格をもっている。だが，イエス・キリストが肉体的死の

後においてなお被抑圧的民衆に多大な影響力を及ぼしたのと同様に，ウーマン・リブもまた，その精神のありかたにおいて，今後の女性文化のみならず，日本の近代文化そのものに，何らかの痕跡を残すであろうこともまた確かであろう。

4　ウーマン・リブ，その後

◙ 「女の論理」と社会変革

　1972年5月のリブ大会を最後に，リブ運動の中核は，性格を異にする2つの団体に分裂することになる。すなわち「ぐるうぷ闘うおんな」を中心に設立された，リブ新宿センターと，優生保護法改正反対運動の中で誕生した「中絶禁止法に反対しピル解禁をかちとる女性解放連合」(略称中ピ連) がそれである。中ピ連は，その名のとおり，中絶の自由化とピルの解禁を主たる運動目標とする団体であるとはいうものの，それ以上に，「ぐるうぷ闘うおんな」を中心に進められてきた従来のウーマン・リブに違和感を表明し，リブの再構築・再編成を企図したものであった。

　優生保護法改正反対運動の方向性をめぐって，リブ新宿センターと中ピ連とは決定的な対立をむかえた。すなわち中ピ連が，「生む生まぬは女の権利」のスローガンの下，「女が自分の生きかたを選択してゆくことを阻むもの，女に生むことを強制するもの」としての優生保護法および堕胎罪の解体を主張し，「確実な受胎調節を女の手に握ることが，中絶，出産の自由と共に，女がみずからの性の他からの支配から解き放たれるのに不可欠のテーマである」として，ピル解禁を要求したのに対して，リブセンターに結集する諸グループは，「女は中絶をしたくてしているのではなく，中絶をさせられているのだ」という認識に立ち，「産みたい……でも産めない！」

「人間の住める社会で生きたい，産みたい」「子供が産まれても追い出されない部屋を」といったスローガンをかかげた。

　「〝生む性〟であるが故に，生むことに関する負担を一切その肩に負わされ，そのことこそが生活物資の生産に関わるにあたってのハンディとなり，はては生産労働からの締め出しをくう」（『ネオリブ』39号）という意味で，「生む性」を拒否する権利を確保することが，女性解放のための前提条件とする中ピ連の主張は，確かに一面ではリブセンター系のグループが批判するように，産むことに代わる何かをもちうる「エリート女」の主張としての側面を有する。だが他面，リブセンター系の諸グループのように，「産む権利」のみを強調することは，女性存在を「産む性」としてのみとらえる伝統的な女性観の中に女性を閉じこめ，ボーヴォワールのいう女の「性への服従」ないし自然への従属をうながすことも否定できないだろう。

　この問題は，単に優生保護法改正反対運動のスローガンをめぐる相違という以上に，女性解放の方向を定める意味でかなり主要な論点であり，十分な議論を要するテーマといえる。

　優生保護法改正案がいちおう国会で不成立になった後，リブセンター系諸グループは統一的運動目標を失い，再び各グループ単位の個別的活動へと沈潜していくことになるが，これに対して，中ピ連はますます活動性を発揮していくことになる。すなわち，一方では，あくまでも中絶とピルの問題を主要関心とし，医学講座やピルの自主販売を追求しつつ，他方では美人コンテスト会場に押しかけ，反対のビラをまくなど活動の幅を広げ，1974年には「女を泣き寝いりさせない会」を内部に結成し，離婚問題，結婚詐欺，少女暴行などで女性に対して不当なふるまいをしたとみなされる男性に直接抗議に出かけたり，さらに昭和50年には女だけの労働組合結成に力を貸し，労組婦人部ではない「女総評」の結成をめざすなど，多

角的な活動に従事している。センセーショナルな闘争手段といい，リーダー榎美沙子のテレビや週刊誌における活躍といい，1975年現在のマスコミ報道をみていると，あたかも日本のウーマン・リブは，中ピ連に収斂したかの感さえも抱かれるほどである。

　だが果たして，中ピ連だけがリブ運動の嫡流といえるのであろうか。確かに，医学講座などを通じて女性の肉体の自己管理をすすめた点，結婚や離婚に伴って具体的に女性が悲劇的な位置におかれた実例を告発した点など，ウーマン・リブの中心課題としての「性の解放」運動を，実質的，具体的に推進した点で，中ピ連の活動は評価に値する。

　ウーマン・リブ運動がともすれば，刃を自己の内面に向けるあまり，社会の現実を変えていく力になりえない面をもっていたのに対して，中ピ連は，対社会的影響力を計算に入れた有効な運動を展開してきた。リブセンター系のミニコミや，そこに結集した女たちの発言が論理的であるよりは修辞的であり，ある者にとっては非常な感動をもたらすとはいうものの，他の多くの者たち（とくに男性やリブに無関心の女性たち）にとっては，伝達不能ともいうべき性格をもっているのに対し，中ピ連機関誌『ネオリブ』の文章は，リブ派以外の女性および男性の読解力に十分耐えうるものであるし，榎美沙子のマスコミにおける諸々の発言も論理明快で説得的である。こうした表現方法の相違は，コピーライター出身の田中美津と，理科系大学院出身の榎美沙子という両リーダーの経歴やパーソナリティに起因するところが大きいといえるが，それ以上にリブセンター系グループと中ピ連との運動の性格の相違を物語っているように思われる。

　中ピ連が他の婦人運動団体や政治組織と同様，いわば具体的目標達成のための団体であり，それ故，他者に対する説得性や，運動の

効果を第一義に考えるのに対し，「ぐるうぷ闘うおんな」をはじめとするリブグループは，他者に対する働きかけ以上に，自己変革を意図するグループであり，それ故，自己にとってもっとも確かな手ごたえのあることばであり，運動であることが第一義であって，他者や社会への顧慮は二の次となるのである。

　私にいわせれば，前述したようにウーマン・リブの意義と特長は，性解放の主張のみならず，意識変革ならびに「女の論理」にある以上，「ぐるうぷ闘うおんな」によって喚起された，「女の自立」への模索は，依然としてリブ運動の主要な部分なのである。中ピ連がいわば，現に存在する女の実態に即して，その社会的存在形態の変革に着手したとすれば，リブセンター系の諸グループは，いわば「女の論理」を自己および社会に投げかけた点で，価値ある存在であろう。女の実態の実質的変革と「女の論理」の噴出とが，ともにウーマン・リブの重要な2つの遺産として，今後に受け継がれていくことを期待したい。

C 『行動する女たちの会資料集成』解説

「解説」高木澄子ほか編『編集復刻版 行動する女たちの会資料集成』
第 1 巻（六花出版，2015 年）3 ～ 8 頁より。

◎ 国際婦人年をきっかけに立ち上がった生活者版リブの集まり

「国際婦人年をきっかけとして行動を起こす女たちの会」は，
1975 年 1 月に発足した団体で，1986 年 2 月に「行動する女たちの
会」へと名称変更し，1996 年 12 月に閉会した。今回の資料集成は，
会の発足時から閉会にいたるまでの活動の記録と，刊行した冊子類
を収録したものである。ここでは主に，会が名称変更するまでの前
半 10 年の活動についてふれたい。

「国際婦人年をきっかけとして行動を起こす女たちの会」（以下
「行動する会」と略す）が誕生した背景には，2 つの要因があった。
きっかけの第 1 が，会名に謳われているとおり，国際婦人（女性）
年であることはいうまでもない。1960 年代後半以来，欧米などの
経済先進諸国で高揚した第二波フェミニズム[1]の影響を受け，国連は
1972 年の第 27 回総会で，女性の地位向上を目指して，1975 年を
「国際婦人年」とすることを決議した。これを契機に，東欧諸国や
「第三世界」を含む全世界の加盟国が女性差別撤廃に向けた取り組
みを開始した。草の根から始まったフェミニズム運動が，世界的規
模で連帯し，大きなうねりを作り出す一方で，各国政府も，女性差
別撤廃条約（1979 年第 34 国連総会で採択）を基に女性政策，ジェン
ダー政策を推進することになった。

国際婦人年とそれに続く「国連婦人（女性）の十年」（1976 ～ 85

年）は，世界の女性の状況に地殻変動をもたらす画期的なできごとであった。日本の場合も例外ではなく，この年を期してフェミニズムに基づくさまざまな団体ができ，著作が発表され，イベントが開催された。「行動する会」が発足したのは，こうした機運の最中であった。

「行動する会」発足にあたっては，その直前の数年間，耳目を集めたウーマン・リブ[2]の影響も無視できない。ウーマン・リブは，日本版第二波フェミニズムといえる運動であり，1970年に街頭デモで登場して以来，女性だけの集会やデモを繰り返し，女性差別への怒りを，互いに語り合うとともに，社会に向けて発信してきた。ウーマン・リブは，その主張ばかりでなく，担い手も運動形態も，それまでの「婦人解放運動」とは大きく違う，新しい運動だった。

20代の若者層が数多く集まったこと，男性をシャットアウトして女性だけで合宿や集会をしたこと，「女は便所か」などの大胆で「女らしくない」表現や問題提起をしたこと等のために，マスコミからは好奇とからかいの的にされた。そのためウーマン・リブを自分たちと無関係な「変な人たち」の運動だと思い，近づかないようにしていた女性も多かった。だが一方で，日頃から夫や同僚の態度や，会社での処遇に憤懣を抱えていた女性たちの中には，ウーマン・リブに共感して，それまで当たり前だと思ってあきらめていた差別や抑圧を告発し始める人も出てきた。「行動する会」は，ウーマン・リブに触発された女性たちの集まりでもあった。

出発時の会員には，すでにウーマン・リブの集会に参加していた人もいるし，自ら「中年リブ」を名のる人もいた。「国際婦人年をきっかけとして行動を起こす女たちの会」という名称自体が，ウーマン・リブの影響を色濃く示している。すなわち，団体名としてはいささか長すぎるものの，会のなりたちや性格を直截に表す柔らか

な命名法は，従来の「〇〇婦人同盟」「〇〇婦人大会」など，漢字ばかりの硬い名称を嫌って，ウーマン・リブがグループや集会の名前として，よく採用したものであった。また，ウーマン・リブ運動の過程で，「婦人」という古めかしく，かつイメージが限定された呼び方を拒否して，「女」という，トータルな存在としての，生身の女性自身を指す言葉が多用されるようになった。「女たちの会」という名称は，そうした新しい言語感覚を反映したものであった。

　実際，「行動する会」は，ピラミッド型の組織をつくらず，出入り自由な「平場」の関係を保つ組織形態といい，「おかしい」「嫌だ」「差別だ」と思ったことに対して直ちに違和感を表明し抗議する機動的な行動力といい，ウーマン・リブの延長上にある団体だった。もっとも，担い手層が職業人として，または主婦としての生活経験を有する30代以上の女性たちで，「大人の知恵」やスキルを持っていた点で，若い生活感のない70年代初頭のウーマン・リブ運動とは，一線を画していた。この意味で，「行動する会」は，国際婦人年をきっかけに立ち上がった生活者版リブの集まりだったということができる。

◉ 1年目の記録・2年目の記録

　この資料集成の第5～6巻に収められた『活動報告』には，活動予定や活動報告のほか，集会の呼びかけや会が発信した公開質問状や声明文，会員たちのエッセイや海外事情の紹介などが所狭しと掲載されており，会の活動の軌跡が漏らさず収録されている。

　とくに，発足後2年間の活動と主張は，各年度の終了時に発行された冊子にわかりやすくまとめられている。たぶん，アメリカ合衆国の女性解放運動レポート[3]をモデルに作成されたと類推されるこの記録は，『女の分断を連帯に　1年目の記録』『行動する女たちが明日

2　ウーマン・リブの思想と行動　　259

をひらく 2年目の記録』と題して，定価をつけて販売された（第3巻収録）。

　『1年目の記録』の表紙の裏には，「私たちは行動を起こします」との宣言文が掲げられ，続いて編集委員会による「明日をつむぐ女たち」と題する18ページに及ぶ長文の運動論が掲載され，戦後30年の運動史の中での会の位置づけと，「女の分断を連帯に」との方向性が示される。次に1年目の活動報告として，マスメディアに異議申し立てをしたこと，「働く女性の相談室」を会の事務所のある法律事務所内に開設したこと，東京都に「離婚の母の家」設立を求めて建物の構造や運営方法についても具体的に要望したことなどが記され，また「高校の男女共学を勝ち取る行動」の出発点として，23都道府県の公立高校の別学状況を調査した結果も掲載されている。「公開質問状」を担当する分科会があり，「行動する会」の発足当初から，政府・官庁・政党・企業など各界のトップ宛に女性の問題についての公開質問状を出している。『1年目の記録』には，「第二次公開質問状への回答」として，新聞社と放送会社社長に出した質問状に対する9社の回答が記載されている。記事番組の内容ならびに，社員の男女別人数などについての詳しい回答が載っており，当時のマスコミ界の状況が記録されている貴重なデータである。

　『2年目の記録』の表紙の裏には，「国内行動計画への抗議声明」が掲載されている。国際婦人年に採択された世界行動計画を受けて，日本政府も1977年2月，「婦人の十年国内行動計画」を発表した。しかし，期待に反して不充分で抽象的な内容にとどまったため，多くの女性団体等から批判が続出した。なかでも「行動する会」は，「今回出された行動計画には，婦人問題の要である女性の労働権の保障という基本原則と，平等を実現しようとする積極的姿勢が欠落している」と厳しく批判し，「日本の全女性に対する裏切りであり，

断じて許すことはできない」と抗議したのであった。

　この冊子には，1977年4月開催の「各政党に男女平等政策をきく会」の記録が掲載されているほか，巻末付録に1976年12月に就任した各省大臣と，同月の選挙で初当選した衆議院議員全員に対する質問状への回答の全文が30ページ以上にわたって掲載されている。これらは，当時の政治家たちの「女性問題」に対する意識が具体的に示されていて興味深い。

　これらの記録を読むと，「行動する会」が実にさまざまなテーマで，また多様な方法で積極的に活動した，まさに「行動する」会であったことがよくわかる。

◙ マスメディアへの抗議行動

　「行動する会」が社会的に「勇名」を馳せた最初のできごとは，マスメディアへの抗議行動であった。1975年9月，「行動する会」は，NHKとハウス食品工業をあいついで訪れ，要望書を手渡した。

　NHKに対する要望書は，ニュース担当者に女性アナウンサーも入れてほしい，男女ペアでニュース番組等を司会する場合には男女対等な役割にしてほしい，男女の伝統的な役割を変える必要性を認識させる番組を企画してほしい，ドラマ等で明らかに女性差別を示す言葉は使用しないでほしい，職員の採用・昇進・管理職への登用に男女差をなくしてほしいなど，27項目に及ぶものであった。現在では，ニュース担当アナウンサーが男性ばかりなどということは想像できないかもしれないが，当時はそれが当たり前で，疑問を呈する人は少なかった。事実，NHK側の回答は，女性に門戸を閉ざしているわけではなく，たまたま適格な女性がいないだけ云々という，性差別の事実認識を欠くものだった。

　ハウス食品工業への抗議は，当時テレビで流されていた同社の

「ハウスシャンメンしょうゆ味」のCM「私作る人，僕食べる人」に対するものであった。国際婦人年世界行動計画で，男女の平等や固定的な従来の役割分業を変えることが求められているにもかかわらず，このCMは，食事作りは女性の仕事という印象を与え，従来の男女役割を固定化するものだというのが抗議の理由であった。これに対して，ハウス食品工業は「新商品に切り替える」ことを理由に，10月いっぱいで，このCMを中止した。

この2つのメディアへの抗議行動は新聞，テレビ，週刊誌を通じて全国に報道され大きな話題を呼んだが，とくに週刊誌は，からかいや悪意に満ちたとりあげ方が多かった。なかでも，この抗議を「ヒステリック」で「本質から外れている」と批判した『ヤングレディ』に焦点を当て，「行動する会」は，出版元の講談社と編集長を相手に，名誉毀損に対する謝罪広告と慰謝料を求めて提訴した。1975年12月のことである。

4年間の法廷闘争の末，1979年12月に，『ヤングレディ』が「行動する会」の作った記事を掲載するとの和解が成立し，裁判は終了した。和解について，各新聞は「女性に負けた『ヤングレディ』」（朝日），「作る人・食べる人 〝女性差別〟訴訟和解」（日経），「女らしさ訴訟，反論紙面提供で和解」（読売）などと報じた。とくに『読売』は，この和解によってメディアに自分の意見を主張する「アクセス権」が前進したと評価した。

ところで，第二波フェミニズムが，それ以前のフェミニズムと異なる特徴の1つに，マスメディアを女性差別の培養機関として批判することがある。第二波フェミニズムのバイブルといわれたベティ・フリーダンの『女らしさの神話』（1963年）[4]は，「女らしさの神話」を醸成する元凶として女性雑誌をとりあげ，分析した。アメリカのウーマン・リブのグループが，有力な女性雑誌社レディー

ス・ホーム・ジャーナル社に押しかけ，女性記者の採用や，女性差別的な内容の誌面作りをしないよう求めたことは，日本でもよく知られている。マスコミを批判的に分析する「女性とメディア」研究は，第二波フェミニズムの学問版である女性学の，主要な構成分野の１つをなしている。

「行動する会」の一連のマスコミ批判は，こうしたフェミニズムの運動や学問の流れの中に位置づけることができる。上記の抗議行動に続いて，1976 年には NHK の連続ドラマ「となりの芝生」の「耐える女」賛美に抗議，1977 年にはフジＴＶ幼児番組「ひらけ！ポンキッキ」の中で歌われる「パタパタママ」，『サンデー毎日』の「女の先生はやっぱりダメだ！」に，それぞれ抗議，1978 年には『毎日新聞』連載「アサッテ君」，『週刊朝日』連載「夕日くん」の女性差別マンガに抗議し，1980 年に NHK 英語会話テキストに性差別的文章が繰り返されていることに抗議するなど，たて続けにマスコミへの抗議行動を展開した。

1980 年代以後になると，「行動する会」以外にも各地でメディアへの批判や抗議の活動が活発化するが，1975 年から始まった「行動する会」のこれらの行動は，日本におけるメディア・ウォッチ運動に先鞭をつけたといえる。

◘ 教科書の中の性差別批判

「行動する会」の初期の活動をみると，マスコミ分科会と並んで教育分科会の活動にも，めざましいものがあった。本資料集成第 4巻に収録された「男女平等の教育を考えるシリーズ」ⅠⅡⅢと『見逃すな！教科書の中の性差別』は，教育分科会の活動成果を冊子化したものである。シリーズⅠ『男女共学をすすめるために』には，公立高校に男女別学が多い現状を，都府県ごとに詳しく調査

した結果をまとめたもので，シリーズ II『女はこうして作られる』は，「教科書の中の性差別」を明らかにしたものであり，シリーズ III『つばさをもがれた女の子』は，副題に「教室の中の性差別」を掲げ，学校の中で男女差や性差別が作り出されるしくみを，多角的に描き出したものである。いずれも，1990年代以降に各地の教員たちのグループや組織を通じて推進される男女平等教育ないしジェンダーフリー教育につながる問題提起であった。ここでは，とくに教科書問題に対する，この会の取り組みを紹介しておきたい。

　教科書は発行部数が多いだけでなく，学校を通じて児童生徒に強制的に配布され学習されるという意味で，その影響力の大きさはマスコミ以上であると想定される。そのため，教科書の内容には，さまざまな立場から関心が寄せられてきた。[5]

　「行動する会」は，1976年から教科書の性差別記述のチェックを開始したが，とくに1978年には集中的に教科書問題に取り組み，4月に教科書研究センターで海外の教科書を調査し，7月には「ご存知ですか？男女差別だらけの教科書」と題して，教科書会社を招いての討論会を開き，さらに8月には地方会員も参加して合宿し，英語・社会・国語・家庭・保健の各教科書チェック結果をもちより検討する会をもった。単に教科書の内容を分析するだけでなく，教科書会社の担当者を呼んで討論を行う行動力は，いかにも「行動する会」らしいものであった。この討論会に6社が参加したことも特筆に値する。討論会に不参加予定を伝えてきた4社には，「行動する会」メンバーがあらかじめ訪問し，担当責任者と話し合いを持っている。関係者たちの熱意が伝わってくるようだ。

　こうした活動の末にまとめられたのが，シリーズ II『女はこうして作られる　教科書の中の性差別』(1979年8月)であり，手書きでまとめられた『見逃すな！教科書の中の性差別』は，その補足とし

て出されたものである。ここには登場人物の男女比の一覧表があり，教科書のイラストなども紹介され，当時の教科書の状況がよくわかる。詳しいコメントは，本文を読んでいただくことにして，「ここでは教科書が押し付ける女らしさ」として各教科に付されたタイトルを列挙しておこう。

1，社会科──やっぱり女は内，男は外（小学校），人 イコール 男？（中学公民），家庭──誰のためのいこいの場？（中学公民・高校倫社）

2，国語──「心理学」の名の下に（中学），女の子が参加できない授業（中学）

3，英語── She と He ではこんなに違う（中学），高校英語は His-Story（高校）

4，保健体育──からだの違いで決めつけないで！（高校保健）

5，家庭科──何が何でも女は家庭（高校家庭一般）

　ジェンダーの視点からの教科書分析はその後，教職員組合や各地の自主グループに引き継がれていった。日本弁護士連合会女性の権利に関する委員会も，1989 年から小学校・中学校の教科書分析を開始し，その結果を 1 冊の本にまとめている。[6]

　こうした指摘を受けて，教科書会社もしだいに，ジェンダーに敏感な改訂を重ねてきており，1970 年代に比べれば，かなり前進しているようだ。とはいえ，2000 年代になっても，教科書の登場人物やイラスト等にジェンダーの偏りがみられることが，しばしば指摘されていることも事実である。教科書のチェックと改善は，まだまだ求められている。

　こうしてみてくると，「行動する会」の初期の活動を一言でいうと，「女らしさ」の神話に風穴を開けた運動といえるのではないだろうか。この会が発足した 1975 年当時，「女の居場所は家庭」「女

は結婚して子どもを産み育てるのが幸せ」「女は男の後に従うもの」等々といった「女らしさ」の神話がはびこっており，女性たち自身も，この神話にとらわれて，自分の行動や生きかたを制限しがちであった。

欧米諸国や日本のウーマン・リブに触発されて，「女らしい」とされていた生き方や性格が決して自然なのではなく，「神話」にすぎないことに気づいた女性たちが集まり，行動を起こしたのが，この会であった。放送局や出版社に直接抗議に出かけ，公開質問状を出すといった「行動」自体が，女性は井戸端会議をするだけで，決して社会に向けて行動はしないはずだといった世の中（＝男性たち）の思い込みを，みごとに打ち破ったともいえる。

「行動する会」の活動は，もちろんマスコミ批判と教育問題だけにとどまったわけではない。離婚の駆け込み寺の設置要求，女性の政治参加，買売春問題，優生保護法改定阻止運動など，さまざまなテーマで，その時々に女性が必要とする運動を積極的に展開した。なかでも雇用の場における性差別の撤廃は，この会が発足当初から取り組んだテーマであり，とくに 1979 年に「私たちの男女雇用平等法をつくる会」を発足させて以来の活動は，目覚ましいものがあった。紙数に限りがあるので，これらの活動については，山口智美さんの解説（「解説 行動する会を女性運動史に位置づける」『編集復刻版 行動する女たちの会資料集成』第 1 巻）に任せたい。

◾️ 80 年代の女性運動を先導した「行動する会」

「行動する会」が出発した 1975 年当時の日本は，1960 年代の「政治の季節」が終わり，「シラケ」ムードが蔓延していた時代であった。この停滞状況の中で，元気に活動し始めたのが女性であった。「80 年代は女性の時代」という標語が生まれたのも，まったく的外

れではなかった。もちろん，消費社会化のターゲットとして女性が注目されたという面は否定できないが，他方で国際婦人年を追い風にした，女性たち自身の意識と行動の目覚めも無視できない。

1975年に，民間41婦人団体が連携して開催した「国際婦人年日本大会」の直後に，「国際婦人年日本大会の決議を実現するための連絡会」が結成されたほか，女性たちによる新たな運動団体も数多く誕生し，活動を続けてきた。70年代末には，女性学の学会・研究会も次々に発足した。『あごら』『女・エロス』などの女性たち自身の手になるメディアのほか，『クロワッサン』『モア』などの女性向け商業雑誌の発刊も相次いだ。政府も婦人問題担当室（後に名称変更）を作り，女性差別の解消に向けて取り組みを開始したほか，各自治体も担当部局を作り，男女平等に向けての施策に着手する。国会にも「国連婦人の十年推進議員連盟」が超党派で結成され，1985年には女性差別撤廃条約批准にこぎつけた。立場や党派や方法の違いを越えて，多くの女性たちが「女らしさ」の神話を打破し，男女平等の実現に向けて歩みを共にしたのが，この時代であった。

「行動する会」は，こうした女性たちの活動の大きなうねりを先導した団体の1つである。この会の活動の軌跡には，1980年をはさむ10年（ちょうど「国連女性の十年」に当る）の間に，日本の女性たちが，何を問題とし，何を変えようとどのように闘っていたのかが集約的に表現されている。この時期の日本の女性運動を語るうえで，この資料集成は必読文献の1つになるにちがいない。

1　第二波フェミニズムとは，1960年代半ば以降に欧米諸国を中心に勃興した女性解放運動で，性別役割分業や，性と生殖における女性の自己決定権などを主張した。

2　ウーマン・リブとは，women's liberation の略称のカタカナ表記で，日本では主として 1970 年代初頭の運動と，それへの参加者を指す。

3　シュラミス・ファイアストーン，アン・コート編，ウルフの会訳『女から女たちへ──アメリカ女性解放運動レポート』合同出版。

4　邦訳は，『新しい女性の創造』(三浦冨美子訳）と題して 1965 年（改訂版 2004 年）に大和書房から出版。

5　ジェンダーの視点で教科書チェックを始めたのは，たぶん婦人問題懇話会マスコミ分科会が最初であった。婦人問題懇話会（1984 年に「日本婦人問題懇話会」と改称）は，1962 年に山川菊栄を中心に設立された婦人問題の研究団体で，2001 年に閉会した。『婦人問題懇話会会報』第 22 号（1975 年）から，小学校の教科書分析の結果を掲載し始めている。婦人問題懇話会マスコミ分科会のメンバーの多くは，「行動する会」発足後，その教育分科会，マスコミ分科会の世話人としても活躍し，婦人問題懇話会の活動を引き継ぎ，中学・高校の教科書にも分析の手を広げていった。

6　伊東良徳ほか『教科書の中の男女差別』明石書店，1991 年。

3

私とフェミニズム

懇話会から女性学へ

A 女性学のセカンドステージとジェンダー研究
——女性学の再構築に向けて

「女性学のセカンドステージとジェンダー研究——女性学の再構築に向けて」女性学研究会編『女性学の再構築』(『女性学研究』第 5 号，勁草書房，1999 年) より。

1990 年に『女性学研究』第 1 号を創刊するに当たって，私たちは日本の女性学のセカンドステージを予感し，このジャーナルが女性学研究の新たな展開の舞台となることを期待した。『女性学をつくる』『講座 女性学』等に結実した第 1 期の女性学は，女性の経験を顕在化し，性差別の構造を解明するという女性学が，学問としての存在理由をもつことを学界内外にアピールすることに，多くのエネルギーを注いだ。90 年代に入り，ようやく女性学の必要性が，学界においても大学や社会教育の場でも認識されるようになってきた時，今度はジェンダー研究という新たな学問潮流と女性学との関係が問われ始めた。

私はジェンダー研究という新たな視座を女性学のセカンドステージとして肯定的に評価しつつも，ジェンダー研究の登場によって女性学の存在理由がなくなったとは考えないし，まして女性学がジェンダー研究に解消されるとも思わない。ジェンダー研究という新たな地平に連なりつつ，女性学は女性学として存在理由をもち続けると考える。本論では，日本の女性学研究の歴史，とりわけ私自身の思考の歩みに即して，女性学再構築の意義を論じたい。

1 日本の第 1 期女性学は何をめざしたか？

1974 年に賀谷恵美子と私 (筆名辺輝子) は「アメリカ諸大学の女性学講座」と題する小論を発表した。私たちは，Women's Studies に「女性学」の訳語を当て日本でも女性学を始めようと呼びかけたのであった。この年，私は和光大学で女性学講座を開講する一方で，賀谷，波田あい子，酒井はるみ，平野貴子 (故人)，田中和子，庄司洋子らとともに，女性社会学研究会を発足させた。メンバーの大半が 1978 年の女性学研究会の創設に参加したこともあり，1981 年に『女性社会学をめざして』を刊行した後，この会は終了した。この間 1980 年に，私は『女性学とその周辺』を上梓し，あらためて女性学の必要性を訴えた。女性学研究会による 1981 年の『女性学をつくる』と，それに続く『講座 女性学』全 4 巻の発刊，また 1980 年以来の国立婦人教育会館女性学講座の開催。こうした活動をつうじて，私たちは日本の女性学を創ってきた。

日本の女性学の創成期ともいえるこの時期に，私たちがめざしたことは何だったのか。ふりかえって考えてみると，a. 女性の経験の顕在化　b. 女性の視点からの学問の問い直し　c. 性差別構造の解明をつうじての女性のエンパワーメントであったと思う。

まず最初の賀谷・辺論文は，a. 女性の経験の顕在化の必要性と，そのための女性学の誕生理由を，控えめながら次のように述べている。「人口の半数を占める女性が男性とは異なるパースナリティと文化とを有し，それ故，男性とは異なる独特の問題状況に直面しているにもかかわらず，従来，女性問題は学問的研究の対象とされることが少なく，またたとえ研究されたにしても，たとえば，経済学の一部として婦人労働者の賃金問題が，政治学において女性の投票行動と政治意識が，教育学において女子教育が論じられるといった

具合に，各学問分野の一部としてわずかに言及されてきたにすぎない。だが，女性をめぐる問題状況は，多岐にわたると同時に，相互に深く関連しあっており，従来の学問分野に基づく分散的研究によっては充分に追究しきれない側面を有する。その意味で，従来の学問分類にとらわれずに，新しい問題設定と新しい方法とによる，女性問題の総合的研究をめざす『女性学』の登場は時宜を得た試みといえよう。[1]

　従来学問研究の対象とさえされることが少なく，いわば不可視の領域であった女性の経験に光を当て，その全体像を明らかにしたい。そのためには，従来のタテ割り学問ではなく，女性という対象と，女性問題という問題に即した『学際的』研究が必要であるというのが，私たちの趣旨であった。

　数年後に『女性社会学をめざして』の総論を担当した田中和子は，アメリカにおける女性社会学運動に示唆されて，「社会学における女性の一般的不可視性」と，「女性の部分的可視性における問題点」を理論的に整理し，「女性の経験の顕在化へむけて」の研究の必要性を，より明確に展開した。「女性をこのような不可視の闇から救出し，その社会的存在様態の全容を照らし出す作業が，女性社会学に課せられた重要課題であることは言うまでもない。」[2]

　女性の経験を顕在化する作業は，日本でも 1970 年代以後，多くの女性たちの手で，インタビューや聞き書き，資料や作品の発掘，新たに企画された調査等の手法をつうじて蓄積されてきた。歴史学における女性史研究の活性化，文学や音楽・美術分野におけるフェミニズム批評の隆盛，社会学における女性の生活や意識に関する実態調査や生活史研究など，例示に事欠かない。

　a. 女性の経験の顕在化はそれ自体で意味があるが，女性学が第二波フェミニズムと手を携えて生まれ，育ったことを考えれば，研究

者の関心が自ずと c. 性差別構造の解明へと向かうのは，当然であったといえよう。田中は前掲書で次のように言う。「生物学的決定論に疑問を呈し，男女の性役割の二分法の有効性に異議をさしはさみ，女性も男性と対等の『人間』であることの確認の上に立って，現代社会における女性の劣位を変革さるべき問題状況とみなす新しい領域仮説（＝フェミニスト・パースペクティヴ）を共有しているところに，『女性社会学』を『女性社会学』たらしめている共通基盤がみいだされるのである」。女性学が別名フェミニスト・スタディーズまたは性役割研究と呼ばれた所以である。ちなみに同書の各論は，1. 性役割と家族研究 2. 性役割の社会化 3. アメリカ高等教育の問題と変革 4. 女性労働——その神話と現実 5. 性差別の理論化をめざして 6. 女性政策の展開 7. マスコミにあらわれた性役割神話の構造，から構成された。社会学分野からの性役割と性差別の構造解明の試みを，まとめたものであった。

1980 年代も半ばになると，A. クーン／A. ウォルプ編『マルクス主義フェミニズムの挑戦』（上野千鶴子他訳，1984），ナタリー・ソコロフ『お金と愛情の間』（江原由美子訳，1987）など，マルクス主義フェミニズムの理論が訳出されるとともに，上野自身の著作『資本制と家事労働』(1985) も刊行された。一方江原は，『女性解放という思想』(1985) を皮切りに，ラディカル・フェミニズムを基盤においた，性差別を生む社会構造の分析を次々に提示してきた。「フェミニズム社会理論」（江原）の領域が開花したのである。

女性学の研究者たちの多くは，女性学会や女性学研究会等の女性学研究団体に所属すると同時に，教育学会，社会学会，心理学会等々の既存の専門分野別学会にも所属している。こうした各種学会のメンバーをつうじて，とりわけ 1980 年代以後，b. 女性の視点からの学問の問い直しの必要性が，急速に認識されていった。1978

年に，日本社会教育学会と日本教育社会学会が，それぞれ女性に関する研究会を設けたのを始めとして，85年には，日本社会学会のテーマ部会で「ジェンダーと社会」が，日本教育学会のシンポジウムで「男女平等教育の現状と課題」がとりあげられ，88年以後，日本新聞学会（現日本マス・コミュニケーション学会）が，ワークショップ「女性とメディア」を開くといった具合に，あちこちの学会が，女性の視点ないし女性学の視点を導入していった。『女性学研究』が，毎号「研究動向」に多くのページを割いて，80年代以後の各種学会における女性学視点の研究動向をレビューしているのは，このためである。

　さて，女性の視点とはなにか。これについては，多様な議論がある。私自身は『講座　女性学』第4巻所収「〈女の視座〉をつくる」で，「女性学の営み自体が，潜在化している女の視座を顕在化させ，活性化させる過程である」との考えから，次のように述べた。「『女の視座』というものは，アプリオリに設定された『女の本質』や『女性性』から，自動的に流出してくるものではない。むしろ，女たち個々人が自分の視点を大事に育む営為の積み重ねをつうじて，彫琢されていくものだと思うのである。今，現に生きている女たちの一人一人が，支配的文化の色眼鏡に曇らされることなく，自分の疑問にこだわり，自分の感性を磨き，自分の発想を育てていくなかで，『女の視座』というものが，おのずとほの見えてくるにちがいない。」[4]

　以上述べてきたような，a.女性の経験の顕在化，b.女性の視点からの学問の問い直し，c.性差別構造の解明をつうじて，私たちが求めてきたのは，その後私たちの共有語となった言葉でいえば，「女性のエンパワーメント」であったといえよう。エンパワーメントとは，個人の内面と社会制度の両面において，女性が力を得ていく過

程のことである。しばしばフェミニズムを矮小化して捉える人々が想定するような，単に性差別の構造を解明して，その制度を変革するというにとどまらず，女性各自が自己（個的自己ならびに個的自己を含むカテゴリーとしての女性）の経験を顕在化し，その視座を彫琢していく作業をとおして，自己に自信をもち，自己を主張し，表現できるようになっていくことがエンパワーメントであり，女性学がめざしたものであったと，私は考える。

2 性役割研究からジェンダー研究へ

1970年代，80年代の女性学は，「性役割」概念を軸に展開してきた。たとえば，日本の女性学の普及に大きく寄与した国立婦人教育会館女性学講座のテーマは，第1期（1980～82）「女性学とはなにか」，第2期（1983～85）「性役割の固定化・流動化」，第3期（1986～88）「性・性差・性役割を考える」であり，1989年開催の女性学国際セミナーは，「性役割を変える」であった。女性学研究会編『講座 女性学』（1984～87）およびジャーナル『女性学研究』創刊号（1990）も，性役割研究をベースにした編成になっている。ちなみに，性役割概念を軸に，誕生から墓に至る女性の一生を女性学的に解き明かしたのが，拙著『女性学への招待』（1992）である。

性役割研究については，ロバート・コンネルをはじめとして，その功績を評価しつつも，限界を指摘する声も多い。しかし，私は「性役割」概念が切り開いた地平の，次のような意義をあらためて確認しておきたい。すなわち，

1) 生理学的宿命論を打破し，現にある男女の役割や性格の違いが，社会によって文化によってつくられたものであり，それゆえ，変更可能であるとの認識を導いた点

2) 男女の性役割が，平等な相互補完的関係ではなく，優劣関係，支配・服従関係にあることを暴露した点

3) 性役割の社会化，性役割をめぐる葛藤分析等をつうじて，社会構造とパースナリティ形成との関係を明らかにした点

4) フェミニズム運動や女性政策に，固定的性役割の打破という目標を提示し，女性差別撤廃条約や国連女性の10年などを実現する原動力となった点

　これらの諸点で，少なくとも日本の女性学においては，性役割概念は豊穣であった。

　とはいえ，社会における個人の女性という地位にともなう「役割」に問題を焦点化したことによって，1つには，性役割を生み出す社会構造にまで分析が及ばず，「構造を主体に解消する」（コンネル）ことによって，男女の権力関係が見失われてしまいがちであり，2つには，ジェンダー化された言語，パースナリティ，身体技法，思考態度等々を，「役割」の外延としてしか把握できず，ジェンダーの多面的な局面に十分に光を当てられなかった，といった限界は否定できない。

　こうした事情を考えると，女性学のセカンドステージが語られ始めた1980年代末頃から，「性役割」に代わって「ジェンダー」をキー概念として，研究や議論を進める人々が多くなってきたのは，不思議ではない。「性役割」は元来，sex role の日本語訳として当てられた用語だが，生物学的・生理学的性差を sex，社会的・文化的性差を gender と区別して使うことが定着するに従って，かつて sex role と呼んできたものが，実は gender role と呼ぶべきだということが認識されるようになった。日本では sex role と gender role に「性役割」と「性別役割」のいずれの訳語を当てるべきかについて，研究者の間で共通の了解が成立するよりも先に，「役割」

という限定を排した，しかも片仮名のままの「ジェンダー」という言葉が急速に市民権を得ていった。

私は『女性学への招待』新版（1997）に「ジェンダー研究の地平」と題する項を設け，ジェンダー研究への視点の移動が生じた背景について言及したが，以下に再度まとめておくことにする。

① 性染色体の違いに由来する遺伝学的性差，生殖機能の違いに由来する生物学的性差，身体の外見上の違いやホルモン分泌の相違といった生理学的性差といった，従来，動かしがたいものとして暗黙に前提されていた性差（セックス）自体が，それぞれ厳密に男女に二分されるわけではないことが明らかにされ，ジェンダーの二分法の人工的性格がいよいよ明確化してきた。「ジェンダーは，単にあらかじめ与えられたセックスに対する文化的な意味の書き込みとのみ見なされるべきではない。ジェンダーは同時に，まさにそれによってセックスそのものが確立される生産の装置を指すものでなければならない」[5]といった議論さえ登場している今，男女という二分法思考そのものが問われることになったのである。

② 言語，しぐさ，身体評価の基準，セクシュアリティなど，性別役割分業には回収しきれない，ジェンダーの諸側面に関心が向けられるようになるにつれて，「性役割」よりも広い概念として「ジェンダー」が多用されるようになった。

③ 「性役割」という用語によって，男女の関係の相補性がイメージされ，そこに支配・被支配の権力関係が含まれていることが，しばしば見落とされる傾向が出てきたのに対して，男女の権力関係を含意する用語として「ジェンダー」が浮上してきた。この意味でジェンダー概念を自覚的に使用したのは，私の知る範囲ではロバート・コンネル『ジェンダーと権力』(1987)[6]

が最初だが，とりわけ 1995 年の「北京行動綱領」以後，ジェンダー・バイアス，ジェンダー・バランス等々の造語とともに一般に定着していった。

④　ジェンダー現象の諸側面を記述・分析することから進んで，男女という二分化されたジェンダーをつくり出し，再生産する社会と文化の仕組みを解明することに，研究関心が向かった。

⑤　階級，人種／民族，年齢，社会的地位等を異にする女性たちの生活と人生は一様でないのみならず，女性同士の間でも抑圧と被抑圧の関係が生じていることなどが明らかになるにつれ，男女という二分法（ジェンダー）をも相対化し，階級の軸や民族の軸と関係づけてジェンダーを捉える必要が生じてきた。

⑥　女性のみならず，男性もまたジェンダーの呪縛に囚われていることを明らかにし，男性自身の自己解放をめざす男性が登場した。

⑦　異性愛を「正常」として，それ以外の性的指向を「異常」とみなす，近代社会のセクシュアリティ規範を批判の俎上に載せ，ゲイ，レズビアンなど，多様な性的指向者の自己認識を図る新しい学問領域（クィア・スタディズ）が誕生した。

性役割概念に代わって，ジェンダーという新たな概念を導き糸とすることで，女性学は確実にバージョンアップしたといえよう。

3　女性学の再構築

90 年代になると，自分の研究領域を「女性学」ではなく「ジェンダー研究」と名乗る研究者が増えていった。それでは，女性学はジェンダー研究に解消できるのだろうか。言うまでもなく，私の答えは「否」だ。私は，人々を男女というジェンダーに二分する文化

と社会の構造や秩序に関心をもつジェンダー研究の意義を承知しつつも，なお一方で，女性の生活や人生ないし性差別に焦点を置く女性学を再構築する必要性を主張したい。私はすでに『女性学への招待』新版で「女性学のますますの必要性」を論じたので，繰り返しになるが，関連図（280頁）を参照しながら，おおよそ以下の4点から理由をまとめてみたい。

まず第1に指摘したいのは，ジェンダー研究のアカデミズム化傾向である。女性学自体が，「学」を名乗ることによって，現実から遊離した「学問のための学問」に堕すのではないかとの危惧を指摘されたこともあったが，女性学が80年代のいわゆるフェミニズム論争を経て，90年代のジェンダー研究へと名前を変えていくにつれて，そうした危惧はますます強まってきた。とりわけフェミニズム運動の成果を既定のものとして前提視する若い世代の研究者たちの場合には，現実の女性たちが今直面している諸問題の解決よりは，理論的整合性の追求を優先する傾向が見られる。横文字の専門用語を駆使するジェンダー研究は，多くの女性たちにとって，専門家によって教えてもらい，学習すべき対象と化した。学問世界を自分たちの手に取り戻し，自分たちの経験に根ざした学問を創り出すという女性学の趣旨とは全く逆の現象が起きているといっても過言ではないだろう。b. 女性の視点からの学問の問い直しをするはずが，女性を学問の外部においた，しかも女性が学ばねばならない学問が新たに追加される結果を生んだとすれば，なんという皮肉だろう。

先述したように，ジェンダーという概念は元来，支配／被支配の関係を含意する政治的概念として成立したわけだが，学界で定着していく過程で，次第に政治性を脱色し，中立的な色彩を帯びた概念として使用される傾向も出てきた。大学や行政の場で多くの人々の支持を得ようとする時，変革や運動の匂いのする「女性学」よりは，

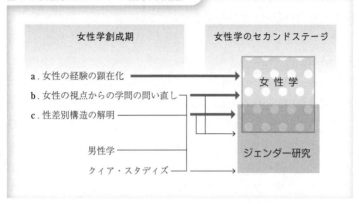

図1 ● 女性学とジェンダー研究の関連図

女性学創成期　　　　　　　女性学のセカンドステージ

a. 女性の経験の顕在化　　　　　　　　　　女 性 学

b. 女性の視点からの学問の問い直し

c. 性差別構造の解明

男性学

クィア・スタディズ　　　　　　　　　　ジェンダー研究

中立的なアカデミックな匂いのする「ジェンダー」の方が，受け入れられやすいとの政策的判断の中で，ジェンダーという用語が流布していった経緯もある。

　中立性を標榜し，抽象的な理論論議に堕しかねないジェンダー研究を，現実の諸問題と往復させ，女性のエンパワーメントにつなげていくためには，女性の経験に即した女性学再構築が必要だというのが，私の第1の論点である。

　第2に，女性差別の現実がある。均等法は改正されたが，女子学生の就職難，セクシュアル・ハラスメント，昇進・昇格差別等々，労働市場での女性差別はいっこうに改善されていない。女性に対する暴力が女性の人権の侵害であることがようやく確認されたものの，家庭の内外での女性に対する暴力は依然として頻発している。男性の女性に対する支配を当然視する性意識が，氾濫するポルノ等をつうじて拡大再生産されている。これらは現に進行中の女性差別のほんの一例にすぎない。

　日々刻々に再生産されている女性差別を解消していくためには，

ジェンダーの仕組みを一般的かつ抽象的に論じているだけでは，力にはならない。個別具体的な問題に，差別をなくそうとする立場から切り込んでいく必要がある。c.性差別構造の解明が，一方でジェンダー秩序の理論構築へと進むことが必要なのはもちろんだが，他方で現実の差別の実態分析と，それを解明するための「中範囲」の理論の集積が必要だ。後者を促す推進力として，女性学は有効に機能すると思われる。

　第3に，ジェンダーの非対称性の問題がある。男性に割り振られた役割・性格と女性に割り振られた役割・性格は，男性に有利で女性に不利な特徴をもっている。家事・育児・介護という女性に割り振られた仕事は無報酬または僅少の報酬であり，男性の職業や公的仕事とは全く違って位置づけられている。また女性に期待される「女らしさ」は，受動的かつ従属的であり，自立性や主体性とはしばしば矛盾し，衝突する。こうした女性の不利を指摘し，女性を不利にしている仕組みを組み換えていくためには，女性自身が声を上げていくしかない。

　ジェンダー研究の隆盛の中で，ジェンダー研究と女性学との関係が問われる時，うっかりすると，女性と男性は半々だから，女性学があり男性学があり，全体をまとめるジェンダー研究がある，といった安易な位置づけられ方をされかねない。ジェンダーの呪縛はもちろん男性にとっても問題ではあるが，しかし，より深刻な問題として関わらざるをえないのは，女性である。現代社会のジェンダー構造は，女性の抑圧を軸に展開されている以上，男性学と同じ比重ではない，女性学の格段の重要性を主張していく必要がある。

　最後に，そして何よりも重要な点は，大多数の女性にとって，女性であることが自分のアイデンティティの主要な部分を占めているという事実である。自分のことを女性として意識していない場合で

も，しばしば他者の目からは，女性は個人として見られるのではなく，女，女の子ないし女性として見られてしまい，そういう位置づけで，社会的評価や役割を与えられてしまうという問題もある。

　ジェンダーの社会化が徹底している結果であるが，同時に，社会のジェンダー構成が「女性」という性別を，男性ではない特別な存在として有徴化しているためでもある。民族，階級，年齢，職業，社会的地位等の，他の属性や位置づけを超えて，女性は「女」という一律のカテゴリーで括られることがしばしばある。田中和子が新聞分析で指摘したように，医師一般ではなく女医，高校生一般ではなく女子高校生，弁護士一般ではなく女性弁護士等々，わざわざ女性を強調する表現が多用され，実際そのような性別の冠詞をつけた存在として他者から対応される。女性は望むと望まないとにかかわらず，自分が女性であることを頻繁に自覚させられるわけである。

　このような女性としてのアイデンティティを共有する人々が多数存在するかぎり，a.女性の経験の顕在化作業は意味をもつ。社会において女性として生きるとはどういうことなのか，みずからの経験を語り，自分たちをとりまく状況を分析し，変革の道を探る女性学は必要であり続ける。

　社会的に女性として生きるという経験は，当然のことながら，男性として生きることとは異なる経験である。女性として生きる経験がもたらす視点や物の見方は，いまだに充分に表現されているとは言いがたいし，まして社会や文化の主たる流れに影響力を発揮しているとはいいがたい。人類の長い歴史を想起すれば，女性の視点を彫琢し表現する女性学は緒についたばかりであり，女性のエンパワーメントも開始されたばかりである。ジェンダー研究と手を携えつつ，女性学を再構築していくことが今求められよう。

注

1　賀谷恵美子・辺輝子「アメリカ諸大学の女性学講座」『婦人問題懇話会会報』No.20（1974 年）32 頁

2　田中和子「女性社会学の現状」女性社会学研究会『女性社会学をめざして』（垣内出版　1981 年）63 頁

3　田中和子，前掲書 62 頁

4　井上輝子「〈女の視座〉をつくる」女性学研究会編『講座 女性学 4　女の目で見る』（勁草書房　1987 年）329 頁

5　ジュディス・バトラー「セックス / ジェンダー / 欲望の主体」上（荻野美穂訳）『思想』1994 年 12 月号，119 頁

6　ロバート・W・コンネル『ジェンダーと権力』（森重雄他訳）三交社　1993 年

B 女性学と私
―― 40 年の歩みから

最終講義「女性学と私―― 40 年の歩みから」（『和光大学現代人間学部紀要』第 5 号，2012 年 3 月）より。

　私が和光大学に赴任したのは 1973 年，今から 39 年前のことです。着任した翌年の 1974 年に，日本初の女性学講座を開設して以来，私は女性学に関わってきました。和光大学で，いくつかの講座を開講したり，プログラムやジェンダーフォーラムを設置するほか，学会・研究会活動や社会教育を通じて，また地方自治体の女性行政を通じて，女性学の研究・教育・実践を重ねてきました。約 40 年の間，私は，日本の女性学とともに歩んできたように思います。

　最終講義の機会に，女性学と私の 40 年間の軌跡を振り返ってみたいと思います。日本の女性学の大まかな流れと，和光大学における女性学の実践については，一昨 (2010) 年秋に，現代社会学科のシンポジウム「女性学の挑戦」でお話しし，『和光大学現代人間学部紀要 4』(2011 年) に掲載されていますので，それをご覧ください。今回は，私が発表した著作を基に，私自身が女性学をどのように考え，どのように関わってきたのかに焦点を当てて，お話ししたいと思います。

1　女性学との出会い

◉ ウーマン・リブと私

私が女性学と出会ったのは，ウーマン・リブの運動を通じてで

した。ウーマン・リブとは，女性解放運動 women's liberation の略語，women's lib のカタカナ版ですが，日本では1970年に始まった，新しい女性解放運動のことを指します。戦後の日本は，憲法を始めとする法律や制度の改革によって，男女平等が法的に保障されたことになっています。戦前とちがい，女性も選挙権を得，大学にも行けるようになりました。女性差別に満ちた「イエ」制度も廃止されるなど，制度的には男女平等が達成されたように見えました。1970年ごろには，戦後改革から20年以上が経ち，高度経済成長によって生活も豊かになり，今さらコトあらためて男女平等でもないだろうという雰囲気が世の中には漂っていました。

　しかし，女性たちの実感としては，男女は平等どころか，差別だらけで，女に生まれて損をしたという思いが強くありました。たとえば，小さい頃から，女の子だからといって自分だけ手伝いをさせられたとか，お兄ちゃんや弟は大学に行かせてもらえても，自分はどうせ結婚するんだからと行かせてもらえなかったとか，女性だというだけで就職試験さえ受けさせてくれない会社がいっぱいあったり，会社に入ってみれば，お茶汲みばかりさせられたり等々，挙げればキリがないほど，私たちの生活は，女性差別に囲まれていました。

　こうした女性たちがおかれていた鬱屈状態の中で，もうがまんできない，何とか現状を変えねば息苦しくてたまらないと声を上げたのが，ウーマン・リブです。実はこうした女性解放運動が起きたのは，日本が初めてではありません。アメリカで，1960年代半ばに始まった運動が，またたく間に海を越えて，イギリス，フランス，西ドイツなどの西欧諸国や日本にも波及したのです。こうした，いわゆる先進工業諸国では，産業が高度に発達し，一応は男女平等が達成されたかに見えましたが，どこでも女性たちは同じような問

題や憤懣を抱えていたからです。この新しい女性解放運動は，以前のフェミニズム運動，それは女性参政権獲得など，男性並みの権利を女性にも与えよという運動でしたが，それと区別して，自分たちのことを，女性解放の新しい波，または第二波フェミニズムと呼んでいます。ウーマン・リブは，いわば日本版第二波フェミニズムといってよいと思います。

　ウーマン・リブは，1970年から数年の間に，いくつものデモや集会をしました。女たちがなにやら騒いでいるということで，マスコミからは「大型井戸端会議」とか「赤い気炎」とかいって，センセーショナルに取り沙汰されました。私は，たまたま70年11月のウーマン・リブの最初の大きな集会に参加したのがきっかけで，ウーマン・リブに関わることになりました。そして，この運動の中で，私は女性学に出会うのです。

◙ Women's Studies との出会い

　私が女性学のことを初めて知ったのは，1971年夏のリブ合宿の中でした。長野県の信濃平で，初めて3泊4日のリブ合宿が開かれたのですが，いくつかあった分科会の1つに，朝日新聞記者松井やよりさん（1934-2002年）の「アメリカ性解放運動」報告会がありました。この中で，取材して帰国したばかりの松井さんが，アメリカの大学ではWomen's Studiesというものが始まりつつあると，ちらっと言われたのです。これを聞いて，私はそれまでなんとなくもやもやしていた，自分のやりたい研究の方向が一気に見えてきたような気がしました。

　実は私は，高校時代から，女性の生き方や女性をとりまく問題に関心を持ち始め，大学時代には，自分で本を読み漁ったり，婦人問題の研究会に参加したりしていました。私が大学に入ったの

は 1960 年，60 年安保の年でしたが，当時，いわゆる婦人問題の研究と運動は，圧倒的にマルクス主義の影響下にありました。エンゲルス『家族・私有財産・国家の起源』，ベーベル『婦人論』，井上清『日本女性史』などを，詳しく読み込んだものです。

　マルクス主義を通して私は，女性の問題を社会の制度や体制の問題として捉える視点を学んだものの，マルクス主義婦人論の定式にはしっくり来ないものを感じていました。マルクス主義婦人論の定式とは，資本主義社会における婦人は，労働者として，また婦人として二重に搾取される存在である。それゆえ，婦人の真の解放は，社会主義革命において初めて達成される，というものです。私には，社会主義革命の必要性は理解できるものの，社会主義社会が実現したら，本当に女性は解放されるの？　という疑問は，ぬぐいきれませんでした。

　大学 1 年の前半は，安保闘争の渦中で毎日が過ぎていきました。6 月 19 日の安保条約自然承認後も三池闘争があり，その後も政暴法（政治的暴力防止法）や日韓条約問題等々政治の季節が続きました。その中で，私は運動としだいに距離を置くようになっていきました。その後，私は社会学科，そして大学院に進学し，68 〜 69 年の大学闘争を経て，70 年代には，研究職の道を模索していました。その時々の政治課題を優先し，男女差別の問題を副次的な問題と位置づけてしまう政治運動に嫌気がさす一方で，既成の婦人問題研究にもしっくりこない気持を持ち続けていました。私が Women's Studies に出会ったのは，そういう時でした。

2　私の女性学宣言 —— 『女性学とその周辺』

◙ 女性学を日本でも

　和光大学に赴任した 1973 年の夏に，私はたまたまアメリカを旅行する機会を得ました。いくつかの大学を訪問し，Women's Studies の資料を収集するとともに，講座を開設した教員たちの話を聞いてきました。私にとっては初めての海外旅行で，しかもまだ 1 ドル 360 円の時代でしたから，出発前は心配も多かったですが，後から思えば，思い切って出かけて，良かったです。

　帰国後，私は，当時女性問題の研究拠点としていた「婦人問題懇話会」で，賀谷恵美子さんと出会いました。彼女は，カリフォルニア大学で Asian Women's Studies の講座に数年間かかわって帰国したばかりでした。日本でも Women's Studies を始めたいということで意気投合し，Women's Studies に「女性学」という訳語を当てて，「アメリカ諸大学の女性学講座」という文章を 2 人でまとめ，「婦人問題懇話会」の会報に掲載してもらいました。アメリカの女性学講座を紹介しつつ，「日本でも女性学を始めよう」と呼びかけたわけです。

◙ なぜ「女性学」なのか？

　Women's Studies は，1960 年代後半以降の新しいフェミニズム運動（第二波フェミニズム）の学問版として，アメリカで始まったものです。客観的で中立的だと信じられてきた近代の諸科学が，実は担い手も問題設定も男性中心に営まれており，女性の経験や関心事は学問の世界で不可視化されてきました。例えばお産の歴史や，家事労働の性格，パートタイマーの待遇や，女性雑誌の影響など，女性にかかわる領域の問題は，学問の対象とするに値しないとみなさ

れてきました。こうした学問の男性中心主義を告発し、女性の経験と関心事を学問の対象とすることを眼目として、Women's Studiesが提唱されました。

　私たちがなぜ、Women's Studies に「女性学」という訳語を当てたかといえば、なによりもまず、従来の「婦人問題研究」の枠を破りたかったためです。私に言わせれば、「婦人問題研究」は、男性並みの社会的権利の獲得をめざす、第一波フェミニズムの学問版であり、男性中心の学問世界の片隅で、男性たちによってつくられた概念や理論を「婦人問題」に適用するという、きわめて慎み深いもので、学問世界自体のパラダイム転換を図るという大それた野望などは、みじんも持ち合わせていないように思えました。私自身、「婦人問題研究」の中で育てられてきたという思いが強くあり、「婦人問題研究」の歴史的意義を否定するものではありませんが、やはり、新しいフェミニズムに基づく新しい研究には、新しい名前が必要でした。

　もう1つの選択肢として、「女性研究」ではダメだったのですかとよく聞かれることがあります。確かに Women's Studies を直訳すれば「女性研究」なので、それを使用してもよかったわけですが、私は男性たちによってしばしば語られてきた女性についての論（女性論）や女性についての研究（女性研究）に回収されてしまうことを恐れました。むしろ、女性たち自身の問題意識に基づく、新しい学問のディシプリンを用意したいという志をもって、「女性学」と名づけたわけです。

◪ 日本における女性学の誕生

　1974 年に私は、友人たちに声をかけ、「女性社会学研究会」を組織しました。当時アメリカでは、Women's Studies 関連の論文や著

作が次々に蓄積されており，社会学，心理学等の文献目録に「性役割アプローチ」「フェミニストアプローチ」等の項目が登場していました。こうしたアメリカの研究状況に関する情報を収集する一方で，日本の女性に関する研究も開始しました。研究会の成果として，『女性社会学をめざして』(垣内出版)を1981年に出版しましたが，これは1970年代アメリカの研究動向を紹介したものでした。

同じ1974年に，私は和光大学人文学部人間関係学科に，「女性社会学特講」を開設し，担当しました。日本初の女性学講座といえます。

◉ 女性についての，女性のための，女性による学問

1980年に私は，女性学について，それまで書きためた文章をまとめて，『女性学とその周辺』と題して出版しました。「女性学」の名を冠した，おそらく日本で最初の本だと思います。この本の「はじめに」で，女性学を，「女性を考察の対象とした，女性のための，女性による学問」と定義しました。

この定義の中で，「女性を対象とした考察」は，古来，特に男性たちによって，数多くなされてきました。「女性のための学」は，明治啓蒙思想家たちを始め，これまた多くの業績があります。私は大学院時代に，明治期の女性向け啓蒙雑誌『女学雑誌』の研究をしましたが，この雑誌の編集者の巌本善治は，「女学」の必要性を説き，みずから「女学子」を名のりました。巌本は「女学」を，「其の心身に付て，其の過去に付て，其の将来に付て，其の権理，地位に付て，及び其の現今に必要する雑多の事物に付て，凡そ女性に関する凡百の道理を研窮する所の学問」(『女学雑誌』111号，明治21. 5. 26)と定義しています。

内容の是非は別にして，すでに，「女性のための，女性について

の学」は，男性たちによって作られ，一定の蓄積をもっていたわけです。これらと区別して，私が「女性学」を名のった最大の理由は，第3のポイント，つまり「女性による学問」ということでした。これを書いた当時，私の念頭にあったのは，平塚らいてうによる『青鞜』発刊の辞です。

> 元始，女性は実に太陽であつた。真正の人であつた。
>
> 今，女性は月である。他に依つて生き，他の光によつて輝く，病人のやうな蒼白い顔の月である。（中略）私共は隠されて仕舞つた我が太陽を今や取り戻さねばならぬ。「隠れたる我が太陽を，潜める天才を発現せよ，」とは，私共の内に向っての不断の叫声，押へがたく消しがたき渇望，一切の雑多な部分的本能の統一せられたる最終の全人格的の唯一本能である。（『青鞜』創刊号，明治44. 9. 1）

あまりにも有名なこの発刊の辞「元始，女性は太陽であつた」は，自分が女性であることの自覚と，それを率直に表現しようとする意欲とを，社会に向けて公然と表現した文章だといえます。らいてうたちは，その表現の形式を芸術に求めたわけですが，これを学問という形でできないだろうか，というのが，私の野心でした。だから，この「女性による」は，私の女性学の原点であり，誰がなんと言おうとも譲れないポイントでした。そして，この点こそが，後にさまざまな物議をかもした点でもありましたが。

◖ 女性学をつくる

『女性学とその周辺』には，恋愛結婚イデオロギーや，女性の意識調査分析，女性をめぐるメディア文化，ウーマン・リブ論などに

関して，1970 年代半ばまでに書きためた論考を収録してあります。
これらは，婦人問題懇話会と女性社会学研究会での発表や議論を
ベースにまとめたものがほとんどです。

　70 年代の終わりごろに，東京で女性学に関心を持つ研究者が集
まり，女性学研究会が結成されました。女性社会学研究会のメン
バーも大半はこちらに合流したため，81 年に『女性社会学をめざ
して』を刊行した後，女性社会学研究会は自然消滅しました。女性
学研究会は，1980 年に上智大学で公開シンポジウム「女性学をつ
くる」を開催し，多くの関心を集めました。このシンポジウムの
記録を基に，女性学研究会は『女性学をつくる』(勁草書房) を出版
し，続いて『講座 女性学』全 4 巻を刊行するなど，女性学の研究
が，しだいに定着していきました。私の研究発表と交流の場も，女
性学研究会が中心になっていきました。

3　女性雑誌の比較研究 ——『女性雑誌を解読する』

◼ メキシコで暮らす

　私は，30 代最後の年である，1981 年 4 月から翌年 3 月までの 1
年間，メキシコ国立大学院大学 (エル・コレヒオ・デ・メヒコ) アジ
ア・北アフリカ研究センター (CEAAN) の客員教授として，メキ
シコで過ごしました。1970 年代に結ばれた日墨文化交流協定に基
づいて，毎年両国から，1 名の客員教授と 100 名 (当時) の国費留
学生が，派遣されることになっていました。その客員教授として，
たまたま「日本の女性と女性運動」について話せる人ということで，
私に白羽の矢が立ったわけです。メキシコについての基礎知識もな
く，スペイン語も全くできなかった私にとっては，このオファーは
全くの青天の霹靂で，色々と迷いましたが，結局お受けすることに

し，和光大学を休職し，6歳の娘と3歳の息子を連れて，出かけた
わけです。

最初の1〜2ヶ月は，日本とは全くちがう生活と文化に戸惑い，
言葉もわからず，体調を崩すなど，困難や苦労が多かったですが，
3ヶ月目頃からは，スペイン語も一応は通じるようになり，生活の
リズムもできて，快適な日々を過ごせるようになりました。ゆった
りと流れる時間とともに，自然と共生する生活は，私にはとても居
心地が良いものでした。

◉ 女性雑誌の比較研究を始める

メキシコ生活が軌道に乗り始めた頃，コレヒオの日本科の教員や
院生たちに呼びかけ，日本とメキシコの女性雑誌を比較する共同研
究チームを立ち上げました。私はすでに，日本の女性雑誌の誌面分
析や日米女性雑誌の化粧品広告の比較研究を試みていましたが，メ
キシコの女性雑誌を見て，表紙や誌面構成があまりにも日本の女性
雑誌と似ていることに興味を持ったのが，動機でした。

この頃，ラテンアメリカの各地で女性雑誌研究が本格化し始めて
いました。ベティ・フリーダン以来，アメリカ合衆国を中心に進め
られてきたフェミニズム・女性学の女性雑誌批判が，「女らしさ」
の神話を流布する元凶として女性雑誌に焦点を当ててきたのに対し，
ミッシェル・マトゥラールなどラテンアメリカのフェミニストたち
が女性雑誌に着目したのは，それが果たす，資本主義ないし帝国主
義体制維持のための文化装置としての機能についてでした。私が女
性雑誌の比較研究を思い立った理由は，主として，この新しい研究
動向に惹かれたことがあります。

「文化的帝国主義」という言葉は，「消費社会化」「グローバリ
ゼーション」などの用語の普及につれて，今では死語に近くなって

いますが，当時の私にはとても新鮮でした。この概念を使用することで，欧米社会の価値観，しかも資本にとって有益な価値観を流布することで，多国籍企業の世界進出を促進している実態を暴きだすことが，可能になります。

　欧米人（＝コーカシアン）とは，肌の色も体型も違うラテンアメリカや日本の女性たちが，白人の肌色や体型をモデルにして，できるだけそれに近づくように，マックス・ファクターやメイベリンの化粧品を使ったり，毛皮の服など必要ない熱帯地方でも革コートのファッションがもてはやされるのは，まさに，多国籍企業の市場戦略の結果です。女性雑誌は，この「文化的帝国主義」の推進役として，1980年代の世界の女性文化を牽引していくことになります。私が気づいた，日本とメキシコの女性雑誌の類似性の原因は，「文化的帝国主義」という概念を使うことで，かなり説明できるわけです。

　ラテンアメリカの文化センター的存在であったコレヒオの性格を反映して，共同研究チームには，メキシコ人と結婚している日本人，日本人と結婚しているフランス人，チェコ生まれのフランス人など，さまざまな民族的背景を持つ人々がいました。毎週1回コレヒオの教室に集まり，共通語の英語以外にも，日本語，スペイン語，フランス語を交えて，分析方法の検討や雑誌の具体的な分析に，白熱した議論を交わしました。私の帰国前に，シンポジウムを開催し，このチームは一旦解散しました。

◉ 女性雑誌研究会

　日本に帰国した後，もう少し本格的に比較研究を始めようと考え，私は和光大学の周辺に働きかけ，女性雑誌研究会を旗揚げしました。当時学生だった若い人たちを中心に，卒業生や聴講生，後には，話

を聞きつけて外部から参加してくる人も何人かおり，研究成果を本にまとめた 1989 年までの 8 年間に，総勢 40 人以上の方々が参加してくださいました。

　1983 年と 1985 ～ 87 年に，運良くトヨタ財団の助成を受け，「女性雑誌の日米墨比較研究」を実施することになります。メキシコでの共同研究をつうじて，日本もメキシコも，誌面構成，誌面内容ともに，アメリカの女性雑誌の影響下にあることがわかっていたため，今回は，新たにアメリカを加えての 3 国比較研究を企図しました。キンテロ・粟飯原淑恵さんら，コレヒオの共同研究者のほかに，ハワイ大学のレイノルズ・秋葉かつえさんにも入っていただき，日本・メキシコ・アメリカ 3 国の研究者による，国際共同研究がスタートしたわけです。

　私は女性雑誌分析を通じて，① 1970 年代以後の性役割の流動化と再編成の状況，ならびに②文化的帝国主義の浸透の実相を明らかにしたいと考え，比較研究を組織したわけですが，具体的には，3 国の主要雑誌の誌面構成の量的分析と，美容，ファッション，料理ページなどの具体的記述分析を実施しました。

　その結果，①女性雑誌の誌面のほとんどが，何らかのかたちで広告を含むページになっており，女性雑誌が「広告乗り物」として機能していること，②女性雑誌の言及分野は，美容，ファッション，料理など，従来から女性の性役割とされてきた分野に限定されており，政治・経済・科学などへの言及がほとんどないこと，③美容とファッション中心の雑誌が多く，「美しさ」役割の浮上を軸とする性役割の再編成がみられることなどを，明らかにすることができました。

◉ 『女性雑誌を解読する』

研究成果を，1989 年に『女性雑誌を解読する ——COMPAREPOLITAN 日・米・メキシコ比較研究』として刊行しました。副題の COMPAREPOLITAN というのは，共同執筆者の諸橋泰樹さんが造った言葉で，「雑誌の世界比較」といった意味ですが，この造語の背景には，ちょっとしたいきさつがあります。

実は私はメキシコ滞在中に，文化的帝国主義をさまざまな角度から批判的に研究しているトランスナショナリズム研究所を訪ねたことがあります。研究所のサンタクルスとエラソという 2 人の女性が，女性雑誌が物を販売するための道具になっていることを実証するために，女性雑誌誌面への広告掲載量を細かに計算し，その結果を『COMPROPOLITAN』という本にまとめました。「COMPROPOLITAN」というのは，世界 20 数カ国で販売されている雑誌『COSMOPOLITAN』に，スペイン語の「買う」(comprar) を掛けて，皮肉たっぷりに造った言葉でした。COMPAREPOLITAN というのは，さらに，それをもじった造語です。

本書は，幸いにも第 11 回日本出版学会賞をいただくことができました。女性雑誌分析の手法の開発と独自な分析結果が，受賞理由だったようですが，私自身は，世代の違いや文化的背景の違いを基に，誌面やデータについて，多様な解釈を出し合い，議論しながら結論を出していった，手作りの研究プロセス自体が女性学の実践例として意味があったと考えています。

女性雑誌研究会は，この後，イギリスのフェミニストたちによるメディア批判の本 *Out of Focus* を邦訳し，『メディア・セクシズム』(垣内出版, 1995) と題して出版した後，英語圏の女性雑誌研究の学習会などを続けましたが，2001 年に私が海外に出かけたのを

機に，活動を終了しました。

4　女性学で女性の一生を解き明かす
──『女性学への招待』

◉ 女性学を進める

　1980年代から90年代にかけて，私にとっては40代から50代に
かけての時期ですが，私は女性雑誌研究会のほかに，女性学研究会
や日本女性学会などを通じて，多様な分野の女性学研究者たちと出
会い，互いに教えられ，刺激しあいながら，いっしょに女性学を創
る作業に関わっていきました。女性学研究会では，創立以来，運営
委員やジャーナル編集委員を務めましたし，90年代前半には，日
本女性学会の代表幹事を2期務めるなど，女性学研究の推進に努め
ました。また，国立婦人教育会館（現国立女性教育会館）の女性学講
座等を通じて，社会教育における女性学の普及にも協力させていた
だきました。一方で，自治体（特に地元川崎市）の男女平等行政にも
関与し，行動計画の策定や男女共同参画センター設置に向けて，女
性学の知見を政策に活かすべく力を注ぎました。「国連女性の10
年」を追い風に，1980年代に日本の女性学は完全に開花し，社会
的影響力を発揮しますが，私もその一翼を担ったと自負しています。

◉ 女性学で女性の一生を解き明かす

　『女性雑誌を解読する』を刊行した後，私は，日本で女性学が誕
生して約20年の間に，蓄積されてきた成果を1冊にまとめて紹介
したいと考えました。女性学を初めて学ぶ人たちに，女性学とはど
ういうものなのか，何を問題にしているのかを，知ってもらうため
に，「女性学への招待」という題名で本を出したいと考えたわけで

す。

　一方で，女性が生まれてから死ぬまでの各ライフステージで味わう経験の諸相を，女性学を総動員して，具体的に読み解きたいとの意図もありました。言ってみれば，一人で，女性学のすべての領域をカバーしようという大それた試みを企てたわけですが，始めてみると意外に大変で，結局「変わる／変わらない 女の一生」という副題をつけて，『女性学への招待』の初版が刊行されたのは，1992年のことでした。本の目次は，幼児期における性役割の形成に始まり，学校生活，恋愛と結婚，子産み・子育て，職業生活，主婦，更年期，高齢期，そして墓の問題で終わるという構成にしてあります。

◉ キー概念としての「性役割」

　『女性学への招待』の全体を貫くキーワードは，「性役割」でした。社会が女性に割り当て期待する役割と，男性に割り当て期待する役割とは，異なっています。たとえば，男性は職業活動に専念することが当然視されますが，女性の場合には，たとえ職業をもって，バリバリに実績を上げても，家事や育児をすることや，おしゃれであることが期待されるといった具合に。このように，女だから男だからという，性別を理由に割り振られた一連の性格や態度や行為の類型を，性役割と呼びます。人は，性役割に応じた振舞いをすることによって，自分が女性あるいは男性であることを，他者に対してもまた自分自身に対しても示すことができるわけです。

　この「性役割」という概念は，英語の sex role または gender role の日本語訳ですが，1970 年代の女性学の中で生まれ，少なくとも 80 年代ごろまでは，女性学のキー概念として頻繁に使われていました。アメリカでは，女性学の代名詞として sex role approach が使われましたし，日本でも，女性学関連の論文や講座

のタイトルに，性役割が多用されました。

　従来，生理学や心理学で行われていた「性差」研究は，ともする
と，男女の差異を強調し，社会的，心理的な男女の性格や態度の違
いの根拠を生物学的な性差に還元する傾向がありました。それに対
して，「性役割」概念を用いることで，男女の性格や役割の違いは，
生物学的・解剖学的宿命ではなく，社会的・文化的につくられたも
のであることを，明らかにする道が開けました。こうして女性学は，
性役割の社会化のプロセスを解明することや，現代社会における男
女の性役割が，よくいわれるように平等で相補的なものではなく，
優劣関係や二重基準に満ちていることを暴き出すことが，できるよ
うになりました。

◾ 女性の生涯につきまとう性役割

　私の本も，第1章は性役割の説明から始め，文化人類学の研究成
果を基に，男女の気質や役割の分布が，社会や文化によって異なる
ことを紹介した後，家庭のしつけやマスメディア，学校生活を通し
て，子どもたちがどのように性役割を身につけていくかを，説明し
ています。

　女性の性役割の中心には，結婚して，子どもを産み育て，主婦と
して家事を切り盛りすることがあったので，『女性学への招待』で
は，「恋愛と結婚」，「母になるということ」「主婦の1日」に，それ
ぞれ1章ずつを当て，それぞれの性役割の問題点を指摘しています。
たとえば，「結婚は女の幸せ？」という項では，近代の性別役割分
業社会の下では，結婚の成否が女性の人生を左右するしくみになっ
ていることを指摘し，さらに，「疑わしい3歳神話」や「主婦業は
自律性を奪う」などの項を設けて，専業主婦や専念育児を礼賛する
風潮に楔を打ちました。

老後の介護やお墓の問題については，性差別的な家制度の伝統が色濃く残っているなど，女性の人生は最初から最後まで，性役割と性差別が貫徹していることを具体的に示したつもりです。

　女性の直面する性役割の全体像を明らかにしたせいか，おかげでこの本は，大学の授業や読書会のテキストとして採用され，かなり多くの方々に読んでいただきました。5年後の1997年には，女性学の新しい動向を加えて新版を出しました。

　90年代には，日本のフェミニズム・女性学の蓄積を，性別，世代，国籍，文化の違いを越えて，多くの読者に共有してもらおうということで，70年代以降のフェミニズム・女性学の財産目録を作る作業が，複数おこなわれました。私自身は，上野千鶴子さん，江原由美子さんたちといっしょに，アンソロジー『日本のフェミニズム』全7巻，別巻1（岩波書店，1994-95）ならびに『岩波　女性学事典』（岩波書店，2002）の編集にかかわりました。江原さんと二人で，『女性のデータブック』（有斐閣，1991）を編集したのも，この頃からです。データの入れ替えの必要から，第2版を1995年，第3版を1999年，2005年に第4版を出版しています。

5　女性が変わり，女性学も変わった
　　　　——『新・女性学への招待』

◖ 女性をめぐる状況の変化

　1970年代初頭のウーマン・リブに始まるフェミニズムの運動は，その後，ミス・コンテスト反対，性差別的広告の批判，雇用平等法制定運動，セクシュアル・ハラスメントの告発など，多様な展開を遂げていきます。一方，性差別撤廃に向けての国連の動きに対応して，日本政府も女性差別撤廃条約を批准し，男女雇用機会均等法，

育児休業法などの法整備を行い，それを受けて，地方自治体も男女平等行政を次々に展開していきます。女性学も，そうした運動や行政の推進に，色々な形で寄与しました。

こうした多方面の動きの中で，女は結婚し子どもを産み育てるのが当たり前という，性役割のステレオタイプはしだいに影を潜めていき，「男は仕事，女は家事・育児」という性別役割分業規範も，少なくとも意識の上では，緩んできました。政治や行政の場，法曹界などへの女性の進出もある程度進み，女性の活躍が話題になっていきます。産業構造の転換を背景とした，雇用の場への女性の進出も著しく，共働き世帯が着実に増加し，1990年代後半には，「男性雇用者と無業の妻からなる」片働き世帯は，少数派に転落します。

20世紀も終わる頃には，男女共同参画社会基本法が国会で全員一致で成立するなど，女性をめぐる状況の変化は，めざましいものがあります。50年代,60年代のいわゆる「ジェンダーの55年体制」(落合恵美子) の呪縛から逃れようと，70年代のウーマン・リブや女性学に関わってきた私などには，隔世の感があります。

◉ 女性学のセカンドステージとは？

1990年代には，日本の女性学の成果を世に問う作業が続く一方で，女性学がセカンドステージを迎えつつあるとの声が聞かれるようになりました。セカンドステージとは何かといえば，1つには，女性学が制度化したこと，すなわち，学会や大学等に足場を得て，研究と教育の1部門としての地位を確保したことで，女性学的なものの見方が，研究者はもちろん，多くの学生や市民に普及し始めたことが挙げられます。

そのことと並行して，「性役割」ではなく「ジェンダー」を使用する人が増えたことも，大きな変化です。「性役割」概念によって，

女性学が切り拓いたものは大きかったのですが，他方で，社会における個人の地位に伴う「役割」に問題を焦点化したことによる限界もあったように思います。たとえば，性役割を生み出す社会構造ですとか，ジェンダー化された言語，パーソナリティ，身体技法などに，十分な光を与えることができなかったように思います。もともと社会学由来の概念であったため，経済学や言語学，文学研究など，他の学問諸領域が女性学に参入した時に，それらに対応できなかった面があります。「ジェンダー」という広い含意をもつ概念を使用することのメリットは，冷静にみて大きかったと思われます。

◙ 「ジェンダー」概念の普及とバックラッシュ

しかし，「ジェンダー」が採用された背景には，性役割や性差別では，運動的できつい感じがするのに対し，カタカナの「ジェンダー」ならば，中立的でアカデミックな匂いがして，受け入れられやすいという政治的判断が介在したことも否定できません。大学や行政の場に，女性学を浸透させるための戦略として，「ジェンダー」が使われたことも事実です。そして，自分の研究を，「女性学」ではなく，「ジェンダー研究」と名のる人たちが，急激に増えていきました。

特に 1995 年の北京会議の公式文書に「ジェンダー」が使われて以後は，猫も杓子も「ジェンダー」「ジェンダー」で，「性役割」という言葉は影を潜めました。2000 年を過ぎた頃から，バックラッシュ派による言葉狩りによって，「ジェンダーフリー」は，ほとんど使う人がいなくなりましたが，「ジェンダー」はかろうじて生き残った感じがします。私自身は，「ジェンダー研究」へのなだれ現象をどちらかといえば冷ややかに見つつ，依然として「女性学」を名のってきましたが，「ジェンダー」概念自体については，積極的

な意義を認め，適宜，「性役割」と「ジェンダー」を使い分けてきました。

▣ 『新・女性学への招待』

90 年代後半以降の，日本の女性と女性学の変化を受けて，私たちは以前に出した『日本のフェミニズム』に増補を加えた『新編日本のフェミニズム』全 12 巻（2009 〜 2011）を刊行し，次の世代にバトンタッチするために，昨年は全国各地で，シンポジウムやブックトークを開催してきました。

私個人の仕事としては，昨（2011）年秋に，『新・女性学への招待』を上梓しました。1 つには，『女性学への招待』を刊行してから 20 年の間に，女性の人生の何が変わり，何が変わっていないのかを，あらためて考えてみたいということがあり，同時に，セカンドステージに入った女性学の成果を検証してみたかったという，両方の狙いがありました。そのため，女性が生まれてから死ぬまでのライフステージに章分けするという旧版の構成を踏襲しつつ，各章の内容は，歴史的記述を除いて，ほぼ全面的に書き改めました。

たとえば章立てについて，旧版では「主婦の 1 日」と題する章を設け，主婦論争や「主婦症候群」にかなりのページを割きましたが，今回は主婦の問題は，特に章を立てずに，結婚生活や「変わる女の一生」で少しずつとりあげ，代わりに「恋愛と結婚」の章を，「性と恋愛」「結婚の夢と現実」の 2 つに分けるなど，女性の生き方の変化を反映させる構成にしました。

内容面の変化で特に顕著なのは，1 つには，セクシュアル・ハラスメント，ドメスティック・バイオレンスなど，女性に対する暴力の問題を，学校，職場，恋愛，結婚など，さまざまな場面で言及したこと，2 つには，性役割の問題を，性別役割分業を支える賃金体系，

税制，年金制度など，制度の問題としてとらえたことです。

　日本の労働力全体の4割以上を女性が占めるようになったにもかかわらず，賃金の男女格差は大きく，女性の管理職比率が少ないこと。女性の生き方のステレオタイプは揺らいでいるものの，結婚しない女性やシングルマザーの生活は苦しいこと。「家」制度の縛りは薄れているように見えつつ，新たに結婚するカップルの大半が夫の姓を名のっていることなど等，一見すると変化したように見える女性の人生の内実が，実はそれほど変化していない実態が，本書を読まれた方には，理解していただけると思います。

6　それぞれの女性学を

◨ 女性学のますますの必要性

　女性学が誕生してから40年が経ち，ジェンダー研究という新たな枠組みも登場する中で，もはや女性学は不要になったのでは？という声も耳にします。しかし私は，女性学はまだまだ必要だと考えます。

　なぜなら，まず，女性をとりまく状況は変化しつつあるとはいえ，『新・女性学への招待』で示したように，依然としてさまざまな抑圧があります。法や制度の改善がいまだに不十分である上に，性の商品化にみられるように，慣習や文化の面では消費社会の進行の結果，かえって性別分化と性差別が強化されさえしている現状があります。こうした状況を変えるためには，ジェンダーの仕組みを一般的かつ抽象的に論じているだけでは，力にならないのであって，個別具体的な問題に，差別をなくそうとする立場から切り込んでいくことが必要であると思います。

　たとえば，昨年（2011年）3月11日に発生した東日本大震災とそ

れに続く福島原子力発電所の事故は，日本社会に未曾有の危機をもたらしましたが，被災者（地）の救援や復興活動に，女性の視点は欠かせないと思います。そのためには，復興の方針決定や実施のプロセスへの女性の参画が必須です。女性の視点に立った研究と実践が，改めて必要といえます。

女性の視点が必要な背景には，依然として根強い，ジェンダー（男女の二分法）の非対称性があります。「家事・育児・介護」という女性に割り振られた仕事は無報酬または僅少の報酬であり，男性の「職業」「公的仕事」とはまったく違って位置づけられています。女性に期待される「女らしさ」は受動的・従属的な性格であり，「自立性」「主体性」とはしばしば矛盾し衝突します。こうした女性の不利を指摘し，女性を不利にしている仕組みを組み換えていくためには，女性自身が声を上げていくしかないと思います。

■ 女性としてのアイデンティティ

さらに重要なのは，大多数の女性にとって，女性であることが自分のアイデンティティの主要な部分を占めているという事実です。これは，ジェンダーの社会化が徹底している結果であるともいえますが，同時に，社会のジェンダー構成が「女性」という性別を，男性ではない特別な存在として徴（しるし）づけしているためでもあります。民族，階級，年齢，職業，社会的地位等の，他の属性や位置づけを超えて，女性は「女」という一律のカテゴリーでくくられることがしばしばであります。女性は望むと望まないにかかわらず，自分が女性であることを頻繁に自覚させられるわけです。

このような女性としてのアイデンティティを共有する人々が多数存在するかぎり，社会において，女性として生きるとはどういうことなのか，自らの経験を語り，自分たちをとりまく状況を分析し，

変革の道を探る女性学は，必要であり続けると私は考えます。

◎ 自分の経験を見直すことから始まる女性学

　少なくとも現状においては，社会的に女性として生きるという経験は，男性として生きることとは大いに異なる経験です。はじめにお話ししたように，女性が日頃感じている憤懣や疑問を大事にしつつ，自分の経験を問い直すことから，女性学は始まります。この作業は，特別な専門知識を持たなくても，横文字の難しい用語を用いなくても，社会的に女性として生きてきた人ならば，誰でもできる作業です。女性学ないしジェンダー研究を，アカデミズムの世界に位置づけていく仕事も意義があると思いますし，大学や学会で地位を獲得し業績を上げる女性研究者が増えることも大事なことです。けれども，一方で，女性学の原点に帰って，女性として生きる経験を記録し，自分たちの視点（モノの見方）を鍛えて，それぞれの場で発信していくことも，とても重要な活動だと思います。

　女性というくくりで一般化することに抵抗のある人は，ご自分なりのアイデンティティを基に，包括的ではない個別の女性学をお創りになることをお奨めします。たとえば，シングルマザーの女性学とか，アイヌ民族の女性学とか，レズビアンの女性学等と，いろいろな女性学があってもよいと思います。また，たとえば，OLパワーでセクハラおやじを撃退するとか，「オバサン」パワーで町内会やPTAの男性中心主義を変えるのも，女性学の一つの効用だと思います。女性としての経験は一様ではないのですから，女性学の内容も活用法も多様であるのは当然です。それから男性の方には，応用問題のつもりで，女性学の知見を活かして，ご自分の問題にとりくんでいただければと思います。

　私たちの世代は私たちなりに，女性学の種を蒔きましたが，その

種を育て，それぞれの花を咲かせるのは，次の世代の皆さんの仕事です。私の本を読んでくださった方々，授業を聴いてくださった方々に，それを期待して，私の最終講義を終えます。

C GF 読書会の8年の歩みを振り返って
——和光大学 GF 読書会

「GF 読書会の8年の歩みを振り返って——和光大学 GF 読書会」『GF 通信』vol.32，2021 年 3 月，1 〜 3 頁より。
* GF は「ジェンダーフォーラム」のこと。

◉ 読書会の歩み

GF 読書会は，私が和光大学を定年退職した2012 年に，大学院の井上ゼミの延長として始まった。当初は「木曜研究会」と呼んでいたが，2014 年度に WAN（ウィメンズ・アクション・ネットワーク）と連携するに当たって，「和光大学 GF 読書会」を名のることにし，半期ごとに活動報告と新入会員募集を WAN サイトの女性学講座コーナーに掲載することになった。和光大学の HP や『GF 通信』にも，活動報告等を載せている。

授業期間内は，ほぼ毎週 G 棟のジェンダーフリースペースで，課題図書を輪読してきた。

この8年間の活動の歩みを年表にまとめてみた（略）。輪読文献は，毎年，参加者の希望や，たまたま話題になった本や，井上が関係しているイベントなどの関連で，かなり場当たり的（良く言えば柔軟）に採用した図書も多く，厳格な一本線が貫かれているわけではない。

だが，私が選書の際に心がけてきたのは，広い意味での日本のフェミニストたちの自伝や伝記を読むことだった。まず2013 〜 15 年頃には，日本初のフェミニスト雑誌『青鞜』を創刊した平塚らいてう，社会主義婦人論の論客で戦後は初代労働省婦人少年局長とし

て活躍した山川菊栄，婦人参政権運動のリーダー市川房枝，母性主義を標榜する思想家であり女性史家であった高群逸枝など，日本を代表するフェミニストたちの自伝を集中的に読んだ。

2016 年以後は，労働省から出発し評論家として国会議員として，戦後の女性運動をリードしてきた田中寿美子，赤松良子，樋口恵子，70 年代のウーマン・リブとその後のフェミニストたちのインタビュー集（松井久子編『何を怖れる』）などを，かなりハードなスケジュールで読んできた。存命の方々の証言を読むことは，身近でわかりやすい半面，好悪や尊敬の感情が先に立って，距離を置いた議論になりにくい面もあったが。

2014 年の NHK 連続テレビ小説「花子とアン」の原作，村岡恵理『アンのゆりかご――村岡花子の生涯』を読んで以来，古川智映子『土佐堀川――広岡浅子の生涯』と広岡浅子『自伝』，大橋鎭子『「暮しの手帖」とわたし』と津野海太郎『花森安治伝――日本の暮らしをかえた男』など，NHK ドラマの関連本を採り上げた時期もあった。

◨ 女性の人生記録には，各時代のジェンダーが反映されている

なぜ女性の自伝や伝記にこだわるかと言えば，まず第 1 に，私自身がフェミニストたちの生き方に興味があることだ。女性の生きた軌跡には，それぞれの女性たちが生きた時代や階層や地域を包むジェンダーの構造が反映されている。と同時に，自分たちを取り巻くジェンダー秩序に何らかの形で抗った女性たち（私は彼女たちを，広い意味でのフェミニストと呼ぶ）の意思や作戦や振舞いの痕跡を見ることができる。

自伝や伝記が出されている女性たちは，何かを成し遂げた人たちであり，階層的にも限られているから，こうした女性たちの人生記

録が，すべての女性たちの人生を代表するわけでは，もちろんない。だが，階層の相違や有名・無名を問わず，女性であるが故に経験せざるを得なかったジェンダーの束縛には，程度の差はあれ，共通したものがあるにちがいない。個々の女性たちの生活と人生に散りばめられたジェンダー秩序と，それへの抵抗の軌跡を読み解くことは，自分の人生途上で選択を迫られる無数の機会に，判断材料として大いに参考になると思われる。

　自伝は，作者がそれを書いた時期の人生の自己総括ともいえるので，各人の人生と同時にその人生観を読み取ることができる面白さがある。もちろん，自伝だからといって，記述をそのまま事実として受け取ることはできない。自伝に「書かれていない」何かを見つけて，なぜ書かれなかったのかを探る作業は，知的醍醐味だとは思うが，読書会の性格上，充分にはできなかった。ただ私たちは，同時代を生きた女性たちの自伝を読みくらべることで，互いが相手をどのように評価していたのか，同じ出来事がどのように違って受け取られていたのかを理解することに努めた。

　また，連続テレビ小説の関連本を読む際には，登場人物と作者の関係によるバイアスに加えて，政治や宗教を排して視聴者の許容範囲のジェンダー関係を描写するといった，番組の約束ごとを考慮しつつ，登場人物の実像と伝記との距離や，ドラマの描く人物像とのズレを読み解くという，楽しくもスリリングな作業に挑戦してみた。

◻ 女性の自伝や伝記は，自由な意見交換の素材

　女性の自伝や伝記を採り上げる第2の理由は，それらが，女性として育てられ，生きてきた人ならば，誰でも，自分の人生経験に引きつけて，意見を言ったり，疑問を口にしたり，独自の解釈を提出したりできることである。

大学院ゼミの延長形態として開始したとはいうものの，当初から私がめざしたことは，専門研究者の養成でもなく，テーマを絞った研究成果を上げることでもなかった。むしろ，ジェンダーについての知識量や学問的蓄積の多寡にかかわらず，それぞれの参加者が，誰にも気がねせずに，平場で自由に発言し，自分とは異なる意見や感想にも聞く耳をもてる場と雰囲気をつくることであった。参加者一人一人が，自分の中のジェンダーへの捉われに気づき，社会のジェンダー秩序を問い直し，自分らしく生きる力を取り戻してくれることこそ，私がめざした GF 読書会の隠れた目的であった。

　そのため，読書会への参加は，年齢不問，社会経験不問，ジェンダー問題の学習・研究歴不問で，ただ，①毎週輪読予定の章を読んでくることと，②半年に一度はレジュメを用意して担当箇所を発表することだけを条件とした。「学生に戻ってレジメを切り，発表前には心臓ドキドキ。でも学ぶって本当に楽しい。(中略) 教える側に長くいたためにちょっと錆び付いていた，謙虚に学ぶ姿勢を少しずつ取り戻しているような気持です」(故海老原暁子「がんのお姫様，読書会で勉強中」GF 通信 vol.23) という人もいれば，レジュメを切ったり，人前で発表するのは初めてという人もいる。

　発表のために何冊も関係文献を読み，皆の知らなかった事実や文献を紹介してくれる人，女性史やメディア史などの専門知識を活かして，表現された内容や表現方法の背景を詳しく説明してくれる人，自分の人生経験に引きつけてテキストに新たな光を当てる人，自分の専門分野の研究動向と関連づけて独特な解釈を提示する人などもいて，テキストに書かれた記述をまとめるので精いっぱいという人たちの理解を補ってくれることも，しばしばあった。参加者の大半は 40 代以上だが，少ないながら 20 代，30 代の人も交じっており，「若い人たち」の意見や感想を聞けるなど，色々な意味での多様性

が，この読書会を彩ってきた。

　半期が終わるごとに食事会（飲み会）をして，仕事等でふだんは来れないメンバーも顔を出し，よもやま話に花を咲かせるのが，この読書会の楽しみの一つだ。さらに，フィールドワークと称して，輪読した本にゆかりの土地を歩くのも，恒例となっている。2013年に「『青鞜』の舞台を歩く」と名付けて，本郷から白山を通って巣鴨まで散策したことや，2014年夏に都内各地で開催された村岡花子関連展示をハシゴしたこと，2016年には世田谷美術館の花森安治展に出かけたり，銀座近辺で「暮しの手帖」の原点を探し歩いたことなど，一緒に「遊ぶ」ことも，GF読書会ならではの楽しみ方と言える。

　コロナ禍のために，残念ながら今年度は，皆で集まっての輪読会も学外フィールドワークも断念せざるをえなくなった。替わりにせめて，各自が日頃考えていることや，読書会を通じて発見したことなどを文章化して，それを基にオンラインおしゃべり会を開くことにした次第である。いずれCOVID19の脅威が終息し，平常の読書会が再開できる日が早く来ることを希っている。

D　今，ここにいる自分から出発する
——婦人解放からウーマン・リブへ

2019年10月19日，WAN（認定NPO法人ウィメンズ・アクション・ネットワーク）主催のブックトーク「女性解放をめざした先輩たちと出会う——フェミニズムを引き継ぐために」が行われた。女性解放をめざして，研究・討論・活動を続けた日本婦人問題懇話会の会報を材料にして，60～80代となった元会員たちと，20～40代の若い女性たちとが，話し合った。この稿は，その会場での報告「婦人解放からウーマン・リブへ」より。
＊収録に当たってタイトルを「今，ここにいる自分から出発する——婦人解放からウーマン・リブへ」に改めた。

　私と婦人問題懇話会との出会いはウーマン・リブとの出会いと重なっています。1970年11月14日に「性差別への告発」と題するウーマン・リブの最初の大きな集会が東京の千駄ヶ谷区民会館で開かれました。私は新聞の2，3行の案内記事で出かけたわけです。今日の会場より一まわりくらい小さい部屋，たいして広くない会場でしたが，500名以上の女性が集まり，あふれている感じでした。

　樋口恵子さんともう2人くらい若い方が司会をなさったんですが，司会はほとんど無視される感じで，参加者が次々次々手を挙げて前に出て行って，職場の性差別の問題や恋人や夫への不満などを皆さん次々しゃべったんですね。結局延々7時間くらい続いた会でした。当時私は，28歳で大学の非常勤の助手の職を得たばかりでした。女性差別の問題については前々から関心を持っていて，いくつか，集会とか出たりもしていましたが，この11・14の集会に出て，なにか新しいことが始まっているなというふうに感じました。私は

この会をきっかけにしてウーマン・リブの活動に参加することになりました。

　その11月の集会について司会をなさった樋口恵子さんが婦人問題懇話会で12月に報告会をなさるということを耳にしたので，私ものぞいてみました。樋口さんのお話に対して，20代の私もおそるおそる手を挙げて意見だか質問だかをしたわけです。その帰りに懇話会の事務局長で会報の編集者である菅谷直子さんに，さっき話したことをまとめてみないかと言われたんですね。それが私が婦人問題懇話会に入ったきっかけでした。その後，幹事会のメンバーに入れていただいて，時々は休みながらですが，その後2000年の閉会まで30年ずっとメンバーでした。

　婦人問題懇話会は私にとってシェルターでもあり，活動の拠点でもあり，女性学を看板にして仕事をしてきた私を育ててくれた場だったというふうに思っています。というように，婦人問題懇話会へ愛着とか恩義とか感じるものですから，今日のシンポジウムの企画をしたり，全体の責任者を引き受けたわけです。

　懇話会会報のデビュー作は，第14号「現代の婦人解放」という号に書いたウーマン・リブ論，タイトルは「女のアイデンティティを求めて——中間世代の見たウーマン・リブ」というものです。今読んでみるとものすごく硬い文章で，しかも言いたいことを全部詰め込んでいて非常に読みにくいものですので，これを2,3分でとにかく皆さんにお伝えしたいと思いまして，本日のレジュメにまとめてあります。

　ここでは私がウーマン・リブについてその特徴だと思ったことを3つにまとめました。

　1つは，「婦人解放」から「女の自立」へという運動主体の自己規定の変化です。ウーマン・リブが「婦人」という手あかのついた

言葉ではなく，「女」あるいは「女性」という呼び方をして，それまでの婦人解放運動を批判的に受け止めたわけですね。それまでの婦人解放運動というのは，言ってみれば，戦後の運動ですから，マルクス主義に基づく婦人解放論をベースにした運動として展開されていました。これを単純化して言ってしまえば，婦人解放は，階級のない社会が実現したときにはじめて実現するという考え方でした。ですから階級闘争こそが主たる運動，一番大切な大事な運動というふうに考えられていて，婦人解放運動もその中で実現するという位置づけでした。

　それに対して1970年の11・14以後の，それまでも街頭デモとかありましたが，ウーマン・リブは，いつの日か来る理想社会のために運動をするのではなく，今ここにいる生身の自分自身から出発して，いやなことはいやだと声をあげて，今を変えていく，今の生きづらさを変えていくということが主眼だったと思います。それを私はレジュメに「～への解放」ではなく「～からの解放」というふうに書いておきました。

　2つ目の特徴は「女意識の告発」ということです。これは女性が，私は女だからあまり出すぎないようにしようとか，女だから化粧をしなくてはとか，いわゆる世間で言われている女らしさを疑わず，いつの間にか刷り込まれていて無意識のうちに女らしさを演じてしまっている自分自身を問い直そうということです。

　アメリカのベティ・フリーダンが，著書『女らしさの神話』という本（日本では『新しい女性の創造』）の中で女性の意識の問題をとりあげた，それが，アメリカのウイメンズ・リブのバイブルになったということは，ここにおられる方の中にはご存じの方も多いと思います。1970年当時の，女性週刊誌とか，あるいはベストセラー（ここでは曽野綾子さんのことを例に挙げているのですが）が，女の幸福は

結婚にあるということをものすごく言い募っていたんですね。私は，それを批判して書きました。

　3番目の「女の論理」ですけれども，ウーマン・リブの中でよく言われたこの言葉を，私は，「科学や技術の高度化，複雑化に伴う，全体を見ない専門主義批判／組織第一主義，効率（生産性）第一主義批判」というふうに解釈をしました。もちろん近代の科学や技術というものは男性だけが進めてきたわけではありませんけれども，こういう男性中心につくられてきた近代社会の問題に対して，近代社会で周辺に追いやられている女性たちこそ，根底的に批判できる立場にいるのではないかということで，象徴的に「女の論理」と呼びました。

　今日お配りした資料集の中に「日本婦人問題懇話会会報総目次」という冊子があります。2000年に婦人問題懇話会が閉会式をしましたけれども，それに合わせて，会報のアンソロジー『社会変革をめざした女たち』を出しました。それの最後に総目次をつけたのですが，今回出版元のドメス出版のご厚意で，コピーをさせていただき，印刷して配布しました。

　会報14号「現代の婦人解放」があります。これが，私がデビューした号で，最初に山川菊栄さんの「婦人解放とは」の巻頭言があり，そのあとに井上の「女のアイデンティティを求めて——中間世代の見たウーマン・リブ」，続いて「ウーマン・リブと戦後の婦人運動」酒井はるみさん，「メリトクラシーと婦人解放」駒野陽子さんと，ウーマン・リブ論が結構たくさんあります。この号では，アンケート「私にとっての婦人解放とは」に13名の方が回答されています。非常に読み応えのある号だということがわかっていただけるのではないかと思います。

　さて私の話に戻ります。1970年11月の集会以降，私はリブ運動

に参加していきましたが，翌年，1971年の8月に，長野県の信濃平というところで第1回のウーマン・リブの集会が開かれました。田中美津さんたちの「ぐるうぷ闘う女」の呼びかけで開かれたのですが，いろいろな分科会があって，みんな勝手にいろいろやっていたのですが，その中で，当時朝日新聞記者だった松井やよりさんの，アメリカの女性解放運動を見てきた報告会がありました。そこで彼女から，アメリカの大学ではウイメンズスタディーズ（Women's Studies）が始まっているという話を耳にしました。私は，これを聞いて，本当に感動して，私がやりたいのはこれじゃないかとひらめいたんですね。帰ってから，いろいろなWomen's Studiesについての資料を集めたりしました。

1973年にたまたま田中寿美子さんから「アメリカに旅行に行くんだけど，一緒に行かない？」と誘われてアメリカに行き，いろいろな大学を訪問して，Women's Studiesをやっている先生にもお会いして資料もいただいてきました。それを基にして会報の20号に賀谷恵美子さんと一緒に「アメリカ諸大学の女性学講座」という論文を書きました。翌年の1974年に，私は，就職2年目の和光大学に「女性学」という名前を名乗った日本で最初の講座を設けました。また，懇話会の仲間を中心にして，女性社会学研究会を作りました。

このころから，会報ではウーマン・リブ的視点の運動論，女性学関係の論考がたくさん特集されています。

懇話会の特徴として3つを挙げたいと思います。

1つは，多様な年齢層や，多様な生活経験の交流の場であったということです。私が入った1970年の初め，すでに80代の山川菊栄さん，60代の田中寿美子さん，多分40代だったのが樋口さんたち。20代，30代の私たちの話をよく聞いてくださったり，ご自分の経験も話してくださって，それがとてもためになって楽しかったです。

2番目には，その時々のアクチュアルな課題をめぐって，研究と運動の出会いの場であったことです。

　3番目には，意見の違いや立場の違いを認め合う寛容さがあったということです。

（若い世代の報告を聞いたのち）

　私は今日若い方々たちのお話をうかがって，『会報』をとてもよく読んでくださったということと，それに共感していただいたということは，すごくありがたいなと思いました。

　70年代のリブの運動と今の運動，#MeTooとか，皆さんが今，関わっていらっしゃる運動とすごく共通する部分が多いなというふうに思いました。

　一時，反フェミニズムとか，嫌フェミニズムの風潮がすごくあって，「フェミ」とか，「リブ」や女性学とかいうのは，なんか後ろめたいという感じを持っていた方が多いし，そこへ近づかないように近づかないように若い人たちがしていたことが多かったように思うんです。そんなことをやっていると男性から嫌われるとか，いろんなことで離れていた人が多かったと思うんです。でも今日の話をうかがっていると，自らフェミニストを名乗られたり，昔，私たちがやってきたことにそのまま共感してくださる，それがうれしかったです。もう一度，ウーマン・リブとかフェミニズムが，一周して回帰しているという感じを持ちました。

　　　　参考：ＷＡＮ動画 https://wan.or.jp/general/search?search

井上輝子の主な仕事 (執筆活動を中心に)

年	主な仕事 (太字は，本書所収)
1968 ▶	「『女学』思想の形成と転回——女学雑誌社の思想史的研究」『東京大学新聞研究所紀要』17 号
1969 ▶	「家庭婦人のテレビ視聴を解析する」『放送文化』24 巻 5 号（吉田潤と共同執筆）
	「巌本善治の文学論」『文学』37 巻 10 号，岩波書店
1971 ▶	「女のアイデンティティを求めて——中間世代の見たウーマン・リブ」『婦人問題懇話会会報』14 号（辺〔ほとり〕輝子の筆名使用） → 井上輝子『女性学とその周辺』収録
	「『女学雑誌』の執筆者構成——明治 20 年代ジャーナリズム構造解明のための試論」『出版研究』2 号，日本出版学会
	「風化する『恋愛結婚』」(辺輝子)『婦人公論』9 月号 → 井上輝子『女性学とその周辺』収録
	「主体的変革者の意思表示」(辺輝子)『おんなの叛逆』3 号
	「ミニコミ・ウーマン・リブの季節——報道されるリブから主張するリブへ」(辺輝子)『婦人問題懇話会会報』15 号 → 井上輝子『女性学とその周辺』収録
1972 ▶	「現代『女』物語り——ベストセラーの女たち」(辺輝子) 佐伯洋子編『女の思想』産報
1973 ▶	「日本の婦人解放史（総論）——婦人解放思想の流れ」『婦人展望』4 月号
	「都市化と家庭論争」(辺輝子)『婦人問題懇話会会報』18 号
	「女性と読書」城戸又一編『講座現代ジャーナリズム』4 巻，時事通信社
1974 ▶	「アメリカの女性と女性解放運動」(辺輝子)『女エロス』2 号，社会評論社
	「アメリカ諸大学の女性学講座」(辺輝子)（賀谷恵美子と共同執筆）『婦人問題懇話会会報』20 号
	Women's Movement and Women's Status in Modern Japan, Sol Tax ed. *World Anthropology* (The Hague)
	「'財布のヒモ'と新聞購読の力学」『総合ジャーナリズム研究』70 号
	「日本女論史における『女学』の位置」磯崎嘉治編『巌本善治——女学雑誌派連環』共栄社
1975 ▶	「女性意識の諸相——男性との比較分析」日本放送協会放送世論調査所編『日本人の意識』至誠堂 → 井上輝子『女性学とその周辺』収録
	「新たな女性史の構築をめざして」『思想の科学』51 号 → 古庄ゆき子編『資料女性史論争』ドメス出版収録
	「恋愛観・結婚観の系譜」「**ウーマン・リブの思想**」他，田中寿美子編

『女性解放の思想と行動』戦前編・戦後編，時事通信社

1976 ▶ 「現代女性をめぐる役割期待と役割葛藤」『婦人問題懇話会会報』25 号
→ 井上輝子『女性学とその周辺』収録

1978 ▶ 「女性学事始」『フェミニスト』5 号

1979 ▶ 「マイホーム主義のシンボルとしての皇室」他，加納実紀代編『女性と
天皇制』思想の科学社　→ 井上輝子『女性学とその周辺』収録

1980 ▶ 『女性学とその周辺』勁草書房

1981 ▶ 「私の考える女性学——女性の，女性による，女性のための学問」他，
女性学研究会編『女性学をつくる』勁草書房

「マスコミにあらわれた性役割神話の構造」他，女性社会学研究会編
『女性社会学をめざして』垣内出版

1982 ▶ De la escuela al trabajo, un trecho dificil（「日本女性の現状——教育と
労働の場で」）FEM vol.7, no. 22

「社会的伝達の送り手に女はなぜなれなかったのか」『あごら』26 号，
BOC 出版部

「私のみたメキシコ」『婦人問題懇話会会報』36 号

「山川菊栄の個性」『山川菊栄集』別巻月報，岩波書店

1983 ▶ 「せかいのこども，メキシコ編」乳幼児発達研究所『はらっぱ』22・
23・24 号

1984 ▶ 「マスコミと女性の現代」女性学研究会編『講座女性学第 1 巻』勁草書房

「イリイチ女性論への疑問」『婦人問題懇話会会報』40 号

「『身体は素材』の演出力の時代がきた。—— 60 年代以降の女性化の意
識と市場」『ペンギン・クエスチョン』2 巻 7 号，現代企画室

1985 ▶ 「女性ジャーナリズム論」日本新聞学会『新聞学評論』34 巻

「戦後女性史略年表（1945 〜 1985 年）」『ジュリスト』増刊号総合特集
39（女性の現在と未来），有斐閣

「女性雑誌の世界」（栗飯原淑恵と共同執筆）国本伊代・乗浩子編『ラテ
ンアメリカ——社会と女性』新評論

「マス・メディアがとらえる現代・女の一生」『講座現代・女の一生——
第 1 巻 現代と女性』岩波書店

1986 ▶ 「マスメディア 接触内容と女性の意識」他（神田道子らと共同執筆），
東京都生活文化局婦人青少年部婦人計画課編『マスメディア文化と女
性に関する調査研究』東京都生活文化局

1987 ▶ 「『女性雑誌』隆盛の意味するもの」『マスコミ市民』221・222 合併号（創
刊 20 周年記念特大号）日本マスコミ市民会議

「〈女性の視座〉をつくる」女性学研究会編『女の目で見る』（講座女性
学 4 巻）勁草書房

「私たちにとってボーヴォワールとは何か——生きる姿勢に共感する」

『女性空間』4号，日仏女性資料センター

「女性雑誌にみる現代日本の女性文化」静岡女子大学婦人教育推進委員会編『これからの婦人』酒井書店

1988 ▶ 「戦後女性雑誌盛衰記」『別冊歴史読本 歴史を変えた女たち』新人物往来社

1989 ▶ 『女性雑誌を解読する―― COMPAREPOLITAN 日・米・メキシコ比較研究』（女性雑誌研究会との共編著）垣内出版

「『女性とメディア』研究の系譜」総合ジャーナリズム研究所「女性とメディア」研究会編『女性とメディア：研究レポート』第1集

1990 ▶ 「女性雑誌にみるフェミニズム」『図書』487号，岩波書店 → 加藤春恵子・津金澤聰廣編『女性とメディア』世界思想社

Women in a Changing Society: the Japanese Scene, UNESCO Supported Series on Women's Studies, National Women's Education Center 発行〔The role of modern journalism〕

「メディアの性役割情報と子どもの自我形成――大学生の自己回想分析」女性学研究会編『ジェンダーと性差別』（女性学研究第1号）勁草書房

1991 ▶ 『データにみるかわさきの女性』（共同執筆）川崎市

『女性のデータブック』（江原由美子と共編著）有斐閣 → 第2版，1995：第3版，1999：第4版，2005

「女性学の先駆としての山川菊栄――性・母性をめぐる主張から」『日本婦人問題懇話会会報』51号

1992 ▶ 『女性学への招待――変わる／変わらない女の一生』有斐閣 → 新版，1997

「メディア・セクシズムを撃つ――『女性とメディア』研究の動向と課題」女性学研究会編『女性学と政治実践』（女性学研究第2号）勁草書房

1993 ▶ 「データにみる現代川崎の女性」ぱいでぃあ和光21運営委員会編『都市川崎を読む』

1994 ▶ 「青春期女子のジェンダー・アイデンティティと自己形成」（亀田温子，波田あい子，平川和子と共同執筆）女性学研究会編『女性と異文化』（女性学研究第3号）勁草書房

1994-1995 ▶ 『日本のフェミニズム』全7冊，別冊1（共編著）岩波書店

1995 ▶ 「女の言葉／男の言葉――言語行動の女性学」和光大学共同研究機構委員会『東西南北』1994

『メディア・セクシズム』（J・ディッキーほか編，女性雑誌研究会と共訳）垣内出版

「家族の現在と未来」（地域と大学をむすぶ和光移動大学1994講義録『家・家族・家庭』）

1996 ▶ 「変革への女性たちの取組み」『総合ジャーナリズム研究』通号155号

（33巻1号）

「東大闘争からリブ，そして女性学，フェミニズム」（秋山洋子，池田
祥子らと座談会）女性たちの現在を問う会編『全共闘からリブへ
1968.1–1975.12』（銃後史ノート戦後編〈8〉）インパクト出版会

1997 ▷　「フェミニズムの戦後史」『和光大学人間関係学部紀要』1号（1996）

「メディアの性役割表現」「日常性の中のジェンダーとセクシュアリ
ティ」「ポルノグラフィ」「エンパワーメントにつながる女性学教育／
学習の方法の視点」「学習の流れとそれに対応する方法例」国立婦人
教育会館女性学・ジェンダー研究会編『女性学教育／学習ハンドブッ
ク』有斐閣　→新版，1999

1998 ▷　「『メディア』の中の女たち──女を視姦する男性誌，神話を操る女性
誌」井出祥子監修，東京女性財団編『「ことば」に見る女性』日本女
性財団

1999 ▷　「ジェンダー・アプローチの課題と有効性」花田達朗・吉見俊哉・C.ス
パークス編『カルチュラル・スタディーズとの対話』新曜社

**「女性学のセカンドステージとジェンダー研究──女性学の再構築に向
けて」**女性学研究会編『女性学の再構築』（女性学研究第5号）勁草
書房

『ビデオで女性学』（木村栄・西山千恵子・福島瑞穂・細谷実との共著，
執筆代表）有斐閣

2000 ▷　「男と女，それぞれにとっての家族」『和光大学人間関係学部紀要』4
号

日本婦人問題懇話会会報アンソロジー編集委員会編『社会変革をめざし
た女たち──日本婦人問題懇話会会報アンソロジー』ドメス出版

「解説 山川菊栄賞の歩み」山川菊栄記念会編『たたかう女性学へ──山
川菊栄賞の歩み 1981-2000』インパクト出版会

2001 ▷　「ジェンダーとメディア──雑誌の誌面を解読する」鈴木みどり編『メ
ディア・リテラシーの現在と未来』世界思想社

2002 ▷　『岩波 女性学事典』（上野千鶴子・江原由美子・大沢真理・加納実紀代
と共同編集）岩波書店

2003 ▷　「イギリス諸大学の女性学教育──その構造と課題」（國信潤子と共同執
筆）日本女性学会学会誌『女性学』10号

2005 ▷　「ジェンダーフリーはなぜ叩かれるのか」社会主義協会『社会主義』
2005年9月号，516号

2006 ▷　「ウーマンリブの思想と運動──関係資料の基礎的研究」（長尾洋子・船
橋邦子と共同執筆）和光大学総合文化研究所年報『東西南北 2006』

「女性学にとってのミードとマネー」『女性学』（日本女性学会学会誌）13号

「戦後史のなかの憲法── 24条を中心に」東京歴史科学研究会『人民

の歴史学』168 号

「『ジェンダー』『ジェンダーフリー』の使い方，使われ方」若桑みどり
他編著『「ジェンダー」の危機を超える！』青弓社

「研究と運動をつなぐ——思想の科学と婦人問題懇話会」思想の科学研
究会編『「思想の科学」50 年の回想』出版ニュース社

2008 ▷ 「マスメディアにおけるジェンダー表象の変遷」NHK 放送文化研究所編
『現代社会とメディア・家族・世代』新曜社

「バックラッシュによる性別二元制イデオロギーの再構築」日本女性学
会学会誌『女性学』15 号

2009 ▷ 「日本の女性学の牽引車だった女性学研究会」他，女性学研究会編著
『女性学をつなぐ——女性学研究会アーカイブ』新水社

2009-2011 ▷ 『新編 日本のフェミニズム』全 12 巻（天野正子・伊藤公雄・伊藤るり
他と共同編集委員）岩波書店（3 巻「性役割」と 7 巻「表現とメディ
ア」の解説）

2011 ▷ 「女性学の創出と和光大学の試み」（公開シンポジウム「女性学の挑戦」
の基調報告）『和光大学現代人間学部紀要』4 号

★『新・女性学への招待』有斐閣

2011 ▷ 「震災・原発事故に思うこと」『戦争と性』30 号，「戦争と性」編集室

2012 ▷ **「女性学と私—— 40 年の歩みから」**『和光大学現代人間学部紀要』5 号

「女性学 40 年から明日に向けて——個人的なことは政治的」（インタ
ビュー）『女性展望』6 月号

2013 ▷ 「市川房枝のおくりもの——振り返り，未来をみつめて」（財団法人婦選
会館 50 周年シンポジウム。堂本暁子，花﨑哲と）『女性展望』1 月号

「性差別の解消は，道半ば」労働大学出版センター『憲法でまなぶ「自由，
人権，平和」——知らないでは，すまされない！』労大ブックレット
No.11

2014 ▷ 「井上輝子さんに聞く『3.11 を振り返って』」（連続インタビュー 3.11 以
後のフェミニズム 第 1 回，聞き手：千田有紀，丹波博紀）『季刊ピー
プルズ・プラン』64 号

「女性学を育てて」松井久子編『何を怖れる——フェミニズムを生きた
女たち』岩波書店 → 2015 年公開の松井久子監督同名ドキュメンタ
リー映画に出演

2015 ▷ 田中寿美子さんの足跡をたどる会編『田中寿美子の足跡—— 20 世紀を
駆け抜けたフェミニスト』（監修）アイ女性会議

「解説」（高木澄子ほかの共同編集）『行動する女たちの会 資料集成』1 巻，
六花出版

「山川菊栄記念会 35 年の歴史を振り返る」『女性史学』25 号

田中寿美子さんの足跡をたどる会編『記録集 田中寿美子の足跡に学ぶ

──女性と政治のこれまで，これから』アイ女性会議

「田中寿美子らが 1970 年代から提出していた男女雇用平等法案」『女性と労働 21』vol.23　2015.10 増刊号「特集：戦後 70 年 均等法 30 年に思う」

『たたかう女性学の歩み──山川菊栄記念会記録集 2000-2015』（編著）山川菊栄記念会

2016 ▶ 『山川菊栄が描いた歴史』──山川菊栄生誕 125 周年記念シンポジウム記録集』山川菊栄記念会

「第 12 回全国女性史交流のつどい in 岩手──次世代に受け渡す女性史を：遠野・大槌・宮古：報告集」（分科会②戦後 70 年(1)のコーディネーターとして）

2017 ▶ 「井上輝子」（跡部千慧記録）佐藤文香・伊藤るり編『ジェンダー研究を継承する』人文書院　→ http://gender.soc.hit-u.ac.jp/sentanken14/inheritingGS_inoue.html

2018 ▶ Japanese Feminism from a Historical Perspective（国際シンポジウム：平等・解放・エンパワーメント──メキシコと日本の女性の 130 年の歩み　於 el colegio de Mexico 11/21-23）　→「女たちの声」（日本編）（上野千鶴子と共同執筆）https://s3.ap-northeast-1.amazonaws.com/data.wan.or.jp/journal/6106ccf242aa4c62c5bcd9884c8f5a8d.pdf：関連（鼎談：井上・上野千鶴子・田中道子　https://s3.ap-northeast-.amazonaws.com/data.wan.or.jp/journal/decab8a34788ea25d0ee7984e26ae76d.pdf)

2019 ▶ 「婦人問題懇話会会報 14 号を中心に」（WAN　シリーズ：ミニコミに学ぶ③ブックトーク「女性解放をめざした先輩たちと出会う──フェミニズムを引き継ぐために」　→ WAN 動画サイト https://wan.or.jp/article/show/8737https://youtu.be/IeCCU4MxZ9k 本書収録にあたって「今，ここにいる自分から出発する──婦人解放からウーマン・リブへ」と改題

2021 ▶ 「リブから女性学へ」リブ温泉合宿編集・発行『私のリブ 50 年──それぞれのリブ』

「GF 読書会の 8 年の歩みを振り返って」『GF 通信』vol.32

「山川菊栄の生涯と思想」『いま，山川菊栄が新しい！──山川菊栄生誕 130 周年記念シンポジウムの記録』山川菊栄記念会

2011 年の★印までは，最終講義「女性学と私── 40 年のあゆみから」に付された「刊行作品年譜」をもとに，それ以降は，井上の残した記録より抽出して作成。

フェミニズムの150年 略年表

	政治・社会の主な出来事や法令など	女性たちをめぐる主な出来事
1868	明治維新	
1871	廃藩置県	津田梅子ら5名の女子米国派遣
1872	学制頒布／芸娼妓解放令	官営富岡製糸場操業開始
1873	徴兵令／地租改正条例	明六社結成
1874	板垣退助ら民撰議院設立の建白書提出	東京女子師範学校（現・お茶の水女子大学）設立／森有礼「妻妾論」（～75年）
1875	新聞紙条例・讒謗律制定される	福沢諭吉の一夫一婦論，中村正直の女子教育必要論（『明六雑誌』）
1880	刑法制定（堕胎罪の明文化）	植木枝盛，婦人参政権を呼びかける演説
1882	集会条例改正（女性の政治演説の禁止など追加）	岸田俊子，大阪で「婦女の道」と題して連続演説
1885	内閣制度発足	『女学雑誌』創刊／景山（福田）英子，大阪事件で逮捕される
1886	帝国大学令／師範学校令／小学校令／中学校令公布	雨宮製糸工場（山梨県）で女工のストライキ起こる／東京婦人矯風会（後，婦人矯風会）結成
1889	大日本帝国憲法（明治憲法）発布	大阪天満紡績工場で女工ストライキ起きる
1890	集会及政社法（女性の政治活動全面禁止）公布／教育勅語発布	全国廃娼同盟会結成／衆議院の女子傍聴禁止に抗議→傍聴禁止解除
1894	日清戦争（～95年）	婦人矯風会，東京に「慈愛館」設立
1898	明治民法公布	富岡製糸（群馬県）女工ストライキ
1899	高等女学校令公布	横山源之助『日本の下層社会』
1900	治安警察法（女性の政治参加を禁止）公布／娼妓取締規則（廃業の手続きの明確化）発令	津田梅子，女子英学塾（現・津田塾大学）設立／吉岡弥生，東京女医学校（現・東京女子医科大学）設立
1901	足尾鉱毒事件で田中正造，天皇直訴	成瀬仁蔵，日本女子大学校（現・日本女子大学）設立
1903	農商務省『職工事情』発行	堺利彦『家庭雑誌』創刊

1904	日露戦争（〜05年）	与謝野晶子「君死にたまふことなかれ」（『明星』9月号）
1907	刑法改正（堕胎罪の罰則強化）	福田英子『世界婦人』創刊
1910	『白樺』創刊／大逆事件検挙始まる／韓国併合条約	菅野須賀子，大逆事件により逮捕，翌11年死刑
1911	工場法公布	廓清会結成／『青鞜』創刊
1914	第一次世界大戦（〜18年）	生田花世，安田皐月，伊藤野枝，平塚らいてうら〈貞操論争〉始まる
1915	中国袁世凱政権に21か条要求	原田皐月，伊藤野枝，山田わか，平塚らいてうら〈堕胎論争〉／伊藤野枝，青山（山川）菊栄〈廃娼論争〉（〜16年）
1916	工場法施行に備え工場監督官配置	友愛会婦人部設置
1918	米騒動／臨時教育会議「女子教育二関スル件」答申（良妻賢母主義を強調）	与謝野晶子，平塚らいてう，山川菊栄，山田わかから〈母性保護論争〉（〜19年）
1919	パリ講和会議始まる／朝鮮で独立運動	平塚らいてう，市川房枝，奥むめおら新婦人協会設立
1921	職業紹介法公布	堺真柄，九津見房子ら赤瀾会結成（顧問格に山川菊栄，伊藤野枝）
1922	治安警察法第5条改正（女性の政治演説と政談集会への参加を認める）	マーガレット・サンガー来日／日本産児調節研究会設立
1923	関東大震災／朝鮮人虐殺事件起こる	初の国際婦人デー／伊藤野枝，大杉栄とともに官憲に虐殺される／東京連合婦人会，震災被害者救援
1924	東京市，婦人職業紹介所開設	市川房枝ら，婦人参政権獲得期成同盟会結成（25年，婦選獲得同盟）
1925	男子普通選挙法公布／治安維持法公布	細井和喜蔵『女工哀史』／山川菊栄「婦人の特殊要求」発表／山川菊栄「婦人部テーゼ」執筆
1926	京都学連事件で治安維持法初適用	婦人矯風会と廓清会合同の廃娼連盟成立
1929	世界恐慌	無産婦人同盟結成
1930	昭和恐慌	鐘紡，東洋モスリン等で労働争議
1931	満州事変起こる	無産者産児制限同盟発足
1932	上海に軍慰安所設置	大日本国防婦人会結成

1937	文部省「国体の本義」／日中戦争開始／母子保護法公布	日本婦人団体連盟結成（矯風会，婦選獲得同盟など）
1938	国家総動員法公布・施行	日本婦人団体連盟主催，時局婦人大会開催
1939	国民徴用令公布／第二次世界大戦（〜45年）	婦人時局研究会発会懇話会開催（会長：市川房枝）
1940	大政翼賛会発足／国民優生法公布	贅沢全廃委員会，贅沢品禁止運動
1941	アジア・太平洋戦争開始／「人口政策確立要綱」策定（産めよ増やせよ）	家庭婦人雑誌の整理統合要請（80誌から17誌へ）
1942	文部省「戦時家庭教育指導要項」制定／厚生省，妊産婦手帳規程公布	愛国婦人会，大日本連合婦人会，大日本国防婦人会を「大日本婦人会」に統合
1944	女子挺身勤労令公布	軍需工場等への女子強制動員開始
1945	ポツダム宣言受諾／内務省，占領軍向け慰安施設設置を指令／五大改革指令／労働組合法公布	市川房枝ら新日本婦人同盟（後，婦人有権者同盟に改称）結成
1946	GHQ，公娼廃止に関する指令／第1回総選挙（女性初の選挙権行使，女性議員39名当選）／日本国憲法公布	「婦人民主クラブ」結成／日本民主主義婦人大会開催
1947	教育基本法公布／労働基準法公布改正刑法公布（姦通罪廃止）／改正民法，戸籍法公布（家制度廃止）	市川房枝ら公職追放／初代労働省婦人少年局長に山川菊栄
1948	優生保護法公布・施行	奥むめおら主婦連合会結成
1949	優生保護法第1次改定（人工妊娠中絶要件緩和）	第1回婦人週間
1950	朝鮮戦争	婦人労働問題研究会発足
1951	ILOに再加盟，ILO第100号条約（男女同一価値労働同一賃金）を採択	生理休暇取り上げ反対懇談会結成
1952	サンフランシスコ講和条約発効／破壊活動防止法（破防法）公布	全国地域婦人団体連絡協議会結成／売春禁止法制定促進委員会結成
1953	第1回全国婦人会議（婦人少年局主催）	日本婦人団体連合会結成／第1回日本婦人大会に1000人参加
1954	日本家族計画連盟創立／米，ビキニ環礁で水爆実験，第五福竜丸など被曝	近江絹糸女工，人権争議／家族制度復活反対連絡協議会結成
1955	産休補助教員設置法公布	第1次主婦論争／第1回日本母親大会開催，2000人余が参加

1956	売春防止法公布／経済白書「もはや戦後ではない」	第1回働く婦人の中央集会／家族制度復活反対総決起集会
1958	ILO第111号条約（雇用及び職業の差別待遇）を採択	売春防止法全面施行（全国で3万9000軒の業者，従業婦12万人消える）
1960	日米安全保障条約改定	第2次主婦論争／安保条約改定反対のデモ，国会構内で樺美智子死亡
1961	税金の配偶者控除制度発足	全地婦連，第1回全国地域婦人大会
1962	人口問題審議会の答申で，少産少死型への移行に伴う諸政策提言	日本婦人会議発足／婦人問題懇話会創立／新日本婦人の会結成
1965	母子保健法公布	東京都国立市（当時は町）立公民館，主婦の学習のために託児開始
1966	中央教育審議会「期待される人間像」で女子の特性論強調	東京地裁，住友セメント事件で結婚退職制は無効と判断
1967	ILO第100号条約（男女同一価値労働同一賃金）批准	女子の雇用者1000万人を超す
1969	全共闘運動拡がる（68〜69年）／東大安田講堂，機動隊により封鎖解除／GNP，世界第2位に	東京地裁，東急機関工業事件で女性の若年定年制（男性55歳・女性30歳）無効と判断
1970	家内労働法公布	日本で初のウーマン・リブ集会
1972	外務省機密漏洩事件／沖縄（基地付き）返還／勤労婦人福祉法公布	中絶禁止法に反対しピル解禁を要求する女性解放連合（中ピ連）結成
1973	高校教育課程改訂，「家庭一般」4単位女子のみ必修	優生保護法改悪を阻止する全国集会
1974	婦人少年問題審議会，雇用における男女の機会の均等と待遇の平等の促進に関する建議を労働大臣に提出／雇用保険法公布	家庭科の男女共修を進める会発足／和光大学に「女性学」講座／最高裁，専業主婦の逸失利益は女子雇用労働者の平均賃金相当額が適当と判断
1975	国際女性年世界女性会議，メキシコシティで開催，1976–85年を「国連女性の10年」と決定／育児休業法施行	「国際婦人年をきっかけとして行動を起こす女たちの会」発足／「国際婦人年日本大会の決議を実現するための連絡会」結成（後，国際婦人年連絡会）
1977	内閣府の婦人問題企画推進本部「国内行動計画」発表／国立婦人教育会館が開館	国際婦人年連絡会，総評など，政府の「国内行動計画」批判

1979	第34回国連総会「女子に対するあらゆる形態の差別の撤廃に関する条約」(女性差別撤廃条約) 採択	雇用平等法をつくる会「労基法改悪に反対し，私たちの男女雇用平等法をつくる大集会」
1980	「国連女性の10年」中間年世界会議，コペンハーゲンで開催。女性差別撤廃条約に日本も署名	「戦争への道を許さない女たちの集会」(連絡会結成)
1981	ILO第156号条約 (家庭責任を持つ男女労働者) 採択	最高裁，日産自動車事件で男女の5歳差の定年無効と判断
1983	国籍法および戸籍法の一部改正法公布 (父母の両系血統主義の採用・配偶者の帰化条件の男女同一化)	優生保護法改悪を阻止する学生ら，厚生省前で 120 時間リレーハンスト
1985	男女雇用機会均等法成立／労働者派遣法成立／日本，国連の女性差別撤廃条約を批准／「国連女性の10年」ナイロビ世界女性会議	国際婦人年連絡会「国連婦人の10年日本大会──平等・発展・平和・2000年に向けての行動」開催
1986	チェルノブイリ原子力発電所事故	土井たか子，社会党委員長に就任
1987	内閣府の婦人問題企画推進本部「西暦2000年に向けての新国内行動計画」決定	「アグネス論争」起こる
1988	「パートタイム労働問題専門家会議」発足	国際婦人年連絡会，「2000年に向けての民間行動計画」発表
1989	高校の新学習指導要領案，家庭科は男女とも必修	参議院選挙で過去最高の22人の女性当選者
1991	育児休業法 (男性も対象に) 成立	韓国の金学順さん，自ら慰安婦であったことを証言
1992	バブル崩壊で経済不況深刻化	仙台高裁，岩手銀行事件で女性への家族手当不支給は違法と判断／福岡地裁，セクハラをした上司と会社に損害賠償命令／東京地裁，日ソ図書事件で労働の質と量が同じ男女への賃金格差は違法と判断
1993	河野洋平官房長官，従軍慰安婦に関し，正式に謝罪 (河野談話)／パートタイム労働法施行	中学校での家庭科男女必修実施
1994	国連の「子どもの権利条約」批准	高校の家庭科男女必修開始
1995	ILO 第156号条約 (家庭責任を持つ男女労働者) を批准／「女性のためのアジア平和友好基金」新設／北京で第4回世界女性会議／育児・介護休業法の公布	沖縄で米兵3人による小学生女子に対する強姦事件／小学生強姦事件に抗議する沖縄県民集会

1996	優生保護法が改正され「母体保護法」に（「不良な子孫の出生防止」規定は削除）	長野地裁，丸子警報器事件で非正規労働者への賃金格差は違法と判断／「ストーカー」や女子の高校生の「援助交際」が問題化
1997	改正男女雇用機会均等法成立	「キャンパス・セクシュアル・ハラスメント全国ネットワーク」結成
1998	改正労働基準法成立	改正労働基準法，時間外労働の男女共通規制を求めるべきなどの批判相次ぐ／埼玉医大で性同一性障害に対する日本初の性転換手術
1999	男女共同参画社会基本法公布・施行／児童買春・ポルノ禁止法成立	大学におけるセクシュアル・ハラスメント問題が顕在化
2000	介護保険法施行，介護保険制度スタート／児童虐待防止法成立／ストーカー行為規制法成立	「女性国際戦犯法廷」東京で開催／派遣労働者100万人を超える
2001	配偶者からの暴力の防止及び被害者の保護に関する法律（DV防止法）成立／改正育児・介護休業法成立	フェミニズム，ジェンダー，男女共同参画に対するバックラッシュの動き
2002	DV防止法完全施行／学校5日制のゆとり教育始まる	東京地裁，野村證券事件で「男女別コース」処遇を違法と判断
2003	都議会で七生養護学校の性教育批判，教材没収／少子化対策基本法公布／次世代育成支援対策基本法公布	「ジェンダーフリー」という語をはじめ一連の男女共同参画行政や運動にネガティブキャンペーンが起こる
2004	改正DV防止法／改正児童買春・ポルノ禁止法成立／少子化社会対策大綱	「ジェンダーフリー」という用語の使用が問題化
2005	改正育児・介護休業法施行（育児休業期間の延長，対象労働者の拡大等）	合計特殊出生率 1.25で，過去最低を更新
2006	教育基本法改正，施行	政府の「男女間における暴力に関する調査」によると3人に1人がDV被害を経験
2007	改正男女雇用機会均等法施行	東京高裁，昭和シェル石油事件で職能資格等級の昇格差別を違法と判断
2008	DV防止法改正／改正パートタイム労働法施行	最高裁，国籍取得に両親の婚姻を要件とする国籍法を違憲と判断

2011	東日本大震災・福島第一原子力発電所事故／ILO第189号条約（家事労働者）を採択	最高裁，強姦被害者の供述を信用できるとした原審判決を不合理として逆転無罪判決
2012	子ども・子育て支援法成立	福島県から県内外への避難者，16万4865人に達する（福島県対策本部）
2013	改正ストーカー規制法施行	最高裁，民法の婚外子相続規定を違憲と判断→民法900条改正
2014	改正DV防止法施行	最高裁，広島中央保健生協事件で妊娠理由の降格は違法と判断
2015	渋谷区，同性パートナー制度開始／女性活躍推進法公布	最高裁，女性のみの再婚禁止期間を違憲と判断→民法733条・746条改正／最高裁，夫婦同氏を定める民法規定を合憲と判断／最高裁，L館事件でセクハラを理由とする懲戒処分は有効と判断
2016	厚生年金・健康保険，短時間労働者にも対象拡大	待機児童が社会問題化，「保育園落ちた日本死ね！」のブログが話題に
2017	改正刑法施行（性犯罪の厳罰化，強姦罪の非親告罪化）	自らの性被害の告発続く。日本でも「#MeToo」運動拡がる
2018	政治分野における男女共同参画の推進に関する法律（候補者男女均等法）公布／働き方改革関連法成立	東京医大の女子への入試差別発覚，その後10大学で性や年齢による不適切な入試の慣行化が判明
2019	女性活躍推進法改正・公布／ILO第190号条約（仕事の世界における暴力とハラスメントの撤廃）を採択	#KuToo運動呼びかけ／3月に続いた性暴力事件の無罪判決に対し，フラワーデモ広がる
2020	第5次男女共同参画基本計画閣議決定	コロナ禍の女性の貧困，DV，自殺の増加など深刻化
2021	ジェンダーギャップ指数153カ国中121位（世界経済フォーラム）	福島県からの県外への避難者2万8067人（復興庁の調査）

（注）　年表記は西暦。同年枠内記載は，事項の発生順とした。

（参考文献）　井上輝子・江原由美子編『女性のデータブック　第4版』(有斐閣，2005)，「女と男の時空」編纂委員会編『年表　女と男の日本史』(藤原書店，1998)，北原みのり責任編集『日本のフェミニズム since1886 性の戦い編』(河出書房新社，2017)，国立女性教育会館「デジタルアーカイブシステム　近代〜現代女性年表」，樋口恵子監修『はたらく くらす ささえる 自分をのばす 女性の150年年表——明治・大正・昭和・平成・令和へ』(東京家政大学女性未来研究所，2019)，丸岡秀子・山口美代子編『近代日本婦人問題年表』(日本婦人問題資料集成　第10巻，ドメス出版，1980)。

（山田敬子作成）

● 索　引 ●

事項索引

人名索引

♣ 著者紹介

井上 輝子（いのうえ　てるこ）

　1960 年，東京大学入学。1971 年，東京大学大学院博士課程修了。

　1973 年，和光大学助教授から 2011 年に退職まで一貫して和光大学の教授として多くの学生を育てた。日本で初の女性学講座を和光大学で開講。定年後も卒業生と読書会を行うなど地道な市民教育を実践し続けた。

　70 年代初頭のウーマン・リブへの参加とアメリカ旅行の中で女性学に出会い，日本における「女性学」の産みの親となる。その後，フェミニズム思想を深化させ，学術の世界における「女性学」の確立に寄与した。日本女性学研究会を設立，日本女性学会の代表幹事を務めた。

　国立女性教育会館や自らが生活した川崎市の各種委員を歴任。山川菊栄記念会代表。NPO 法人ウィメンズアクションネットワーク（WAN）のミニコミ図書館の充実に尽力し，また『WAN 女性学ジャーナル』の編集長として WEB 発信にも積極的にかかわってきた。

　主著に，『女性学とその周辺』（勁草書房），『新・女性学への招待』（有斐閣）など多数。

日本のフェミニズム──150 年の人と思想

Feminism in Japan: 150 Years of People and Thought

2021 年 12 月 5 日　初版第 1 刷発行

著　者	井　上　輝　子	
発行者	江　草　貞　治	
発行所	株式会社　有　斐　閣	

郵便番号 101-0051
東京都千代田区神田神保町 2-17
http://www.yuhikaku.co.jp/

組版　田中あゆみ
印刷・株式会社理想社／製本・大口製本印刷株式会社
© 2021, IIDA Masako. Printed in Japan
落丁・乱丁本はお取替えいたします。
★定価はカバーに表示してあります。

ISBN 978-4-641-17473-3